HOW TO WIN FRIENDS

AND

INFLUENCE PEOPLE

BY DALE CARNEGIE

1. What are the six ways of making people like you?
   See pages 75-133.
2. What are the twelve ways of winning people to your
   way of thinking? See pages 137-217.
3. What are the nine ways to change people without giving
   offense or arousing resentment? See pages 221-253.

데일 카네기의
인간관계론

데일 카네기 지음 | 베스트트랜스 옮김

더스토리

원만한 인간관계의 길로 안내할
가장 현명한 조언

복잡하게 얽힌 현대사회의 인간관계, 어떻게 해결해야 할까? 일상에서 대면하는 모든 문제는 바로 인간관계에 달렸다고 해도 과언이 아니다. 그 혼란의 물결에 휩쓸려 어려움을 겪는 모든 이를 위한 지침서가 출간되었다. 데일 카네기는 오랜 연구 끝에 발견한 인간관계를 맺는 기본 원칙, 참된 인간관계를 이루는 다양한 사례와 구체적인 실천 방법을 이 책에서 제시한다.

데일 카네기가 '인간관계'라는 쉽지 않은 과제를 풀어 가는 과정은 퍽 흥미롭다. 그는 가정과 사회를 아우르는 실제 사례를 제시하며 독자가 직면할 다양한 상황에 따른 적절한 대처법도 알려 준다. 특히, 수천 명의 관중 앞에서 직접 강의를 진행하며 얻은 노하우와 수강자들의 체험 사례를 제공한 덕분에 무척 유익하다.

이 책에서 그는 부부 관계, 부모-자식 관계뿐 아니라 먼 친척과의 관계도 상세히 다뤘고, 역사에 기록된 대통령이나 수상의 이야기에서 드러나는 정치적인 이해관계와 그들의 사적인 모습까지 담았기 때문에 독자들은 역사적인 지식도 쌓을 수 있다. 또한 이처럼 자세하고 구체적인 사례들 덕분에 실질적인 이해가 가능할 뿐 아니라 실생활에 적용해 인간관계를 개선하는 방법을 배운다.

카네기는 끊임없이 원만한 인간관계를 맺기 위해 사람의 마음을 읽는 실천법을 강조한다. 이론에만 그치지 않는 실질적인 비법이《인간관계론》의 핵심이다. 이런《인간관계론》의 가치를 알아보는 안목과 그것의 실천 여부는 오롯이 독자의 몫이다. 분명한 것은 데일 카네기가 제시하는 가장 현명한 조언을 실천하는 사람만이 진정한 인맥과 건강한 인간관계를 형성할 수 있다는 점이다. 이 책을 읽는 모든 이가 다각적으로 변화하는 시대의 물결에도 자신의 입지를 더욱 굳혀 인간관계의 중심에 굳게 자리매김하기를 바란다.

나는 이 책을 어떻게,
또 왜 썼는가?

20세기 초반 35년 동안 미국의 출판사들은 20만 권이 넘는 책을 출간했다. 대부분의 책들은 거의 잘 팔리지 않았고, 많은 책이 적자를 안겨 주었다.

방금 내가 '많은 책'이라고 말했던가? 세계에서 가장 큰 규모의 출판사 중 한 곳의 사장은 내게 자신의 출판사가 75년이나 됐지만 아직도 출간하는 책 여덟 권 중 일곱 권은 적자를 면치 못한다고 고백했다.

그렇다면 나는 왜 무모하게 또 한 권의 책을 쓰려고 할까? 그리고 왜 독자들은 내가 쓴 책을 읽어야 하는 것일까? 두 가지 모두 좋은 질문이다. 이 질문에 대해 소신껏 답해 보겠다.

1912년부터 나는 뉴욕에서 사업가와 전문직 종사자를 위한 교육 강좌를 진행해 왔다. 처음에는 대중연설에 관한 강좌만 진행했다. 이 강좌는 사업상 상담이나 대중연설과 같은 상황을 실제로 체험하면서 강좌에 참여한 성인들이 연설할 내용을 생각해 내고, 좀 더 명확하고 효과적으로 그리고 좀 더 안정적으로 전달할 수 있는 훈련을 하기 위해 계획된 것이었다. 하지만 몇 차례 강좌가 진행되면서 나는 사람들에게 효과적인 연설에 대한 훈련이 필요한 것만큼이나 공적으로든 사적으로든 매일 접하는 사람과 좋은 관계를 맺는 기술에 대한 훈련이 절실히 필요하다는 것을 깨달았다. 또한 나 자신도 그런 훈련이 매우 필요했다. 과거에 내가 요령이나 이해가 부족해서 저질렀던 것들을 생각하면 식은땀이 흐른다. 이런 책을 20년 전에만 볼 수 있었다면 얼마나 좋았을까? 그랬다면 나는 엄청난 혜택을 누렸을 것이다.

사람을 다루는 것은 아마 당신이 직면하는 가장 큰 문제일 것이다. 특히 당신이 사업을 하는 경우라면 더욱 그렇다. 가정주부이거나 건축가 혹은 엔지니어인 경우라 해도 사정은 크게 다르지 않다.

몇 해 전 카네기 교육진흥재단의 후원으로 진행된 연구에서 매우 중요하고 의미심장한 사실 하나가 밝혀졌다. 그 사실은 후에 카네기 기술연구소의 추가 연구를 통해 다시 입증되었다.

이 조사에 따르면 엔지니어링 같은 기술 분야에서도 전문지식 덕분에 경제적 성공을 이루는 경우는 15퍼센트에 불과하고 성격과 통솔력 같은 인간관계의 기술에 힘입어 성공하는 경우가 나머지 85퍼센트를 차지한다고 한다.

수년 동안 나는 매 시즌마다 필라델피아의 엔지니어 클럽, 그리고 미국 전기기사협회 뉴욕 지부를 대상으로 하는 강좌를 진행했다. 그 강좌들에 참여했던 엔지니어들은 통틀어 대략 1,500

명 이상이 될 것이다.

그들이 강좌에 참여했던 이유는, 엔지니어링 분야에서 최고 소득을 올리는 사람들이 엔지니어링 관련 전문지식이 풍부한 사람이 아닌 경우가 많다는 것을 다년간의 관찰과 경험을 통해 알았기 때문이다. 가령, 엔지니어링, 회계, 건축 혹은 다른 전문 분야의 경우에서도 단순히 기술적인 능력만을 가진 사람은 주급 25~50달러 선의 명목 임금만을 주고 고용할 수 있다. 그러나 기술 분야의 전문지식은 물론 생각을 표현하고, 리더십이 있으며 다른 사람들의 열정을 불러일으킬 수 있는 능력까지 두루 갖춘 사람, 이런 사람은 더 높은 보수를 받는 자리에 오를 수 있다.

전성기를 누리던 시절의 존 D. 록펠러John D. Rockefeller는 "사람을 다루는 능력 역시 설탕이나 커피처럼 사고파는 상품이네. 그리고 나라면 세상 어떤 것보다 그 능력을 사는 데 훨씬 더 많은 비용을 치르겠네."라고 말했다.

당신은 이 세상에서 가장 값비싼 능력을 계발하는 강좌를 이 땅의 모든 대학이 개설할 것이라 생각하지 않는가? 그러나 내가 세상 소식에 어두워서인지는 몰라도, 이 글을 쓰고 있는 지금까지도 나는 어떤 대학에서든 성인을 대상으로 하는 이런 종류의 실제적이고 상식적인 강좌를 하나라도 개설했다는 이야기는 들어 본 적이 없다.

시카고 대학과 YMCA 연합학교는 성인들이 정말로 어떤 것을 배우고 싶어 하는지 알아보기 위한 조사를 실시했다. 이 조사에는 2만 5,000달러의 비용이 들었고 2년의 시간이 걸렸다. 마지막 조사는 전형적인 미국 도시라는 이유로 선정된 코네티컷 주의 메리덴에서 이뤄졌다. 메리덴에 거주하는 모든 성인은 면 담을 했고, 156개 설문 항목에 대한 응답 요청을 받았다. 설문 항목에는 '당신의 사업 분야 혹은 직업은 무엇인가? 당신의 학력은 어느 정도인가? 당신은 여가시간을 어떻게 활용하는가? 당신의 소득 수준은 어느 정도인가? 당신의 취미는 무엇인가? 당신의 포부는 무엇인가? 당신의 고민은 무엇인가? 당신이 가장 공부하고 싶은 과목은 무엇인가?' 등의 내용이 있었다.

조사 결과, 성인들의 가장 큰 관심사는 건강으로 나타났다. 그리고 그들의 두 번째 관심사는 사람, 즉 타인을 이해하고 그와 좋은 관계를 맺는 법, 타인이 자신을 좋아하게 만드는 법, 타인을 설득시키는 방법에 관한 것이었다.

그래서 이 조사를 진행한 위원회는 메리덴에 거주하는 성인을 대상으로 그러한 내용의 강좌를 진행하기로 결심하고, 그 주제에 대해 실제로 활용 가능한 교재를 부지런히 찾아보았지만 한 권도 발견하지 못했다. 결국 위원회는 성인 교육 분야에서의 세계적 권위자를 찾아가 이런 사람들의 요구를 충족시킬 만한 책이 있는지 물었는데, 돌아온 답은 "없습니다. 성인들이 원한다는 것은 알지만 그들이 원하는 책은 지금껏 쓰인 적이 없습니다."라는 것이었다.

나는 경험상 이 말이 사실이라는 것을 알고 있었다. 나도 인간관계에 관한 실용적인 실행 지침서를 찾기 위해 수년간 노력했지만 찾을 수 없었으니 말이다. 그래서 나는 내 수업에 사용할 책을 직접 쓰기로 결심했고, 그 결과물이 바로 이 책이다. 이 책이 여러분의 마음에도 들었으면 좋겠다.

이 책의 집필을 위해 나는 이 주제와 관련해 신문 칼럼, 잡지 기사, 가정법원 기록, 예전 철학자들의 논문과 현대 심리학자들의 논문 등 내가 찾을 수 있는 모든 글을 읽어 보았다. 또한 자료 조사 전문가를 고용해 1년 반 동안 여러 도서관에서 내가 놓치고 지나친 모든 것을 읽고 심리학과 관련된 두터운 전문서적들을 탐독해 나갔다. 또 수백 개의 잡지 기사를 검토하고, 셀 수 없이 많은 전기를 살피며 모든 시대의 위대한 지도자들이 어떻게 사람을 다뤘는지 규명하려고 노력했다. 우리는 율리우스 카이사르Julius Caesar부터 토머스 에디슨Thomas Edison에 이르기까지 전 시대에 걸친 위인들의 전기도 읽었다. 내 기억에 우리는 시어도어 루스벨트Theodore Roosevelt 한 사람의 전기만 해도 100권 이상을 읽은 것 같다.

우리는 고대부터 현대에 이르기까지 전 시대에 걸쳐 친구를 사귀고 사람을 설득하는 데 사용되었던 모든 실질적인 방법을 찾아내기 위해 시간과 비용을 아끼지 않았다.

나는 개인적으로 성공한 사람 수십 명을 인터뷰하며 그들이 인간관계에서 사용했던 기술들을 찾으려고 노력했다. 그들 중에는 세계적으로 유명한 굴리엘모 마르코니Guglielmo Marconi, 프랭클린 D. 루스벨트Franklin D. Roosevelt, 오언 D. 영Owen D. Young, 클라크 게이블Clark Gable, 메리 픽포드Mary Pickford, 마틴 존슨Martin Johnson도 있었다.

나는 이 모든 자료에 근거해 짧은 강연을 준비했고, 그 강연을 '친구를 사귀고 사람들을 설득하는 법(인간관계론)'이라고 불렀다. 초기에는 진짜로 '짧은' 강연이었지만 지금은 1시간 반짜리 강의로 늘어나 버렸다. 벌써 수 년째 나는 뉴욕에 있는 카네기 연구소의 강좌에서 성인들을 대상으로 매 시즌마다 이 강좌를 진행했다. 강의를 마치면 매번 수강생들에게 나가서 실제 그들의 업무 혹은 사회생활에서 이 시간에 배운 내용을 시험해 보고, 다음 수업 시간에는 각자가 경험하고 성취한 결과를 이야기해 달라고 요청했다.

얼마나 재미있는 과제인가! 자기계발에 굶주렸던 수강생들은 이 새로운 종류의 실험실, 즉 현실에서 활동하는 것에 매료되었다. 현실은 성인들을 대상으로 인간관계를 실험해 보는 세계 최초이자 유일한 실험실이었기 때문이다.

이 책은 우리가 일반적으로 생각하는 '쓴다'라는 개념과는 다른 의미로 집필되었다. 이 책은 마치 아이가 크는 것처럼 새로운 종류의 실험실에서, 수천 명의 성인들의 경험 속에서 성장하고 발전했다.

수년 전 우리는 엽서만 한 종이에 몇 가지 원칙을 인쇄하는 것으로 시작했다. 그다음에는 크기와 내용이 확대되어 엽서보다 조금 더 큰 카드에, 그다음엔 낱장 인쇄물에, 그다음엔 소책자에 인쇄했다. 그리고 15년의 실험과 연구 끝에 이 책이 나오게 된 것이다. 이 책에 나와 있는 원칙들은 단순한 이론이나 추론으로 이뤄진 것이 아니다. 그 원칙들은 마법처럼 작용한다. 이상하게 들릴지 모르지만, 나는 이 원칙들을 사용한 많은 사람이 문자 그대로 획기적인 변화를 경험한 것을 지켜봤다.

일례로 지난 시즌의 강좌 수강생 중에는 314명의 사원을 거느린 한 남자가 있었다. 그는 오랫동안 시도 때도 없이 막무가내로 사원들을 몰아세우고 비난하며 야단쳤다. 친절이나 감사 그리고 격려와 같은 단어는 그의 사전에 없었다. 그런 그가 이 책에서 주장하는 원칙들을 배우고 난 뒤부터 삶의 철학을 대폭 수정했다. 그 결과 그의 회사는 다시금 충성심, 열의, 팀워크 정신이 넘쳐나게 되었다. 314명의 적들이 이제 그와 친구가 된 것이다. 그는 강좌에 와서 자랑스럽게 말했다.

"예전에는 회사에서 제가 지나가도 어느 한 명 인사를 건네는 사람이 없었습니다. 제가 가까이에 가는 걸 보면 일부러 다른 곳을 바라보며 외면하는 사람도 있었고요. 하지만 이제는 그들 모두가 제 친구입니다. 심지어 저희 회사 경비원도 제 이름을 반갑게 불러 주지요."

현재 이 사람은 전보다 더 많은 수익을 내고, 더 많은 여가를 즐기고 있다. 그리고 무엇보다 가장 중요한 점을 말하자면 그가 사업과 가정생활에서 더 큰 행복을 느낀다는 것이다.

셀 수 없이 많은 영업사원이 이 원칙들을 사용해 판매실적을 급격히 신장시켰다. 강의를 들은 많은 영업사원들은 그동안 갖은 애를 써도 성사시키지 못한 거래를 계약하기도 했다. 경영진들은 더 확고한 지위를 얻었고 보수도 더 많이 받았다. 어떤 임원은 이 진리를 적용했더니 연봉이 5,000달러나 대폭 인상되었다고 말하기도 했다.

또 다른 예로, 필라델피아 가스 웍스 컴퍼니의 임원 한 사람은 사람들과 자주 다투고 사람들을 능숙하게 이끌지 못해 좌천될 위기에 몰려 있었다. 그러나 이 강좌에서 훈련을 받고 난 뒤, 그는 위기에서 벗어난 것은 물론 65세의 많은 나이에도 승진과 동시에 더 많은 보수도 받게 되었다. 종강 후 열린 연회에서는 '남편이 이 강좌에 참여한 이후 가정이 더 행복해졌다.'고 말하는 아내들도 헤아릴 수 없이 많았다.

사람들은 자신들이 이뤄 낸 새로운 결과를 보고 자주 놀란다. 그것은 정말로 마법과도 같다. 어떤 때는 감동에 휩싸여 48시간 후 있을 정규 강좌시간을 기다리지 못하고 일요일에 우리 집에 전화를 걸어서 자신이 이룬 성과를 미리 얘기하는 사람도 있었다. 어떤 남자는 지난 시즌 이 원칙들에 관한 강좌에서 큰 충격을 받은 나머지 다른 수강생들과 밤늦게까지 토론을 계속했다. 새벽 3시가 되자 사람들은 자리를 떴지만, 그는 자신의 실수를 깨달은 충격이 너무 컸고, 자신 앞에 펼쳐질 새롭고 풍요로운 세상에 대한 기대감으로 가슴이 벅차 뜬눈으로 밤을 지새웠다. 그는 그날 밤에도, 그다음 날 낮에도, 그리고 그다음 날 밤에도 역시 잠을 이룰 수 없었다.

그는 어떤 사람이었을까? 새로운 이론을 들었다 하면 어떤 것이든 가리지 않고 과시하고 다니는 순진하고 미숙한 사람이었을까? 아니다. 그는 그런 것과는 정반대의 사람이다. 논리적이고 학식 있는 미술품 거래상인 그는 사교계의 유명인사였고, 3개

국어에 능통하며 유럽의 2개 대학에서 학위를 받기도 했다.

이 책의 서문을 쓰는 동안 나는 호엔촐레른 왕가 시절 독일에서 대대로 직업장교를 배출한 명문 귀족가문 출신의 한 독일인으로부터 편지를 받았다. 대서양을 횡단하는 증기선에서 쓴 그의 편지에는 이 원칙들을 적용한 경험이 적혀 있었는데 거의 종교적 열정에 가깝게 그가 고양되어 있음을 알 수 있었다.

또 다른 예로, 뉴욕 토박이이며 하버드 대학교를 졸업한 뒤 큰 카펫 공장을 운영 중인 부유한 남자를 들 수 있다. 그는 '인간관계의 기술에 대해서는 카네기 교육 과정에서 4주간 배운 것이 하버드 대학교에서 4년 동안 배운 것보다 많다.'고 이야기했다. 터무니없는 소리인가? 너무 꿈같은 얘기인가? 물론 이런 말들을 믿고 안 믿고는 여러분 자유에 달렸다.

이쯤에서 나는 엄청난 성공을 거둔 점잖은 하버드 대학교 졸업생 한 사람이 1933년 2월 23일 목요일 저녁, 뉴욕 예일 클럽의 600명의 청중 앞에서 한 연설을 부연 설명 없이 옮겨 보고자 한다. 하버드 대학교의 유명 교수 윌리엄 제임스William James는 다음과 같이 말했다.

"우리가 가진 능력에 견주어 볼 때, 우리는 단지 절반 정도만 깨어 있습니다. 우리는 육체적, 정신적 자원의 극히 일부분만을 사용하고 있을 뿐입니다. 이를 더 넓게 일반화해 보면, 인간 개개인은 자신의 한계에 한참 미치지 못하는 삶을 살고 있는 것입니다. 인간에게는 습관상 사용하지 않고 있는 다양한 종류의 능력들이 있습니다."

이 책의 유일한 목적은 바로 당신 안에 잠자고 있는, '습관상 사용하지 않는' 당신의 자산을 발견하고 개발함으로써 이익을 얻을 수 있게 돕는 것이다.

프린스턴 대학교의 총장이었던 존 G. 히번John G. Hibben 박사는 '교육은 살면서 벌어지는 여러 상황에 대처하는 능력'이라고 말했다. 만약 이 책의 3장까지 읽고서도 살면서 벌어지는 여러 상황에 대처하는 당신의 능력이 조금이라도 발전하지 않는다면 나는 당신에게만큼은 이 책이 완전히 실패했다고 인정하겠다. 영국의 철학자 허버트 스펜서Herbert Spencer의 말처럼 '교육의 가장 큰 목표는 지식이 아니라 행동'이고, 이 책은 바로 행동의 책이기 때문이다.

데일 카네기

이 책으로 최대의 효과를 얻기 위한
아홉 가지 제안

1. 당신이 이 책으로 최대의 효과를 얻고 싶다면, 그 어떤 원칙이나 기술과 비교할 수 없을 만큼 중요하고 필수불가결하게 갖춰야 할 조건이 하나 있다. 이 한 가지 기본적인 조건을 갖추지 못한다면 학습 방법에 관한 수천 가지의 규칙은 모두 무용지물이 되겠지만, 그것을 갖추고 있다면 이 책에서 제안하는 바를 읽지 않고도 놀라운 성과를 얻을 수 있을 것이다. 그렇다면 그 마법 같은 조건은 무엇일까? 단순하다. 배우고자 하는 진지하고 적극적인 욕구, 사람을 다루는 자신의 능력을 향상시키려는 강한 결의다. 그렇다면 어떻게 하면 그런 욕구를 키울 수 있을까? 지금 배우는 이 원칙들이 당신에게 얼마나 중요한지를 계속 상기하면 된다. 사회·경제적으로 더 나은 보상을 받기 위해 그 원칙들을 숙달하는 것이 경쟁사회 속에서 당신에게 얼마나 큰 도움이 될지 마음속에 그리라. 그리고 자신에게 이렇게 되뇌라.

   "나의 인기, 나의 행복, 나의 수입은 사람을 다루는 내 기술에 따라 좌우된다."

2. 전체적인 내용을 파악하기 위해 처음에는 각 장을 빠르게 읽으라. 그러고 나면 아마 다음 장으로 빨리 넘어가고 싶은 충동이 들겠지만, 그 유혹을 뿌리쳐야 한다. 이 책을 단순히 재미삼아 읽는 것이 아니라면 말이다. 인간관계에 대한 당신의 능력을 향상시키고 싶다면 다시 앞으로 돌아가서 각 장을 정독하라. 장기

적으로 볼 때 이 방법이야말로 시간을 줄이는 동시에 큰 성과를 얻는 길이다.

3. 책을 읽는 중에 자주 멈추고 지금 당신이 읽고 있는 내용을 깊이 생각하라. 그리고 당신이 책에서 읽은 각각의 제안을 언제 어떻게 활용할 수 있을지 자신에게 물어보라. 토끼를 쫓는 사냥개처럼 앞만 보고 달리는 것보다는 이런 식의 독서가 훨씬 도움이 될 것이다.

4. 빨간 색연필이나 연필, 만년필을 손에 들고 책을 읽으라. 그리고 당신이 활용할 수 있는 제안을 책에서 발견하면 그 옆에 표시하라. 만약 그 내용이 정말 중요한 것이라면 밑줄을 긋거나 별표를 해 두라. 책에 표시하거나 밑줄을 그으면 독서가 좀 더 흥미로워지고, 다시 훑어보기도 쉽다.

5. 나는 거대 보험회사에서 15년간 매니저로 일한 사람을 알고 있다. 그는 매달 자신의 회사가 판매하는 보험상품의 계약서를 읽는다. 실제로 그랬다. 그는 매달, 매년 똑같은 계약서를 계속해서 읽었다. 그 이유가 무엇일까? 오랜 경험을 통해 그는 그렇게 하는 것만이 계약서 조항을 분명하게 기억하는 유일한 방법이라는 것을 깨달았기 때문이다.

한때 나는 대중연설에 관한 책을 쓰는 데 2년 정도가 걸렸다. 그런데도 나는 내가 썼던 내용을 기억해 내기 위해 이따금씩 그 책을 들춰 봐야 한다는 사실을 깨달았다. 인간이 망각하는 속도는 정말 놀랍다. 그러므로 이 책을 통해 실제적이고 지속적인 효과를 보고 싶다면 한 번 읽은 것으로 충분하다고 생각하지 말라.

책을 꼼꼼히 읽고 난 뒤에도 매달 몇 시간 정도는 다시 읽어 봐야 한다. 당신 앞에 있는 책상 위에 이 책을 두고 자주 훑어 보라. 이제 곧 실현될 당신의 높은 개선 가능성을 끊임없이 마음에 새기라. 이 원칙들이 완전히 몸에 배어 습관적으로, 또 무의식적으로 나오게 하는 것은 지속적이고 적극적인 재검토와 일상에서의 활용을 통해서만 가능하다는 것을 명심해야 한다. 다른 방법은 없다.

6. 버나드 쇼Bernard Shaw는 언젠가 이렇게 말했다. "당신이 누군가에게 무엇인가를 가르친다면 그 사람은 결코 아무것도 배우지 못한다." 그의 말이 옳다. 배움은 능동적인 과정이다. 사람은 행함으로써 배운다. 그러므로 당신이 이 책에 있는 원칙들을 완전히 익히고 싶다면 실행에 옮겨야 한다. 기회가 있을 때마다 이 규칙들을 적용하라. 그렇게 하지 않으면 금세 모두 잊어버리게 된다. 오직 활용된 지식만이 기억에 남는다. 당신은 여기에 나온 제안들을 실생활에 항상 적용하는 것이 어렵다는 사실을 알게 될 것이다. 물론 나는 이 책을 쓴 사람이니 그 내용들을 잘 알고 있지만, 그런 나조차도 제안들을 전부 적용하기란 어려운 일이라고 종종 느낀다. 가령, 기분이 나쁠 때는 상대방의 입장에서 생각하는 것보다 상대방을 비판하고 비난하는 것이 훨씬 쉽다. 칭찬하는 것보다 잘못을 지적하는 것이 쉬운 경우도 굉장히 많다. 상대방이 원하는 것보다 내가 원하는 것에 대해 이야기하는 것이 훨씬 자연스럽다. 그 외에도 이와 비슷한 경우는 많다. 그러므로 이 책을 읽을 때는 단순히 정보를 얻기 위해 읽고 있는

것이 아님을 명심하라. 당신은 새로운 습관을 형성하려고 노력하는 중이다. 그렇다. 당신은 새로운 삶의 방식을 시도하는 중이고, 그것은 시간과 인내 그리고 끊임없는 실천을 요구한다. 그러니 이 책을 자주 펼쳐 보고, 인간관계에 관한 실행지침서라 여겨라. 그리고 당신이 아이를 돌보거나, 자신의 생각대로 배우자를 설득하거나, 화난 고객을 만족시켜야 하는 것처럼 구체적인 문제에 부딪힐 때마다 나오는 자연스럽고 충동적인 반응을 자제하라. 그런 반응은 통상적으로 잘못된 것이기 때문이다. 대신 이 책을 펼쳐 밑줄 그은 구절을 다시 읽어 보고, 새로운 방식을 적용한 뒤 어떤 경이로운 결과가 생기는지를 지켜보라.

7. 배우자나 자녀, 직장 동료에게 당신이 이 원칙들을 어기는 것을 들킬 때마다 벌금을 내겠다고 제안하라. 이 규칙들을 익히는 것을 즐거운 게임으로 만들라.

8. 월스트리트에 있는 한 일류 은행의 은행장은 내 강좌 수강생들에게 그가 자기계발을 위해 사용했던 매우 효과적인 방법을 이야기해 주었다. 그는 정규 교육을 거의 받지 못했지만 미국에서 없어서는 안 될 만큼 중요한 금융 전문가가 되었다. 그리고 그의 말에 따르면 그의 성공은 자신이 개발한 시스템을 끊임없이 적용했기 때문이라고 했다. 그가 늘 해 왔다는 방식을 내 기억이 허락하는 한 되도록 정확하게 아래에 적어 보겠다.

"오래전부터 나는 약속을 확인할 수 있는 메모용 수첩을 가지고 다녔습니다. 가족들은 토요일 저녁에는 나를 위해 어떤 계획도 세우지 않았죠. 왜냐하면 내가 스스로를 반성하고 내 행동들을 돌아보며 칭찬할 것은 칭찬하는 등 깨달음을 얻기 위해 그 시간을 바친다는 것을 알고 있었기 때문입니다. 저녁식사 후 나는 혼자서 약속이 기록된 수첩을 펼쳐 놓고 한 주간 있었던 모든 면담, 토론, 회의에 대해 숙고했습니다. 그리고 제 자신에게 물었습니다. '그때 나는 어떤 실수를 저질렀는가?' '내가 제대로 했던 일은 무엇인가? 또 어떻게 했다면 더 잘할 수 있었을까?' 이번 경험을 통해 내가 얻을 수 있는 교훈은 무엇인가?'

주말에 이런 반성을 하고 나면 우울해지는 경우도 많았습니다. 내가 저지른 터무니없는 실수들 때문에 깜짝 놀라기도 했죠. 물론 해가 거듭될수록 실수는 줄어들었고, 요즘에는 검토가 끝난 뒤면 가끔 우쭐해질 때도 있습니다. 수년간 지속된 자기분석, 자기계발을 하는 이 시스템은 내가 지금껏 시도한 어떤 방법보다도 큰 도움이 되었습니다. 이 방식은 나의 결단력 개선뿐만 아니라 사람들과의 모든 만남에 있어서도 큰 도움을 주었습니다. 여러분에게도 이 방식을 강력히 추천합니다." 이 책에서 제시하는 원칙들을 적용하면서 이런 검토 방식을 사용해 보는 것은 어떨까? 그렇게 한다면 다음과 같은 두 가지 성과를 이룰 것이다.

첫째, 당신은 돈으로 살 수 없는 흥미로운 교육 과정에 참여하고 있음을 발견하게 될 것이다.

둘째, 당신은 사람을 만나고 사귀는 당신의 능력이 짙푸른 월계수 잎처럼 왕성하게 성장함을 알게 될 것이다.

9. 이 책의 뒷부분에는 당신이 이 책에서 이야기하는 원칙들을 적용하면서 거둔 성공에 대해 기록해야 하는 빈 페이지들이 있다.

기록 내용은 구체적이어야 한다. 이름, 날짜, 결과를 적어라. 이렇게 기록하면 더 노력해야겠다는 생각을 하게 될 것이다. 그리고 지금으로부터 몇 년 후 어느 날 저녁에 우연히 이 기록을 펼쳐 보게 된다면, 얼마나 놀라운 감정을 느끼게 되겠는가!

이 책으로 최대의 효과를 얻기 위한 아홉 가지 제안

1. 인간관계의 원칙을 익히겠다는 진지하고 적극적인 욕구를 가지라.

2. 다음 장으로 넘어가기 전에 각 장을 두 번씩 읽으라.

3. 읽는 중에도 자주 멈추고 책에서 이야기하는 제안을 어떻게 실제로 적용할 것인가에 대해 스스로에게 물으라.

4. 중요한 구절을 발견하면 밑줄을 그으라.

5. 다 읽은 후에도 매달 이 책을 다시 읽으라.

6. 기회가 생길 때마다 이 책에 나온 원칙들을 적용하고, 이 책을 일상의 문제들을 해결하는 실행지침서로 활용하라.

7. 이 책에서 이야기하는 원칙들을 당신이 어길 때마다 벌금을 내겠다고 주위 사람들에게 이야기함으로써, 게임을 하듯 즐겁게 배우라.

8. 매주 당신이 얼마나 진전했는지를 체크하라. 어떤 잘못을 했는지, 어떤 발전이 있었는지 그리고 미래를 위해 어떤 교훈을 깨달았는지 확인하라.

9. 이 책 뒤에 있는 빈 페이지에 당신이 이 책에 나온 원칙을 언제, 어떻게 적용했는지 기록해 나가라.

Section 1
사람을 다루는 데 필요한 기본 원칙

Section 2
타인의 호감을 얻는 여섯 가지 비결

Section 4 ─────────────

감정을 상하게 하지 않고
상대를 변화시키는 아홉 가지 비결

Section 5 ─────────────

기적을 일으킨 편지들　　　　　　　320

Section 6
행복한 가정을 만드는 일곱 가지 비결

부록 | 결혼생활 평가 설문

사람을
다루는 데 필요한
기본 원칙

꿀을 얻으려면 벌집을 건드리지 말라

인간관계의 핵심 비결

이대로 하면 세상을 얻을 것이나, 하지 못하면 외로운 길을 가리라

1
꿀을 얻으려면 벌집을 건드리지 말라

1931년 5월 7일, 뉴욕에서는 전례를 찾아볼 수 없이 세상을 떠들썩하게 했던 범인 검거 작전이 펼쳐지고 있었다. 몇 주 동안이나 경찰의 수사망을 피해 도망 다니던 일명 '쌍권총 크로울리'가 웨스트 엔드 애비뉴에 있는 정부(情婦)의 아파트에 숨어 있다가 체포되기 일보직전이었다. 그는 술도 마시지 않았고 담배도 입에 대지 않는 사람이었지만 총으로 사람을 죽인 살인범이었다.

150명의 경찰과 형사들은 범인이 숨어 있는 맨 위층을 포위했다. 경찰은 지붕에 구멍을 뚫고 최루가스를 넣어 '경찰 살해범 크로울리'를 집 밖으로 끌어내는 작전을 펼쳤다. 주변 건물에는 기관총들을 배치해 두었다. 뉴욕의 훌륭한 주거지역 중 하나인 이곳에서는 권총과 기관총의 요란한 소리가 1시간 이상 계속되었다. 두툼한 의자를 방패 삼아 숨어 있던 크로울리는 경찰들을 향해 쉴 새 없이 총을 쏘아 댔고, 1만여 명의 격앙된 시민들이 그 총격전을 지켜보았다. 이제껏 뉴욕 거리에서 전혀 볼 수 없었던 사건 현장이었다.

크로울리가 체포되었을 때, 당시 뉴욕 경찰국장직을 맡고 있던 E. P. 멀루니는 이 쌍권총의 무법자가 뉴욕 역사상 가장 위험한 범죄자 중 한 명이라고 발표했다. 국장은 '그는 사소한 일로도 살인을 할 수 있는 사람'이라고 말했다.

그러나 '쌍권총 크로울리'는 자신을 어떻게 생각하고 있었을까? 자신이 숨어 있던 아파트에 경찰이 사격을 가하는 동안 그는 '관계자 여러분께'로 시작하는 편지를 썼다. 편지를 쓰는 동안 그의 상처에서 흘러나온 피는 편지에 붉은 핏자국을 남겼다. 이 편지에서 크로울리는 말했다. "내 안에는 지친 마음이 있다. 그러나 그것은 선한 마음이다. 그 마음은 어느 누구도 해치고 싶어 하지 않는다."

이 사건이 발생하기 며칠 전, 크로울리는 롱아일랜드의 한적한 시골 길에 차를 세우고 애인과 애무를 하며 즐거운 시간을 보내고 있었다. 그런데 갑자기 경찰이 주차된 그의 차로 걸어와 이렇게 말했다. "면허증을 제시해 주십시오." 그러자 크로울리는 한마디 대꾸조차 하지 않고 경찰에게 총을 마구 쏘아 댔다. 경찰이 쓰러지자 크로울리는 차에서 내려 경찰의 총을 집어 들고 다 죽어 가는 그의 몸에 또 한 발의 총을 쏘며 확인 사살까지 했다. 그렇게 잔인한 그가 "내 안에는 지친 마음이 있다. 그러나 그것은 선한 마음이다. 그 마음은 어느 누구도 해치고 싶어 하지 않는다."라고 한 것이다.

크로울리에게는 사형이 선고되었다. 사형 집행 당일 전기의자에 앉은 그는 뭐라고 말했을까? "이건 내가 당연히 받아야 할 벌이다."라고 했을까? 전혀 그렇지 않다. 그는 "나는 정당방위를 한 것뿐인데, 왜 이런 대가를 받아야 하지?"라고 말했다. 요점인즉슨, '쌍권총 크로울리'는 결코 자신의 잘못을 뉘우치지 않았다는 것이다.

과연 이것이 범죄자들 사이에서 이례적인 행동일까? 만약 그렇게 생각한다면 다음의 말도 한번 들어 봐야 한다.

"나는 다른 사람들에게 즐거움을 주고, 좋은 시간을 갖도록 도우며 내 인생의 황금기를 보냈다. 그런데 내게 돌아온 것이라고는 비난과 범죄자라는 낙인뿐이다."

이것은 알 카포네가 한 말이다. 그렇다. 미국에서 가장 악명 높은 공공의 적이자 시카고의 암흑가를 주름잡던 사악한 갱단 두목인 바로 그 알 카포네 말이다. 그는 자신이 잘못을 저질렀다는 생각은 전혀 하지 않았다. 실제로 그는 자신은 독지가이나, 다만 인정받지 못하고 오해받고 있을 뿐이라고 생각했다.

뉴어크에서 발발한 갱단의 총격전에서 무너진 더치 슐츠 역시 마찬가지였다. 뉴욕에서 가장 악명 높은 조직 폭력배의 두목이었지만, 그는 신문 인터뷰에서 자신은 독지가라고 말했다. 그리고 그는 그것이 사실이라고 믿었다.

나는 이런 주제에 대해 뉴욕에서 악명 높은 싱싱 교도소의 소장으로 오래 일했던 워든 로즈와 흥미로운 내용의 서신을 주고 받았던 적이 있다. 그는 그 서신에서 다음과 같이 말했다.

"이곳 싱싱 교도소에 수감 중인 범죄자들 중 자기 스스로를 나쁜 사람이라고 생각하는 이는 거의 없습니다. 그들도 당신과 나와 같은 인간일 뿐이고, 그렇기 때문에 스스로를 합리화하고 변명합니다. 왜 금고를 털 수밖에 없었는지 혹은 왜 방아쇠를 당길 수밖에 없었는지, 그들은 수도 없이 많은 이유를 댈 수 있습니다. 그들 대부분은 논리적이든 비논리적이든 그럴싸한 변명으로 자신들을 합리화시키고, 자신들이 저지른 반사회적 행동들을 정당화하려 하며, 결과적으로 자신들은 투옥될 이유가 없다고 강하게 주장합니다."

알 카포네, '쌍권총 크로울리', 더치 슐츠, 그 외 교도소 감방 안의 절망적인 범죄자들이 스스로 아무것도 잘못한 것이 없다고 주장하는 것은 그렇다 치고, 당신과 내가 알고 지내는 주변 사람들은 어떨까?

미국 워너메이커 백화점의 설립자인 존 워너메이커John Wanamaker는 내게 "나는 상대를 꾸짖는 것은 어리석은 짓이라는 것을 30년 전에 알았다. 나는 하느님께서 지적 능력을 모두에게 공평하게 나눠 주지 않으셨다고 애태우기보다는 내 자신의 한계를 뛰어넘기 위해 무척이나 많이 노력했다."라고 고백한 적이 있다.

워너메이커는 이 교훈을 일찌감치 깨달았다. 그러나 나 개인적으로는 30여 년간 뚜렷하게 알 수 없는 세상에서 계속 실수를 거듭한 후에야 사람들이란 아무리 큰 잘못을 저지르더라도 100명 중 99명은 그것을 인정하지 않는다는 것을 알게 되었다.

비판은 쓸모없는 짓이다. 이는 사람을 방어적으로 만들며 자신을 정당화하기 위해 안간힘을 쓰게 한다. 비판은 위험하다. 이는 사람의 귀중한 긍지에 상처를 주고, 자신의 가치에 대해 회의를 갖게 하며, 적의만 불러일으키기 때문이다.

독일 군대는 병사들이 불만이 생겨도 그 즉시 불만을 보고해서는 안 된다고 규정한다. 불만이 있는 병사는 일단 하룻밤을 보내며 열을 식혀야 하며, 즉시 보고하는 병사는 처벌받는다. 문명 사회라면 이와 같은 법이 반드시 있어야만 한다. 짜증 섞인 목소리로 다그치는 부모들이나 바가지를 긁는 아내들, 꾸짖는 고용주들처럼 타인의 흠을 잡는 데 급급하여 매우 백해무익한 짓을 저지르는 모든 사람들에 관한 법 말이다.

기나긴 역사를 통해 우리는 타인의 허물을 들추고 잘못을 지적하는 비판은 쓸모없는 행동이라는 것을 보여 주는 많은 예들을 볼 수 있다. 그 예들 중에서도 시어도어 루스벨트와 그의 후계자였던 윌리엄 하워드 태프트William Howard Taft 대통령 사이에 벌어졌던 유명한 언쟁을 들 수 있다. 이 언쟁으로 말미암아 공화당은 분열되었고 민주당 후보인 우드로 윌슨Woodrow Wilson이 대통령에 당선됨으로써 미국이 제1차 세계대전에 참전하게 되는 등 세계 역사의 흐름이 크게 달라졌다.

이 예에 대한 역사적 사실부터 간단히 살펴보자. 루스벨트는 1908년 대통령직에서 물러나면서 태프트를 차기 대통령으로

지지했고, 그는 대통령으로 당선되었다.

그다음 루스벨트는 사자 사냥을 위해 아프리카로 떠났다. 하지만 아프리카에서 돌아온 그는 태프트가 보수적인 정책을 전개하고 있는 것에 대해 크게 격노했다. 루스벨트는 그를 규탄하고 차기 대통령 후보 지명권을 얻기 위해 진보적 성향의 불 무스 Bull Moose 당을 조직했는데, 그로써 공화당은 분열될 위기에 처하게 되었다. 이런 분위기 속에서 태프트와 그가 소속된 공화당은 선거를 치러야 했고, 결과적으로 버몬트와 유타 단 두 개의 주에서만 승리를 거뒀다. 공화당 창당 이래 최대의 참패였다. 루스벨트는 이에 대한 책임이 태프트에게 있다고 비난했다.

그렇다면 태프트 대통령 자신은 스스로를 책망했을까? 물론 아니다. 그는 눈물을 머금고 이렇게 말했다.

"그 당시 나는 그렇게 할 수밖에 없었네."

누가 비난받아 마땅한가? 루스벨트? 아니면 태프트? 솔직히 모르겠다. 그리고 알고 싶지도 않다. 다만 내가 말하고자 하는 바는, 루스벨트가 아무리 심하게 태프트를 비난했다 하더라도 그것은 태프트로 하여금 자신의 잘못을 시인하게 만들지 못했다는 것이다. 그의 비난은 태프트가 자신을 정당화하고 눈물을 글썽이며 "당시에는 그럴 수밖에 없었네."라는 말만 되풀이하게 만들 뿐이었다.

또 다른 경우로, 티포트 돔 유전 스캔들을 살펴보자. 이 스캔들을 아직도 기억하고 있는 분들이 있을지 모르겠다. 1920년대 초에 발생한 이 사건은 미국 전역을 뒤흔들었고 그 후 몇 년 동안이나 신문 지면에 오르내리며 사회적으로 큰 파장을 일으켰다. 세상 사람들의 기억 속에서 이런 사건은 미국 역사상 유례없는 일이었다. 이 스캔들의 전모를 가감 없이 살펴보자.

미국의 제29대 대통령 워런 G. 하딩Warren G. Harding의 행정부에서 내무장관으로 있던 앨버트 B. 펄은 당시 정부가 소유하고 있었던 엘크 힐과 티포트 돔의 유전 지대 임대에 대한 권한을 가지고 있었다. 그 유전 지대는 앞으로 해군에서 사용할 목적으로 따로 보존되어 있던 지역이었다. 펄 장관이 이 지역에 경쟁 입찰을 허락했을까? 아니다. 그는 일체의 입찰 과정 없이 자신의 친구 에드워드 L. 도헤니와 아주 유리한 조건의 수의계약을 맺고 그것을 건네주었다.

그렇다면 도헤니는 그 대가로 펄에게 무엇을 주었을까? 그는 '대여금'이라는 명목으로 10만 달러를 건넸다. 그런 뒤 펄 장관은 위압적인 태도로 엘크 힐의 인접 지역에서 석유를 채굴 중이던 군소 유전업자들을 쫓아내기 위해 해병대에 출동 명령을 내렸다. 결국 총검에 의해 자신들의 유전 지대에서 쫓겨난 군소 유전업자들은 법정으로 달려갔다. 그럼으로써 10만 달러 티포트 돔 스캔들은 마침내 만천하에 드러났다. 지독한 악취를 풍겼던 이 사건은 하딩 행정부의 붕괴를 초래했고, 전국적인 분노를 일으킴으로써 공화당을 붕괴 위협에 빠뜨렸다. 앨버트 B. 펄은 투옥되었고, 펄은 현직 공직자로서는 전례가 없을 정도의 중형을 선고받았다.

그렇다면 그는 과연 자신의 잘못을 뉘우쳤을까? 절대 그런 일은 없었다. 이 일이 있고 몇 년 뒤 제31대 대통령 허버트 후버 Herbert Hoover는 어느 연설에서, 하딩 대통령의 죽음은 친구의 배신으로 생긴 정신적 불안과 고뇌 때문이었다고 말한 적이 있다. 펄 부인이 그 이야기를 들었을 때, 그녀는 의자에서 벌떡 일어나 눈물을 흘리며 주먹을 꽉 움켜쥐고 "뭐라고? 하딩이 펄에게 배신을 당했다고? 말도 안 돼! 내 남편은 어느 누구 하나 배신한 적이 없어. 이 집을 황금으로 가득 채워 준다 해도 남편은 나쁜 짓을 할 사람이 아니야. 남편이야말로 배신을 당하고 잔혹한 이에게 끌려가 고통을 받은 희생양이란 말이야!"라고 목청껏 소리쳤다.

인간은 누구나 이렇다. 인간 본성은 아무리 나쁜 짓을 저지르더라도 남을 탓하지 자신을 탓하지 않는다. 모두가 그렇다. 그러니 내일 당신이나 내가 누군가를 비난하고 싶어지면 알 카포네나 '쌍권총 크로울리', 앨버트 B. 펄을 떠올리자. 비난은 집으로 돌아오는 비둘기와 같아서 항상 자신에게 되돌아온다는 것을 명심하자. 그리고 우리가 바로잡거나 비난하고 싶어 하는 사람은 아마도 자신을 정당화하려 할 것이고 외려 거꾸로 우리에게 비난을 퍼부을 것이라는 점을 기억해야 한다. 만일 우리를 비난하지 않는다 해도 점잖은 태프트처럼 이렇게 말하게 만들 뿐이다.

"당시에는 그럴 수밖에 없었네."

1865년 4월 15일 토요일 아침, 에이브러햄 링컨Abraham Lincoln은 포드 극장 앞에서 존 윌크스 부스에게 저격당한 뒤, 길 건너

편에 있는 싸구려 하숙집 문간방으로 옮겨져 죽음을 기다리고 있었다.

그는 자신의 몸에 비해 굉장히 작고 가운데가 푹 꺼진 침대에 사선으로 눕혀져 있었다. 침대 머리맡 벽에는 로자 보뇌르Rosa Bonheur의 유명한 그림 〈마시장〉의 싸구려 모사품이 걸려 있었고, 음울한 가스등불의 노란 불빛이 희미하게 흔들리고 있었다. 스탠든 국방부장관은 링컨의 임종을 지켜보며 다음과 같이 말했다.

"인류 역사상 사람의 마음을 가장 잘 움직였던 사람이 여기 누워 있다."

사람을 다루는 것에 관한 링컨의 성공 비결은 무엇일까? 나는 10년간 에이브러햄 링컨의 생애를 연구했고 《세상에 알려지지 않은 링컨》이라는 책을 쓰고 수정하는 데 꼬박 3년을 바쳤다. 그래서 나는 링컨의 인간성과 가정생활에 대해서만큼은 어느 누구 못지않게 철저히 연구했다고 믿고 있다. 그중에서도 나는 특히 링컨의 사람 다루는 법에 많은 관심을 갖고 연구했다.

그는 비난하기를 즐겼을까? 물론이다. 어떤 깨달음을 얻기 전까지는 그도 그랬다. 인디애나 주의 피전 크리크 밸리에 살던 젊은 청년 시절의 링컨은 다른 이를 쉽게 비난했을 뿐 아니라 상대를 조롱하는 편지나 시를 써서 눈에 띄는 길가에 일부러 떨어뜨려 놓곤 했다. 그리고 이 편지들 중 하나는 누군가로 하여금 링컨에 대해 평생 들끓는 분노를 만들었다.

일리노이 주 스프링필드에서 변호사로 일하기 시작한 뒤에도 링컨은 신문 투고를 통해 상대를 공개적으로 공격하곤 했다. 그러다 한번은 비난의 도가 지나쳐서 큰 말썽이 생긴 적도 있었다.

1842년 가을, 링컨은 허영심이 강하고 싸우기 좋아하는 아일랜드 정치가 제임스 쉴즈를 조롱했다. 링컨은 〈스프링필드 저널 Springfield Journal〉에 익명의 편지를 보내 그를 호되게 풍자했고, 기사를 읽은 사람들은 온통 폭소를 금치 못했다. 예민하고 자존심 강한 쉴즈는 화가 났고, 편지 작성자가 링컨임을 알고는 곧바로 말에 올라타고 그를 찾아가 결투를 신청했다.

쉴즈와 싸우고 싶은 마음이 없었고 결투에도 반대하는 링컨이었지만 그의 도전을 피할 수는 없었다. 자신의 명예가 걸린 문제였기 때문이다. 결투 도구 선택권은 링컨에게 주어졌다. 팔이 길었던 그는 기병대의 장검을 골랐고, 미 육군사관학교 졸업생으로부터 장검을 이용한 결투에 관한 교습도 받았다. 그리고 약속한 결전의 날, 링컨과 쉴즈는 미시시피 강의 모래사장에서 만났다. 그리고 두 사람이 목숨을 건 결투를 시작하려는 순간, 양측 입회인들의 적극적인 중재로 결투는 중단되었다.

이 일은 링컨 생애에 있어 개인적으로 가장 소름끼치는 사건이었다. 이를 계기로 사람을 다루는 기술에 대한 귀중한 교훈을 얻은 그는 그 뒤로 두 번 다시 상대를 모욕하는 편지를 쓰거나 어느 누구도 조롱하지 않았음은 물론, 어떤 일로도 타인을 비난하지 않았다.

미국 남북전쟁이 한창이었을 당시, 대통령이었던 링컨은 포토맥 지구의 전투사령관 자리에 새로운 장군을 몇 번이고 임명해야만 했다. 맥클레런, 포프, 번사이드, 후커, 미드 등 그 자리에 임명되었던 장군들마다 비참한 패배를 거듭했기 때문이다. 북부 측 국민들은 그들을 무능하다고 맹렬히 비난했고 링컨 자신도 절망의 늪에 빠지긴 했지만, 그는 '누구에게도 악의를 품지 말고 모두에게 사랑을 베풀자.'고 마음먹고 있었기에 침묵을 지켰다.

그가 좋아한 인용구 중 하나는 '남으로부터 비판받고 싶지 않으면, 남을 비판하지 말라.'였다. 또한 아내나 다른 이들이 남부 사람들에 대해 나쁘게 이야기할 때도 링컨은 "그들을 비난하지 마세요. 우리도 그들과 같은 상황에 있었다면 그렇게 행동했을지 모르니까요."라고 말했다.

그러나 언제든 타인을 비난할 기회가 끊임없이 있었던 사람 역시 링컨이었다. 예를 하나 들어 보자.

남북전쟁 시 최대의 격전이었던 게티즈버그 전투는 1863년 7월 1일부터 3일까지 사흘간 벌어졌다. 7월 4일 밤, 남측의 로버트 E. 리Robert E. Lee 장군은 폭풍우가 몰려오자 남쪽으로 퇴각하기 시작했다. 패잔병과 다름없는 군대를 이끌고 포토맥 강에 이르렀을 때, 그의 눈앞에는 물이 불어나 건널 수 없는 강이 나타났고 뒤에서는 기세가 하늘을 찌르는 북부군이 쫓아오고 있었다. 덫에 걸린 상황이나 다름없었던 리 장군에게는 빠져 나갈 길이 없었다. 링컨은 그 사실을 알고 지금이야말로 리 장군의 군대를 생포해 당장 전쟁을 끝낼 수 있도록 하늘이 주신 절호의 기회라고 생각했다. 희망에 부푼 그는 미드 장군에게 작전회의를 하지 말고 당장 리 장군을 공격하라고 명령했다. 링컨은 자신의 명

령을 전문(電文)으로 보낸 뒤 미드에게 즉각적인 전투 개시를
요구하는 특사까지 파견했다.

그러면 미드 장군은 어떻게 했을까? 그는 그가 받은 명령과는
정반대로 실행했다. 그는 링컨의 공격 명령을 어기고 작전회의
를 소집했다. 그는 망설였고, 시간을 지체시켰으며, 이런저런 온
갖 변명을 전보로 보냈다. 리 장군을 공격하라는 링컨의 명령을
정면으로 거부한 것이다. 결국 강물은 줄어들었고, 리 장군은 자
신의 병력과 함께 포토맥 강을 건너 무사히 퇴각할 수 있었다.

격분한 링컨은 때마침 그 자리에 함께 있던 아들 로버트에게
소리쳤다.

"이런! 도대체 이게 어떻게 된 일이야? 리 장군은 이제 다 잡
은 것이나 마찬가지여서 손만 뻗으면 됐는데! 내가 할 수 있는
모든 것을 했음에도 군대를 움직일 수가 없었다니! 그 상황이라
면 어떤 장군을 데려다 놓아도 리 장군의 군대를 이겼을 것이
야. 심지어 장군이 아닌 내가 그 자리에 있었어도 말이지!"

엄청난 실망감에 휩싸인 링컨은 자리에 앉아 미드 장군에게
편지를 썼다. 그 편지를 읽기 전에 기억해야 할 것은, 이 시기의
링컨은 극도로 온건하고 조심스러운 말투를 사용했다는 사실이
다. 그런 의미에서 보면 1863년에 링컨이 쓴 이 편지는 사실 엄
중한 질책에 해당하는 것이다.

친애하는 장군께.

장군께서는 이번에 리 장군을 놓친 것이 얼마나 큰 불행인지 제

대로 짐작조차 하지 못하고 있는 듯합니다. 남부의 군대는 궁지에 몰린 상황이었고 최근에 승리했던 북부군의 여세를 몰아갔다면 우리는 이번에 전쟁을 끝낼 수도 있었습니다. 그러나 이제, 전쟁은 언제 끝날지 알 수 없어졌습니다. 지난 4일 밤, 장군께서는 우리에게 유리했던 전투도 제대로 치르지 못했습니다. 그런데 이제는 적군이 강 건너 남쪽에 더 근접한 상황이니 어떻게 작전을 제대로 수행할 수 있겠습니까? 더구나 장군이 그날 보유했던 병력의 3분의 2밖에는 활용하지 못할 텐데 말입니다. 그러기를 기대하기란 어려울 것 같습니다. 저로서는 장군께서 전투를 제대로 이끌어 가실지 염려됩니다. 장군께서는 세상에 둘도 없는, 하늘이 주신 기회를 놓치고 말았습니다. 그 일로 인해 저는 이루 말로 표현하기 힘들 정도로 큰 심적 고통을 받고 있습니다.

미드 장군은 이 편지를 읽고 어떻게 했을까?

그는 이 편지를 읽지 못했다. 링컨이 편지를 부치지 않았기 때문이다. 편지는 링컨 사후 그의 서류함에서 발견되었다.

이건 그저 내 추측에 불과하지만, 이 편지를 쓰고 난 뒤 링컨은 창밖을 내다보며 이렇게 혼잣말을 중얼거렸을지 모른다. "잠깐만. 이렇게 서두르는 게 잘하는 일은 아닐 수도 있겠군. 백악관에 앉아서 미드 장군에게 공격 명령을 내리는 건 쉬운 일이야. 하지만 내가 게티즈버그에 있었다면, 그래서 지난주에 미드 장군이 겪은 것처럼 엄청난 피를 흘리는 부상자들의 신음과 비명 소리를 듣고, 죽어 가는 병사들의 참상을 직접 목격했다면 아마나도 쉽게 공격을 결정하지 못했겠지. 게다가 미드 장군처럼 성격이 소심한 사람은 더욱 그랬을 거야. 어차피 다 지나간 일, 이 편지를 보내면 내 기분이야 좀 나아질지는 몰라도, 장군은 자기를 정당화하기 위해 애를 쓰며 오히려 나를 비난할 수도 있겠군. 장군이 나에 대한 반감을 가지게 되면 사령관으로서의 직무 수행에도 악영향을 미칠 것이고, 그렇게 되면 장군이 군에서 퇴역해야 할 수도 있어." 그리하여 링컨은 편지를 부치지 않았던 것이다. 쓰라린 경험을 통해 그는 날카로운 비판과 책망이 대부분은 쓸모없다는 것을 알고 있었다.

시어도어 루스벨트의 말에 따르면, 대통령 재임 기간 중 난관에 부딪힐 때면 의자를 뒤로 기대고 벽에 걸려 있는 링컨의 커다란 초상화를 보면서 스스로 이렇게 묻곤 했다고 한다. "링컨이라면 지금 이 상황에서 어떻게 했을까? 그가 나라면 이 문제를 어떻게 해결했을까?"

앞으로 당신이 누군가를 심하게 비난하고 싶어진다면, 지갑에서 5달러 지폐를 꺼내 거기에 새겨진 링컨의 얼굴을 보며 "링컨이 지금 내 입장이라면 어떻게 했을까?"라고 물어보자.

당신은 누군가를 변화시키고, 바르게 개선시키고 싶은가? 좋다! 멋진 생각이다. 나도 그 생각에 찬성한다. 그런데 당신부터 먼저 개선하는 것은 어떨까? 전적으로 이기적인 관점에서 볼 때, 다른 사람보다는 자기 자신을 개선시키는 것이 더 남는 일이다. 게다가 훨씬 덜 위험한 일이기도 하다.

영국의 시인 로버트 브라우닝Robert Browning은 "사람은 자기 자신과의 싸움을 시작할 때 비로소 가치 있는 사람이 된다."라고 말했다. 자신을 완벽하게 만드는 데는 꽤 오랜 시간이 걸린다. 연초부터 시작해도 크리스마스가 되어야 끝날지 모른다. 그렇게 완벽해지면 당신은 연말 연휴를 잘 쉬고 새해부터는 타인을 변화시키고 비판할 수 있을 것이다. 그러나 모든 것은 자신을 먼저 완성한 이후의 일이다. "네 집 앞은 더러운 상태로 옆집 지붕 위에 쌓인 눈을 욕하지 말라."라는 공자님 말씀처럼 말이다.

젊었을 때 나는 사람들에게 강한 인상을 남기기 위해 굉장히 노력하는 편이었는데, 한번은 미국의 중견 작가인 리처드 하딩 데이비스Richard Harding Davis에게 바보 같은 편지를 쓴 적이 있다. 그 당시 문학잡지의 작가소개란에 실릴 글을 준비하던 나는 데이비스에게 그의 작업 방식에 대해 문의하는 편지를 보냈다. 그런데 그보다 몇 주 전, 어떤 사람이 내게 보냈던 편지 말미에는 '구술 후 읽어 보지 못함'이라는 글귀가 적혀 있었다. 나는 편지를 보내는 사람이 매우 바쁘고 중요한 사람이라는 느낌이 들게 하는 그 글귀에 깊은 인상을 받았다. 그래서 전혀 바쁘지 않았지만 데이비스에게 강한 인상을 주고 싶다는 생각에 나도 그 글귀를 넣어 내 짧은 편지를 마무리 지어 보냈다.

데이비스는 내 편지에 답장을 쓰는 수고를 하지 않았다. 대신 그는 내가 보낸 편지 맨 밑에 '자네의 무례함은 도가 지나치군.' 이라고 휘갈겨 쓴 뒤 내게 되돌려 보냈다. 맞는 말이었다. 나는 주제넘은 일을 저질렀고, 그랬으니 그런 질책을 받을 만도 했다. 그러나 나도 인간인지라 몹시 불쾌했고, 그 마음이 얼마나 강했는지 그로부터 10년 정도 지나 데이비스가 세상을 떠났다는 기사를 읽었을 때, 인정하긴 부끄러웠지만 그가 내게 주었던 마음의 상처가 가장 먼저 떠올랐다.

큰 것이든 사소한 것이든 우리가 남의 아픈 곳을 찌르는 비판을 하면 그로 의해 일어난 분노는 수십 년간 사무칠 뿐만 아니라 죽을 때까지 계속 이어질 것이다. 비판이 정당한 것인지 아닌 것인지는 중요하지 않다.

사람을 상대할 때 명심해야 할 것은, 상대가 논리의 동물이 아니라는 점이다. 그는 감정의 동물이고 편견에 가득 차 있으며, 자존심과 허영심에 자극을 받아 행동한다.

비판은 자존심이라는 화약고에 폭발을 일으키기 쉬운 불씨다. 때때로 이 폭발은 죽음을 재촉하기도 한다. 일례로 미국의 레너드 우드Leonard Wood 장군은 때 이른 죽음을 맞았는데, 그 이유는 그가 비난을 받은 데다가 군대를 이끌고 프랑스 출정을 나가는 것까지 거부당함으로써 자존심에 큰 타격을 입었기 때문이라 여겨지고 있다.

영국 문학을 풍요롭게 한 위대한 소설가 중 한 명인 토머스 하디Thomas Hardy는 감수성이 매우 풍부했는데, 뜻하지 않았던 혹독한 비평을 받은 뒤 영원히 작품 활동을 포기했다. 영국의 천재 시인 토머스 채터튼Thomas Chatterton을 자살로 몰고 간 것 또한 그에 대한 비난이었다.

젊은 시절 사교성 없기로 유명했던 벤저민 프랭클린Benjamin Franklin은 뛰어난 외교적 수완과 사람을 상대하는 능수능란한 기술을 갖춰 프랑스 주재 미국 대사가 되었다. 그의 성공 비결은 무엇이었을까? 이에 대한 그의 대답은 "저는 그 누구에 대한 험담도 절대 하지 않습니다. 대신 제가 아는 모든 이의 장점에 대해 말할 뿐입니다."였다.

　바보들은 타인을 비판하고, 힐난하며, 불평하고 잔소리를 늘어놓을 수 있다. 그리고 실제로 거의 모든 바보들은 그렇게 한다. 그러나 타인을 이해하고 용서하는 것은 고결한 인격과 자제력을 지닌 사람만이 할 수 있다.

　영국의 철학자 토머스 칼라일Thomas Carlyle은 "위인의 위대함은 범인(凡人)을 대하는 태도에서 드러난다."라고 말했다. 사람을 비판하기 이전에 그들을 이해해 보려고 노력하자. 그들이 왜 그런 행동을 하는지 곰곰이 생각해 보자. 그 편이 비판하는 것보다 더 유익할 뿐 아니라 흥미롭기도 하다. 그리고 이렇게 하는 것은 공감, 관용, 친절을 낳는다. '모든 것을 알게 되면, 모든 것을 용서하게 된다.'

　영국의 위대한 문호 새뮤얼 존슨Samuel Johnson은 "하느님도 사람이 죽기 전까지는 심판하지 않으신다."라고 말했다. 그의 말처럼, 하느님도 살아 있는 자를 심판하시지 않는데 우리야 더 말해 무엇하겠는가?

원칙 1

다른 이들에 대한 비판과 비난, 불평을 삼가라.

2
인간관계의
핵심 비결

누군가에게 무엇인가를 시키는 방법은 오로지 한 가지밖에 없다. 어떤 방법인지 고민해 본 적 있는가? 그렇다. 단 한 가지 방법뿐이다. 그것은 그 사람으로 하여금 그 일을 하고 싶게 만드는 것이다.

명심하라. 이 방법밖에는 없다. 물론 누구나 상대방의 갈빗대에 권총을 들이대고 시계를 내놓으라고 할 수도 있다. 직원들에게 해고 위협을 가하면 돌아서서는 어떨지 모르겠으나 적어도 당신 눈앞에서는 협력하게 만들 수 있다. 회초리를 들거나 위협을 가해 자녀들을 당신이 바라는 대로 행동하게 하는 것도 가능하다. 그러나 이런 강제적인 방법은 전혀 바람직하지 않은 반발만 강하게 야기할 뿐이다.

사람을 움직이려면 그 사람이 원하는 것을 주는 것만이 유일한 방법이다. 당신이 원하는 바는 무엇인가?

20세기의 손꼽히는 심리학자 중 한 명인 오스트리아의 지그

문트 프로이트Sigmund Freud 박사는 인간이 하는 모든 행동은 두 가지 동기에 의해 유발된다고 했다. 하나는 성욕이고, 다른 하나는 위대해지고 싶은 욕망이다.

미국의 가장 저명한 철학자 중 한 사람인 존 듀이John Dewey는 이것을 약간 다르게 표현했다. 그는 인간 본성에 있어 가장 강한 충동은 '인정받는 인물이 되고픈 욕망'이라고 했다. 이 말을 기억해 두길 바란다. '인정받는 인물이 되고픈 욕망'은 굉장히 의미심장한 말로, 앞으로 이 책에서 당신이 자주 보게 될 표현이기도 하다.

인간이 원하는 바는 무엇인가? 많은 것들에 힘들어할 수도 있으나, 사람은 자신이 진심으로 원하는 몇 가지만큼은 누구도 막을 수 없을 정도로 강하게 갈망한다. 거의 모든 사람이 가지는 욕구로는 다음과 같은 것들이 있다.

1. 건강과 장수
2. 음식
3. 수면
4. 돈과 돈으로 살 수 있는 것
5. 내세의 삶
6. 성적인 만족
7. 자녀들의 행복
8. 인정받고 있다는 느낌

위의 욕구들은 거의 모두 충족될 수 있다. 단 한 가지를 제외하고. 음식이나 수면에 대한 욕구만큼이나 강하고 중요하지만 쉽사리 충족되지 않는 이것을 프로이트는 "위대한 사람이 되고자 하는 욕구", 듀이는 "인정받는 인물이 되고자 하는 욕망"이라고 표현했다.

링컨이 썼던 편지 중 하나는 "사람들은 칭찬을 좋아한다."라는 글로 시작한다. 윌리엄 제임스는 "인간 본성에서 가장 근본적인 원리는 인정받으려는 갈망이다."라고 말했다. 여기에서 유념해야 하는 것은 그가 '소망', '욕망', '동경'이라는 말 대신에 '갈망'이라는 단어를 사용했다는 점이다.

절대로 참을 수 없고, 결코 사라지지도 않는 것이 바로 인간의 갈망이다. 인간의 이러한 심적 갈망을 제대로 충족시켜 줄 수 있는 소수의 사람들은 다른 이들을 자신이 원하는 대로 움직일 수 있으며, 심지어 장의사조차 그가 죽으면 진심으로 슬퍼할 것이다.

자신의 가치를 인정받는 것에 대한 갈망은 인간과 동물 사이의 가장 중요한 차이점 중 하나다. 가령 내가 미주리의 농가에서 살던 어린 시절에 아버지께서는 우량의 듀록 저어지 종(원산지가 미국이고 대형종에 속하는 돼지 품종의 하나_옮긴이) 돼지와 혈통이 좋은 흰머리 소를 키우고 계셨다. 우리는 집에서 키운 돼지와 흰머리 소를 중서부 각지의 품평회와 가축 쇼에 내보냈고, 1등도 여러 번 차지했다. 아버지께서는 1등에게 주어지는 파란 리본을 하얀 모슬린 천에 붙여 놓으셨다가 친구들이나 손님이 오시면 그것을 꺼내 보여 주시곤 하셨다. 상을 자랑하실 때 아버지는 천의 한쪽 끝을 당신이 잡고, 내게 다른 한쪽 끝을 잡도록 하셨다. 돼지들은 자기들이 받은 상에 대해 관심이 없었지만, 아버지는 그렇지 않았다. 그 상으로 아버지는 당신이 인정받은 사람이라는 느낌을 가지셨다.

만약 우리 선조들에게 그런 존재가 되고 싶다는 강렬한 욕구가 없었다면 문명의 탄생은 불가능했을 것이고, 우리는 돼지 같은 하등동물들과 다를 게 없었을 것이다.

배운 것 없고 가난에 찌든 야채 가게 점원이 50센트를 주고 산 가구의 바닥에서 우연히 발견한 법률 책을 공부하게 된 것도 인정받는 존재가 되고 싶다는 욕망 때문이었다. 당신도 아마 이 야채 가게 점원의 이름을 들어 본 적이 있을 것이다. 그의 이름은 링컨이었다.

찰스 디킨스Charles Dickens로 하여금 불멸의 소설을 쓰게끔 영감을 준 것도 이 욕망이었다. 또한 영국의 건축가 크리스토퍼 렌Christopher Wren 경이 석조 건축물을 설계하게 된 것도, 록펠러가 평생 다 쓸 수도 없을 만큼의 엄청난 부를 축적하게 된 것도 바로 이 '인정받는 존재가 되고픈 욕망' 덕분이었다. 사람들이 최신 유행 스타일의 옷을 입고, 신형 자동차를 몰며, 똑똑하고 잘난 자식을 자랑하는 것도 같은 이유에서다.

많은 청소년으로 하여금 폭력 조직에 들어가 범죄를 저지르게끔 유혹하는 것도 이 욕망이다. 뉴욕시 경찰국장을 지낸 멀루니는 이렇게 말했다. "요즘 젊은 범죄자는 대개 자아가 너무나 강해서, 체포된 뒤에는 제일 먼저 자신의 범죄 관련 기사가 큼지막하게 실린 신문을 달라고 요구한다. 그들은 홈런왕 베이브 루스Babe Ruth나 뉴욕 시장인 피오렐로 라과디아Fiorello La Guardia, 앨버트 아인슈타인Albert Einstein, 찰스 린드버그Charles Lindbergh, 아르투로 토스카니니Arturo Toscanini, 루스벨트와 같은 유명인의 사진과 함께 신문의 한 면에 실린 자신의 사진을 보고 기뻐하며, 전기의자에 앉아야 맞이할 끔찍한 형벌은 마치 먼 일처럼 생각한다."

만일 당신이 언제 자신의 존재 가치를 느끼는지 내게 말해 준다면, 나는 당신이 어떤 사람인지 말해 줄 수 있다. 그것은 당신이 어떤 사람인지 결정해 주는 것이자 당신을 이해하는 데 있어 가장 중요한 사항이다. 예를 들어, 존 D. 록펠러는 자신이 한 번도 본 적이 없고 앞으로도 그러할 수백만 명의 불쌍한 중국인을 위해 최신식 병원 설립에 필요한 돈을 기부함으로써 자신의 존재 가치를 느꼈다.

반면 악명 높았던 존 딜린저John Dillinger는 강도 짓을 하거나 은행을 털고 사람을 죽이는 데서 그런 느낌을 가졌다. FBI가 그를 추격할 때, 그는 미네소타에 있는 한 농가에 뛰어 들어가 "나는 딜린저다!"라고 외쳤다. 그는 자신이 공개수배자 리스트의 제일 위에 있다는 사실을 자랑스러워했다. "당신을 해치지 않겠다. 하지만 나는 딜린저다!"라고 그는 말했다.

그렇다. 딜린저와 록펠러 사이의 가장 큰 차이는 그들이 자신이 중요하다는 느낌을 어떤 식으로 성취했냐는 것이다.

유명해진 위인들조차 자신의 중요성을 인정받기 위해 고군분투했다는 흥미로운 사례들은 역사에서도 쉽게 찾아볼 수 있다. 미국 초대 대통령인 조지 워싱턴George Washington조차 '미합중국 대통령 각하'라고 불리길 원했고, 크리스토퍼 콜럼버스Christopher Columbus 역시 '해군 제독 겸 인도 총독'이라는 호칭을 부여해 줄 것을 요청했다. 예카테리나Ekaterina 여제는 '여왕 폐하'라는 칭호를 쓰지 않은 편지는 열어 보지도 않았으며, 영부인 시절의 링컨 여사는 그랜트 장군의 부인에게 "감히 내 허락도 없이 자리에 앉다니!"라고 소리치며 화를 냈다.

미국 백만장자들은 리처드 E. 버드Richard E. Byrd 제독이 1928년에 남극 탐험에 나설 당시 그에 필요한 자금을 지원했다. 거기에는 조건이 하나 달려 있었는데, 산맥을 이루는 빙산들에 자신들의 이름을 붙여야 한다는 것이 그것이었다.

빅토르 위고Victor Hugo는 파리 시의 이름을 자신의 이름으로 바꾸려는 야심을 품었는가 하면, 위대한 문호 윌리엄 셰익스피어William Shakespeare 역시 자신의 가족을 위해 문장(紋章)을 손에 넣음으로써 자신의 이름에 명예를 더하려 했다.

때때로 사람들은 동정심과 관심을 얻기 위해 환자가 되는 것을 자처하기도 한다. 그렇게 해서 자신이 존재 가치가 있음을 느끼고자 하는 것이다. 미국 제25대 대통령 윌리엄 매킨리William Mckinley의 부인을 예로 들어 보자. 그녀는 자신의 존재 가치를 느끼기 위해 대통령인 남편에게 국가의 중요 업무를 미루고 침대 옆에서 자신이 잠들 때까지 몇 시간이고 간호하게 했다. 또한 자신이 치과 치료를 받는 동안에도 남편을 옆에 붙들어 둠으로써 관심받고자 하는 강한 욕구를 충족시켰다. 그러다 한번은 남편이 국무장관 존 헤이와의 약속을 위해 자신을 혼자 병원에 남기고 자리를 뜨자 엄청난 소동을 벌이기도 했다.

간호사로 일한 경험이 있던 작가 메리 로버츠 라인하트Mary Roberts Rinehart는 언젠가 내게, 똑똑하고 활기찬 젊은 여성이 존재 가치를 인정받고 싶어 환자가 된 이야기를 해 주었다.

"어느 날, 이 젊은 여인은 갑자기 어떤 문제에 봉착했어요. 아마도 나이 문제였을 거예요. 나이 때문에 앞으로 자신이 결혼하기란 힘들 것임을 알게 된 거죠. 그녀 앞에는 외로운 날들만이 남아 있었고 기대할 만한 것 또한 거의 없었어요. 그녀는 결국 앓아눕고 말았어요. 그래서 그 후 10년간 그녀의 노모가 3층까지 오르락내리락 식사를 나르며 그녀를 간호했는데, 그 노모마저도 병든 딸 수발에 지쳐 어느 날 세상을 뜨고 말았죠. 몇 주 동안 그녀는 기력이 약해졌지만 어느 날 갑자기 자리를 털고 일어나 옷을 갈아입고서는 다시 예전의 정상적인 삶으로 돌아갔어요."

전문가들의 의견에 따르면, 사람들은 냉혹한 현실 세계에서 자신의 중요성을 인정받지 못하면 환상 세계에서라도 그것을 찾기 위해 실제로 미칠 수 있다고 한다. 미국에는 갖가지 질병으로 괴로워하는 환자들보다 정신병으로 고통받는 환자가 더 많다. 만약 당신이 열다섯 살을 넘겼고 뉴욕에 거주하고 있는 사람이라면, 당신이 인생 중 7년을 정신병원에서 보낼 확률은 5퍼센트에 이른다.

정신이상의 원인은 무엇일까?

어느 누구도 이렇게 광범위한 질문에 답할 수 없다. 하지만 우리는 매독처럼 특정 질병이 뇌세포를 파괴해 정신이상을 일으킨다는 것을 알고 있다. 실제로 모든 정신질환의 절반은 뇌 손상, 알코올, 약물, 외상과 같은 신체적 원인에서 유발된다고 볼 수 있다. 그러나 섬뜩하게도 나머지 절반은 분명 뇌세포 손상으로 보건대, 조직적인 문제가 전혀 없음에도 걸리는 질환들이다. 사후 부검 시 초정밀 현미경으로 그들의 뇌 조직을 살펴봐도 정상인의 건강한 조직과 전혀 다를 바가 없었다. 그렇다면 도대체 그들이 정신이상을 일으킨 이유는 뭘까?

나는 정신질환 분야에서 가장 권위 있는 병원의 원장에게 이 점을 물어보았다. 이 방면에서 최고의 권위를 가지고 있었고 뛰어난 전문지식으로 이 분야의 대가들만이 받을 수 있는 최고의 상도 수상했지만, 그의 솔직한 답변은 자신 역시 왜 사람들이 정신이상을 일으키는지 모른다는 것이었다. 그 이유를 정확히 아는 사람은 없다. 그러나 그는 많은 정신이상자들은 현실 세계에서 얻을 수 없었던 자신의 존재 가치를 정신이상 상태에서는 느낀다고 말했다. 그러면서 그는 이런 이야기를 해 주었다.

"요즘 제가 돌보는 환자 중에 결혼생활에 실패한 사람이 한 명 있습니다. 그 환자는 사랑과 성적 만족, 아이 그리고 사회적 지위를 원했지만, 결혼생활은 그녀의 꿈을 송두리째 망가뜨렸지요. 남편은 그녀를 사랑하지 않았거든요. 심지어 아내와 함께 식탁에서 식사하는 것조차 거부했던 그는 그녀에게 자신의 식사를 2층에 있는 자기 방으로 가져오게 하고서는 식사가 끝날 때까지 시중을 들게 했습니다. 그녀는 자녀도 갖지 못했고 사회적 지위 역시 얻지 못했습니다. 결국 그녀는 정신이상을 일으키고 말았습니다. 그리고 상상 속에서 남편과 이혼하고서는 처녀 시절의 이름을 다시 사용했지요. 지금은 자신이 영국 귀족과 결혼했다고 믿고 있어서 자신을 스미스 부인으로 불러 달라고 합니다. 아이에 관해서도 그녀는 자신이 매일 밤 아기를 낳는다고 생각합니다. 제가 갈 때마다 매번 '선생님, 제가 어젯밤에 아기를 낳았어요.'라고 말하지요."

실제 삶에서 그녀의 모든 꿈을 실은 배는 현실이라는 암초에 걸려 산산조각이 나 버렸다. 하지만 정신이상에 걸린 후의 밝고 따뜻한 섬에서는 그녀의 모든 범선들이 노래하듯 돛대를 스치는 바람에 돛을 펄럭이며 항구로 차례차례 무사히 들어오고 있는 것이다.

비극적이라고? 글쎄, 나는 잘 모르겠다. 그 의사는 내게 말했다. "제가 능력이 좋아서 그녀를 회복시킬 수 있다 하더라도 저는 그렇게 하지 않을 것입니다. 그녀는 지금 훨씬 더 행복하니까요."

집단으로 놓고 보면 정신이상자들이 당신이나 나보다 더 행복하다. 많은 사람이 정신이상에 걸린 상태에 만족한다. 왜 그런 것일까? 그들은 자신들의 문제를 해결했기 때문이다. 당신에게 100만 달러짜리 수표를 써 줄 수도 있고 이슬람교 시아파 교주인 아가 칸Aga Khan에게 추천서를 써 줄 수도 있다. 그들은 그토록 간절히 원하던 자신의 존재 가치를 자기가 만든 상상의 세계에서 발견한 것이다.

자신의 존재 가치를 인정받기 위해서라면 실제로 미쳐 버릴 수 있는 사람들이 존재할 정도라면, 맑은 정신의 사람들을 제대로 평가해 줌으로써 당신과 내가 이룰 수 있는 기적은 어떤 것일지 상상할 수 있는가?

내가 아는 한에서 역사상 100만 달러의 연봉을 받은 인물을 꼽자면 크라이슬러Chrysler 사의 창립자 월터 P. 크라이슬러Walter P. Chrysler와 베들레헴 스틸Bethlehem Steel 사의 사장 찰스 슈워브Charles Schwab, 단 두 명뿐이었다.

왜 앤드류 카네기Andrew Carnegie는 슈워브에게 연간 100만 달러, 하루 3,000달러 이상의 임금을 주었을까? 그가 천재라서? 아니다. 그가 제철 산업에 있어서의 최고 권위자라서? 터무니없는 소리다. 그는 내게 자기보다 강철 제조에 대해 잘 알고 있는 직원들은 많다고 털어놓았던 적이 있다.

슈워브는 자신이 높은 연봉을 받는 이유는 사람을 다루는 능력을 갖고 있기 때문이라고 말했다. 나는 그에게 사람을 다루는 비결이 무엇인지 물어봤는데, 그 질문에 대한 그의 답을 아래에 적어 보겠다. 그가 했던 이 말이야말로 동판에 새겨 이 땅의 모든 집과 학교, 가게, 사무실마다 두어야 한다. 학생들은 라틴어 동사 변화나 브라질 연평균 강우량을 암기하는 데 시간을 낭비하는 대신 이 말을 기억해야 할 것이다. 만약 이 말대로 실천하기만 한다면 당신과 나의 삶은 송두리째 바뀔 것이기 때문이다.

"저는 사람들로부터 열정을 불러일으키는 재능을 가지고 있습니다. 그것은 제가 가진 가장 가치 있는 자산입니다. 그리고 사람들로 하여금 그들이 가진 능력을 최대한 발휘할 수 있게 하는 가장 효과적인 방법은 칭찬과 격려입니다.

윗사람의 질책만큼 직원들의 사기를 꺾는 것도 없습니다. 저는 누구도 질책하지 않습니다. 그보다는 사람들에게 일할 동기를 부여하는 편이 낫다고 생각합니다. 그래서 저는 항상 칭찬하려고 노력하고, 단점을 지적하는 것은 싫어합니다. 누군가가 한 일이 마음에 들면 저는 진심으로 그 일을 인정해 주고, 칭찬을 아끼지 않습니다."

슈워브는 바로 이렇게 했다. 하지만 보통 사람들은 어떻게 하는가? 이것과 정확히 반대로 한다. 아랫사람들이 한 어떤 일이 마음에 들지 않으면 심하게 나무라지만, 마음에 드는 일을 하면 아무런 칭찬도 하지 않는다. 슈워브는 "그간 세계 각국의 뛰어난 사람들을 많이 만나 봤지만, 인정보다 질책을 받았을 때 더 열심히 일하고 노력하는 사람은 본 적이 없습니다. 아무리 대단하고 높은 지위에 있는 사람이라도 이는 마찬가지였습니다."라고 단언했다.

앤드류 카네기가 경이로운 성공을 거둔 비결도 바로 이것이다. 그는 공석에서든 사석에서든 자신의 직원들에 대한 칭찬을 아끼지 않았다. 심지어 자신의 묘비에서까지 직원들을 칭찬하고 싶어 했던 그는 다음과 같이 자신의 비문을 직접 작성했다.

'여기, 자신보다 현명한 사람을 주변에 끌어모으는 법을 알았던 이가 잠들다.'

진심에서 우러나오는 칭찬을 하는 것은 존 D. 록펠러가 사람을 성공적으로 다룰 수 있었던 비결이기도 하다. 한 가지 사례를 살펴보자. 언젠가 그의 사업 동업자 중 한 명인 에드워드 T. 베드포드는 남미에서 실수로 물건을 잘못 구매하는 바람에 회사에 100만 달러의 손해를 입혔다. 록펠러의 비난을 받아도 할 말이 없는 상황이었다. 그러나 그는 베드포드가 최선을 다했다는 것을 알고 있었고, 그 사건 또한 이미 마무리된 상태였다. 때문에 록펠러는 오히려 반대로 그를 칭찬할 수 있는 방법을 찾아냈다. 베드포드가 투자한 돈의 60퍼센트를 회수한 것을 축하한 것이다. "굉장하군. 그만큼의 돈을 회수해 낼 정도로 머리를 쓴다는 것은 결코 쉽지 않은 일인데 말일세."

수많은 사람들이 명멸해 갔던 브로드웨이를 놀라게 한 엄청난 제작자이자 프로듀서였던 플로렌즈 지그펠트Florenz Ziegfeld는 '평범한 미국 소녀를 스타로 만드는 능력'이 뛰어나 명성을 얻은 사람이다. 그는 누구도 두 번 이상 눈길을 줄 것 같지 않은 초라한 미국 소녀들을 발견해 멋지게 변신시켰다. 평범했던 소녀라도 그의 손길을 거쳐 무대 위에 서면 신비롭고 매혹적인 여인으로 바뀌었다. 칭찬과 자신감의 가치를 알았던 그는 여성에 대한 정중함과 배려의 힘만으로 그녀들이 스스로를 아름답다고 느끼게 만든 것이다. 또한 그는 주당 30달러에 불과했던 코러스 걸의

봉급을 175달러까지 인상해 줄 만큼 현실적인 사람이었고, 공연 시작일이면 주연배우에게 축하 전보를 보내고 쇼에 출연한 모든 코러스 걸들에게도 값비싼 붉은 장미를 선사할 정도로 기사도적인 멋을 아는 인물이었다.

한때 나는 선풍적이었던 단식 유행에 휩쓸려 엿새 동안 물 한 모금 마시지 않았던 적이 있다. 사실 그렇게 어려운 일은 아니었다. 단식 마지막 날에 느껴졌던 배고픔은 이틀째 느꼈던 것보다 외려 덜했으니 말이다. 우리는 사람들이 자신의 가족이나 직원들에게 엿새 동안 음식을 주지 않으면 죄책감에 빠질 것임을 알고 있다. 하지만 사람들은 그들이 음식만큼이나 간절히 바라는 진심 어린 칭찬을 6일, 6주, 심한 경우에는 60년이 지나도록 해주지 않으면서도 전혀 죄책감을 느끼지 않는다.

한 시대를 풍미했던 배우 알프레드 런트Alfred Lunt는 〈빈에서의 재회〉라는 유명한 연극에서 주인공을 맡았을 때 이렇게 말했다.

"내가 가장 필요로 하는 것은 나 스스로를 높이 평가할 수 있도록 격려해 주는 말이다."

우리는 자녀와 친구와 직원들의 육체에는 영양분을 제공한다. 그런데 그들의 자긍심을 위한 영양분은 얼마나 채워 주고 있는가?

우리는 구운 쇠고기와 감자를 줌으로써 그들이 에너지를 비축하게 하지만, 샛별이 불러 주는 노래처럼 앞으로도 오랫동안 그들 기억 속에 남게 될 따뜻한 찬사를 해 주는 데는 인색하다.

여기까지 읽은 독자 중에서 이렇게 말하는 이도 있을 것이다. "이런 구닥다리 같은 말을 하다니. 그게 아첨이지 뭐야? 감언이설이나 부추기다니! 그런 건 지겹도록 해 봤지만 하나도 소용없었다고. 적어도 똑똑한 사람들에게는 말이야." 물론 웬만큼 분별력 있는 사람들에게는 아첨이 제대로 통하지 않는다. 아첨은 얄팍하고 이기적인 데다 위선적이기까지 하다. 그러니 아첨은 실패해야만 하고 실제로도 대부분 실패한다. 하지만 칭찬에 대해 몹시 굶주리고 갈증을 느낀 나머지 아첨이든 칭찬이든 가리지 않고 무조건 좋아하는 사람들이 있는 것 역시 사실이다. 마치 아사 직전의 사람이 풀이건 벌레건 구분 없이 허겁지겁 집어삼키는 것처럼 말이다.

예를 들어, 결혼 전력이 꽤 많았던 엠디바니Mdivani 형제가 결혼식장에서 엄청난 인기를 얻은 이유는 무엇이었을까? 소위 '왕자'라 불리던 이들은 어떻게 두 명의 미인과 유명 영화배우들, 세계적인 프리마돈나, 그리고 저가 잡화점 체인 '파이브 앤 텐센트'의 대표인 백만장자 바바라 허튼 같은 여자들과 결혼할 수 있었을까? 도대체 그들은 어떻게 한 것일까?

유명 여성 기자 아델라 로저스 세인트 존은 〈리버티Liberty〉지의 기고문에서 "여성들이 엠디바니 형제에게 매료되는 이유가 무엇인지는 오랫동안 많은 사람들에게 있어 수수께끼와도 같다."라고 말했다.

세상 물정에 밝고 남자들에 대해서도 꿰뚫고 있는 위대한 예술가 폴라 네그리Pola Negri는 언젠가 내게 그들의 매력에 대해 "그 형제는 내가 만나 본 남자들 중 아부의 기술을 가장 잘 이해하고 있는 이들이었어요. 아부의 기술이라는 것은 요즘처럼 현실적이고 유머가 넘치는 세상에서는 거의 찾아보기 힘들죠. 내가 보기에는 그게 여자들을 끌어들이는 그들의 매력임에 틀림없어요."라고 자세히 말해 주었다.

아첨에 약하기로는 빅토리아 여왕도 매한가지였다. 당시 총리였던 벤저민 디즈레일리Benjamin Disraeli는 여왕을 알현할 때 상당히 아첨을 많이 사용했다고 털어놓기도 했다. 그가 한 말을 그대로 빌리자면, 그는 '흙손으로 벽을 바르듯이' 아첨으로 자신의 말을 포장했다.

그러나 디즈레일리는 역대 영국 수상들 중 가장 세련되고 솜씨가 좋으며 영리한 인물이었고, 자기 방식을 활용하는 데 있어서 천부적이었다. 그러니 그에게 유용했던 방법이 당신과 내게도 반드시 그러리라는 법은 없다. 장기적으로 볼 때 아첨하는 것은 득보다 실이 많다. 아부는 거짓이기 때문에 위조지폐를 상대방에게 건네줄 때와 마찬가지로 언젠가는 결국 문제를 일으키기 마련이다.

칭찬과 아첨의 차이는 무엇일까? 간단하다. 칭찬은 진심이고, 아첨은 위선이다. 칭찬은 마음에서 우러나오고, 아첨은 입에서 흘러나온다. 칭찬은 이타적이고, 아첨은 이기적이다. 칭찬은 모든 이들이 환영하지만, 아첨은 모든 이들이 비난한다.

나는 최근 멕시코시티에 위치한 차풀테펙 궁전에 있는 알바로 오브레곤Álvaro Obregón 장군의 흉상을 봤다. 흉상 아래에는 그의 철학이 담긴 명언이 새겨져 있었다.

'너를 공격하는 적을 두려워하지 말고 네게 아첨하는 친구를 두려워하라.'

나는 절대로, 결코 아첨을 권하는 것이 아니다. 그러니 안심하라. 다만 나는 새로운 삶의 방식을 이야기하고 있는 것이다. 다시 한 번 말하지만, 나는 새로운 삶의 방식에 대해 말하고 있다.

영국 국왕 조지 5세는 버킹엄 궁에 있는 자신의 서재 벽에 여섯 개의 격언을 걸어 놓았는데, 그중 하나는 이것이었다. '값싼 칭찬은 하지도 말고 받지도 않게 인도하소서.' 값싼 칭찬, 이것이 바로 아첨의 실체다. 언젠가 나는 기억해 둘 만한 가치가 있는 아첨의 정의에 대해 읽은 적이 있다. '아첨이란 상대방이 스스로에 대해 평가하는 바와 일치되게 말해 주는 것이다.' 또한 미국의 철학자이자 시인 랄프 왈도 에머슨Ralph Waldo Emerson은 "당신이 무슨 말을 하든, 그 말에는 당신 모습이 그대로 담겨 있다."라고 말한 바 있다.

만약 아첨으로 모든 일이 해결된다면 모든 사람은 아첨꾼이 될 것이고, 우리 모두는 인간관계의 전문가가 될 것이다.

어떤 특정 문제에 대해 고민할 때를 제외하면, 사람은 대개 전체 시간의 95퍼센트를 자기 자신에 대해 생각하면서 보낸다고 한다. 이제 자기 자신에 대한 생각을 잠시 멈추고 다른 사람의 장점을 생각해 보자. 이렇게 하면 입 밖으로 나오기도 전에 티가 나는 천박하고 거짓된 아첨 따위는 더 이상 할 필요가 없어질 것이다.

에머슨은 "모든 사람에게는 나보다 나은 점이 있다. 그러므로 나는 모든 사람에게서 배울 수 있다."라고 말한 바 있다. 위대한 사상가인 에머슨조차 이렇게 느꼈다면, 우리 같은 범인(凡人)이야 더 말해 무엇하겠는가? 이제 우리 자신의 장단점에 대해 생각하는 것은 멈추고, 그 대신 타인의 장점을 찾아내려고 노력하자. 아첨은 잊어버리고, '진심으로 찬사를 건네고 아낌없이 칭찬하자.' 그러면 사람들은 당신이 한 칭찬을 마음속 깊이 소중히 간직하고 평생 되풀이할 것이다. 시간이 지나 당신이 그 말을 잊은 뒤에도 오랫동안 두고두고 말이다.

원칙 2

솔직하고 진지하게 칭찬하라.

3
이대로 하면 세상을 얻을 것이나, 하지 못하면 외로운 길을 가리라

매년 여름 나는 메인Maine 주로 낚시 여행을 간다. 개인적인 취향을 이야기하자면 나는 딸기 빙수를 굉장히 좋아하는데, 어느 날인가 물고기는 어떤 이유 때문인지는 몰라도 지렁이를 좋아한다는 데 생각이 미쳤다. 그다음부터 낚시를 갈 때 나는 내가 좋아하는 것들이 아닌, 그저 물고기가 좋아하는 것만 생각한다. 그래서 낚싯바늘에 딸기 빙수를 미끼로 쓰는 일은 없다. 오히려 지렁이나 메뚜기를 매달고 물고기가 물도록 드리운 다음 이렇게 말한다. "이거 먹고 싶지 않니? 어서 와서 물려무나." 사람을 낚을 때도 이처럼 단순한 진리를 사용해 보면 어떨까?

제1차 세계대전 당시 영국 총리였던 로이드 조지Lloyd George 가 바로 이러한 방법을 사용했던 인물이다. 누군가가 그에게 미국의 윌슨, 이탈리아의 올랜도, 프랑스의 클레망소처럼 세계대전 당시 유명했던 지도자들이 모두 쫓겨나거나 잊힌 것과 달리 어떻게 권력을 계속 유지할 수 있었는지를 물었다. 그러자 그는

"지도자의 자리를 지키는 방법이 한 가지 있다고 한다면, 그것은 내가 물고기 종류에 따라 그에 맞는 미끼가 필요하다는 것을 알고 있다는 것입니다."라고 대답했다.

우리는 왜 자신이 원하는 것만 이야기할까? 그것은 참으로 유치한 데다 비합리적인 행동인데 말이다. 물론 당신은 당신이 원하는 것에 관심을 기울일 것이고, 아마도 영원히 그럴 것이다. 하지만 어느 누구도 당신이 원하는 것에는 관심이 없다. 당신과 마찬가지로 세상 모든 사람은 자신이 원하는 것에만 관심을 기울이기 때문이다.

그러므로 상대방의 마음을 움직일 수 있는 유일한 방법은 그 사람이 원하는 것에 대해 이야기를 나누고, 그것을 얻을 수 있는 방법을 보여 주는 것이다. 지금이라도 당장 당신이 누군가에게 무언가를 시켜서 얻고자 하는 바가 있다면 이 점을 명심해야 한다. 가령 당신의 아들이 담배를 끊게 만들고 싶다면 설교를 늘어놓거나 당신이 원하는 바에 대해 이야기해 봤자 소용없다. 그보다는 흡연이 야구팀에 가입하는 데 문제가 된다거나, 100미터 달리기 시합에서 꼴찌를 하는 원인이 될 수 있음을 알려 줘야 한다. 이것은 당신이 자녀뿐 아니라 송아지나 침팬지 등을 다룰 때에도 효과적인 방법이다.

한 가지 예를 들어 보자. 어느 날 랄프 왈도 에머슨은 아들과 함께 송아지 한 마리를 외양간에 넣으려 애쓰고 있었다. 하지만 그들도 다른 사람들처럼 자신들이 원하는 것만 생각하는 실수를 저질렀고, 그래서 에머슨은 뒤에서 송아지를 밀고 아들은 당겼다. 그러나 그 송아지 역시 그들과 똑같았다는 것이 문제였다. 송아지도 자신이 원하는 것만 생각했기 때문에 다리를 꼿꼿이 세우고는 풀밭에서 떠나지 않으려 했던 것이다. 때마침 아일랜드 출신의 하녀가 그 광경을 목격했다. 제대로 글을 쓰거나 책을 출판할 정도의 교육을 받은 사람은 아니었지만, 최소한 그런 상황에서는 그녀가 에머슨보다 더 똑똑하게 행동했다. 송아지가 원하는 것이 무엇인지 잠시 생각에 잠겼던 그녀는 이내 자신의 손가락을 송아지 입에 넣어 빨게 하고는 유유히 송아지를 외양간에 끌고 들어갔다.

당신이 태어난 뒤부터 했던 모든 행동은 당신이 뭔가를 원했기 때문에 일어난 결과다. 당신이 적십자사에 100달러를 기부한 것도 같은 이유 때문이었을까? 물론이다. 이 점에서 예외란 없다. 당신은 도움의 손길을 전하고 싶어서, 아름답고 이타적이며 훌륭한 행동을 하고 싶어서 그렇게 한 것이다.

'너희가 여기 내 형제 중 지극히 작은 자에게 한 것이 곧 내게 한 것이니라.'

(마태복음 25:40)

만약 기부한 뒤 느껴지는 기쁨보다 100달러라는 돈을 아끼는 편이 더 좋았다면 당신은 기부를 하지 않았을 것이다. 물론 기부 요청을 거부하는 것이 창피했거나, 고객의 요청을 거부할 수 없어 어쩔 수 없이 기부한 것일 수도 있다. 하지만 한 가지는 분명하다. 당신은 당신이 원하는 바가 있었기 때문에 기부를 한 것이다.

해리 A. 오버스트리트Harry A. Overstreet 교수는 그의 넓은 식견이 담긴 저서 《인간 행동에 영향을 미치는 방법Influencing Human Behavior》에서 이렇게 말했다.

> "행동은 인간이 가진 근원적인 욕망에 의해 유발된다. (......) 따라서 회사, 가정, 학교, 정치판뿐 아니라, 그 어디에서든 다른 사람을 설득하고자 하는 사람들에게 유용한 가장 좋은 충고는 '우선 상대방의 마음속에 강한 욕구를 불러일으켜라.'라는 것이다. 이대로 하는 자는 세상을 얻겠지만, 그렇지 않은 자는 외로운 길을 걸을 수밖에 없다."

스코틀랜드 출신의 가난한 아이 앤드류 카네기는 처음에 시간당 2센트를 받으며 일을 시작했지만 마침내 3억 6,500만 달러라는 거금을 기부할 정도로 크게 성공한 인물이 되었다. 그것이 가능했던 이유는 사람을 움직일 수 있는 유일한 방법은 그들이 원하는 것에 대해 이야기하는 것임을 그가 일찍 깨달았기 때문이다. 비록 학교에 다녔던 기간은 4년밖에 되지 않았음에도 그는 사람 다루는 법에 대해 잘 알고 있었다.

한 가지 예로, 그의 형수는 두 아들에 대한 걱정을 달고 살았다. 두 아들 모두 예일 대학교에 재학 중이었는데 이런저런 일로 너무 바빠서인지 집에 안부 편지 한 장 쓰는 것에도 소홀했고, 화가 난 엄마가 참다못해 편지를 써도 신경조차 쓰지 않았다.

그러자 카네기는 자신이 답장을 보내 달라고 요구하지 않아도 조카들로부터 답장을, 그것도 지급회신 우편으로 받을 수 있다고 장담했다. 과연 정말 그것이 가능할까를 두고 100달러 내기도 제안했다. 누군가가 그의 내기에 응했다.

그래서 카네기는 조카들에게 그저 일상적인 잡담 조의 편지를 써 보냈다. 물론 추신에는 '5달러짜리 지폐 두 장을 동봉하니 나누어 유용하게 쓰라.'는 말도 덧붙였다. 다만, 실제로는 '깜빡하고' 돈을 넣는 것을 잊어버렸다.

조카들로부터 답장이 왔다. 물론 지급회신 우편으로. '보고 싶은 삼촌께'로 시작하는 그 편지에는 연락 주셔서 감사하다는 인사가 담겨 있었다. 그다음 내용은 당신도 짐작 가능할 것이다.

당장이라도 당신은 누군가로 하여금 어떤 일을 하도록 설득해야 할 수도 있다. 그러면 설득하려는 말을 꺼내기 전에 잠시 멈추고 자신에게 '어떻게 하면 저 사람이 그 일을 하고 싶을까?'라고 물어보라. 이 질문은 우리가 무작정 사람을 만나서 자신이 원하는 바를 앞뒤 재지 않고 떠들어 대다가 아무런 성과 없이 상황이 종결되는 경우를 미연에 방지해 줄 것이다.

나는 매 시즌별 강연을 위해 뉴욕의 한 호텔 연회장의 저녁시간을 20일간 예약하곤 했다. 그런데 한번은 개강이 임박한 시기에, 이전보다 약 세 배 가까이 인상된 임대료를 내야 한다는 통보를 받았다. 이 소식은 내가 강연 참석자들에게 입장권을 제작 배포하고 강의와 관련된 모든 공지가 공표된 이후에 전해졌기 때문에 가격 인상을 반영한다는 것은 상황상 불가능했다.

그러니 당연히 나는 인상된 가격의 임대료를 내고 싶지 않았다. 그렇지만 내가 원하는 것을 호텔 측에 얘기해 봐야 무슨 소용이 있겠는가? 호텔 측은 오로지 자신들이 원하는 것에만 관심이 있을 뿐일 텐데 말이다. 그래서 이틀 뒤 나는 호텔 매니저를 찾아가서 "편지를 받고 좀 놀랐습니다. 하지만 당신을 탓할 생각은 없습니다. 제가 당신처럼 호텔 매니저 자리에 있었다면 저도 아마 비슷한 내용의 편지를 썼을 겁니다. 이 호텔의 매니저로서 당신의 임무는 가능한 한 최대의 수익을 올리는 것이니까요. 만약 지배인인 당신이 수익을 올리지 않으면 당신은 해고를 당할 것이고 또 그래야 마땅합니다. 자, 그럼 호텔 측이 임대료 인상 요구를 계속해서 밀고 나갈 때 발생하는 이익과 불이익에 대해서 종이에 좀 적어 볼까요?"라고 말했다.

이렇게 말을 하고 나는 편지지를 집어 들어 가운데에 줄을 긋고 왼쪽에는 '이익', 오른쪽에는 '손해'라고 적었다.

이어 '이익' 칸에는 '연회장 비어 있음'이라고 쓴 뒤 말을 이었다.

"연회장이 비어 있으니 당신들은 무도회나 회의를 유치해 대여료를 받을 수 있을 겁니다. 이것은 굉장히 큰 이익입니다. 강연회 임대료보다 이런 행사의 경우 대여료가 훨씬 더 높으니까요. 그러니 제가 이번 시즌 강좌를 진행하기 위해 이 연회장의 저녁시간을 20일간 예약한다면, 당신 입장에서는 이 강연보다 더 수익성 있는 사업들을 놓칠 것이 자명합니다. 그럼 이번에는 어떤 손해가 있을지도 생각해 볼까요? 솔직히 저는 인상된 임대료를 지불할 수 없으니, 그것으로 당신의 수입은 전혀 없어질 것이고, 저는 제 강연을 할 다른 어딘가를 찾아야겠지요. 그런데 그뿐만이 아닙니다. 이 강좌를 듣기 위해 많은 지식인과 세련된 교양인들이 이 호텔을 찾아올 텐데, 이는 호텔 측에 큰 광고 효과를 가져다줄 겁니다. 안 그렇겠습니까? 실제로 신문에 5,000달러짜리 광고를 싣는다 하더라도 제 강연에 참석한 사람들 수만큼은 불러들일 수 없을 테니까요. 그렇다면 이는 호텔 입장에서도 상당히 가치 있는 일이 아닌가요?”

이렇게 말하면서 나는 이 두 가지를 ‘손해’ 칸에 적었다. 그리고 그 종이를 매니저에게 건네며 말했다. “앞으로 발생할 이익과 손해에 대해 신중히 생각해 보신 뒤 최종적으로 결정된 바를 알려 주십시오.” 그리고 그다음 날, 나는 최초에 통보받은 300퍼센트 대신 50퍼센트만 인상된 임대료를 내면 된다는 내용의 편지를 받았다.

여기서 주목할 것은, 나는 내가 무엇을 바라는지에 대해선 한마디 언급도 없이 원하는 것을 얻었다는 사실이다. 나는 그저 상대방이 원하는 것을, 그리고 어떻게 하면 그가 그것을 얻을 수 있는지만 얘기했을 뿐이다.

만약 내가 감정적으로 일을 처리했다고 가정해 보자. 나는 지배인이 있는 사무실에 뛰어 들어가 “강연 입장권은 다 인쇄되어서 배부되고 최종 공지까지 나간 시점에 임대료를 300퍼센트나 인상하겠다는 건 도대체 무슨 경우입니까? 그것도 300퍼센트라니! 말도 안 되는 소리지, 이게 뭐요! 어처구니가 없어서! 난 한 푼도 못 내겠소!"라고 소리쳤다고 하자.

그러면 무슨 일이 벌어질까? 그와 나는 서로 화를 내고 흥분해서 더욱 격한 논쟁을 벌였을 것이고, 보나마나 누구나 예상 가능한 빤한 결과가 나왔을 것이다. 설령 내가 지배인에게 그의 잘못을 납득시켰다 해도, 그는 자존심 때문에라도 자기주장을 굽히고 한 발 물러서서 양보하는 일은 하지 않았을 것이다.

여기 멋진 인간관계를 위한 최고의 충고가 있다. 헨리 포드 Henry Ford는 "내게 성공 비결이 하나 있다면 그것은 타인의 입장을 이해하고, 자기 자신뿐만 아니라 타인의 관점에서 사물을 보는 능력이다."라고 한 바 있다. 훌륭한 말이다. 그의 말을 한 번 더 되풀이해 보자. "내게 성공 비결이 하나 있다면 그것은 타인의 입장을 이해하고, 자기 자신뿐만 아니라 타인의 관점에서 사물을 보는 능력이다." 이 말은 너무 간단명료해서 누구든지 그 속에 담긴 진실을 한눈에 알아볼 수밖에 없다. 그러나 이 세상 사람들 열 명 중 아홉 명은 살면서 열 번 중 아홉 번 이 말을 무시하고 만다.

또 다른 예를 들 수도 있다. 멀리 갈 것도 없이 내일 아침 당신 앞으로 배달되어 책상 위에 놓여 있는 편지를 읽어 보라. 당신이 받은 상당수의 편지는 위와 같이 상식이라 할 수 있는 최고의 원칙을 위반하고 있음을 알게 될 것이다. 일례로 다음의 편지는 전국적인 영업망을 갖춘 어느 광고 대행사의 라디오국장이 전국의 지역 라디오국장들에게 부친 편지다.(괄호 안에 적은 것은 해당 문구들에 대한 내 생각이다.)

인디애나 주, 블랭크 빌

존 블랭크 귀하

친애하는 블랭크 씨.

저희 회사는 라디오 광고 분야의 선도적인 광고 대행사로서 그 입지를 확고히 하고자 합니다.

(당신네 회사가 바라는 것은 내 알 바가 아니지. 나는 내 문제만으로도 골치가 아프다고. 은행에서는 집 살 때 대출한 것 때문에 저당권을 상실시키겠다고 난리지, 화단에 있는 접시꽃에는 벌레가 들끓지, 어제도 주식은 폭락했단 말이야. 오늘 아침에는 버스를 놓치는 바람에 지각을 해 버렸고 어젯밤에는 존의 댄스파티에 초대도 못 받고, 의사는 내가 고혈압에다 신경통과 비듬까지 있다고 말하더군. 그런데 지금 이건 또 뭐야? 이래저래 아침부터 언짢은 판에, 뉴욕의 시건방진 애송이 하나가 자기 회사가 원하는 것만 늘어놓은 편지나 보고 앉아 있다니. 흥! 만약 이 편지가 나한테 어떤 인상을 주고 있는지를 안다면 이걸 쓴 작자는 광고계를 떠나서 세제나 만드는 게 나을걸.)

전국에 수많은 광고주와 거래하는 당사는 업계 제일의 네트워크를 자랑합니다. 또한 네트워크 방송사의 방송 스케줄도 철저히 조사하고 있기 때문에 매년 최고 광고대행사의 자리를 차지하고 있습니다.

(당신네 회사 규모가 크고, 돈도 많고, 업계 1위라고? 그래서 나

더러 어쩌라는 거지? GM이나 GE, 미국 육군참모본부를 다 합친 것보다 더 크다고 한들 나는 별로 신경 쓰지 않아. 당신네가 미련한 벌새만큼이라도 눈치라는 게 있다면 나는 당신네 회사가 아니라 내 자신이 얼마나 큰 존재인지에 관심이 있다는 것을 알아야해. 당신 회사가 엄청나게 성공했다는 이야기를 자꾸 들으니까 내가 자꾸 작고 초라해지기만 하잖아.)

저희 회사는 고객에게 최신 라디오 방송 정보를 제공하기를 바랍니다.

(그거야 너희가 바라는 거잖아. '너희' 바람이란 말이야. 이런 천하의 어리석은 인간을 봤나! 나는 당신네가 바라는 게 뭔지, 아니면 무솔리니나 빙 크로스비가 바라는 게 뭔지에 대해서는 하등의 관심이 없어! 다시 한 번 말하지만 내 관심은 오로지 내가 원하는 것에만 쏠려 있어. 그런데 당신들은 이 허무맹랑한 편지에서 그 얘기는 한마디도 안 하는군.)

그러므로 귀사의 주간 방송 정보를 받아 볼 수 있도록 당사를 특별관리 대상에 포함시켜 주십시오. 더불어 광고 대행사가 광고 시간을 현명하게 예약하는 데 필요한 모든 상세 정보를 받아 볼 수 있는 조치를 취해 주십시오.

(특별관리 대상이라고? 뻔뻔하기 짝이 없군! 당신네 회사 자랑을 늘어놓으며 날 초라하게 만들더니 그것도 모자라서 특별관리 대상에까지 넣어 달라는 거야? 게다가 그런 요청을 하는 주제에

'부탁드립니다.'라는 등의 정중한 말 한마디조차 없이?)

　이 편지를 읽으신 뒤 신속한 답변과 함께 귀사의 최신 정보를 제
공해 주시면 상호 간에 도움이 될 것입니다.

　(이런 멍청한 사람을 봤나! 몇 푼 하지도 않는 흔한 내용을 똑같
이 인쇄해서 대량 발송해 놓고서는 저당권, 접시꽃, 고혈압 걱정으
로 머릿속이 복잡한 나한테 답장까지 쓰라고 뻔뻔스럽게 요구하
는 거야? 그것도 신속하게? 신속히 보내다니. 내가 당신들만큼 바
쁘다는 걸 몰라서 그러는 거야? 적어도 난 바쁜 척이라도 하고 싶
단 말이지. 그리고 얘기가 나와서 말이지만, 당신이 나한테 이래라
저래라 할 권리를 누가 준 거야? 게다가 '상호 간에 도움이 될 것'
이라고? 아, 이제야 비로소 내 입장을 생각해 주려나 보군. 하지만
내게 이익이 될 만한 게 무엇인지에 대해 자네는 제대로 이야기한
바가 없잖아.)

　그럼 이만 줄입니다.

라디오 광고국장

존 블랭크

　추신 : 동봉한 〈블랭크빌 저널〉 사본은 관심이 있으실 것 같아
보내 드리는 것입니다. 원하시면 방송에 이용하셔도 됩니다.

　(드디어 추신에서 내 골칫거리 한 가지는 해결해 줄 얘기를 하
는군. 왜 편지를 쓸 때 이렇게 시작하지 않았던 거야? 하긴 이제 이

런 얘기가 무슨 소용이야? 당신처럼 시간 낭비하는 얘기만 늘어놓는 광고쟁이들은 분명히 숨골에 뭔가 문제가 있어. 당신한테 필요한 건 우리 회사의 최신 정보가 아니라 갑상선 치료에 필요한 요오드 한 통이야!)

일생 동안 광고업계에 종사하면서 사람들에게 물건을 구매하도록 설득하는 데 전문가라고 자처하는 사람들이 이런 편지를 쓸 정도니 일반 정육점, 빵집, 인테리어 회사에는 무슨 큰 기대를 할 수 있겠는가?

여기 또 다른 편지가 있다. 이 편지는 대형 화물 터미널의 소장이 이 강좌 수강생인 에드워드 버밀렌 씨에게 쓴 것이다.

이 편지는 버밀렌 씨에게 어떤 영향을 미쳤을까? 답은 읽고 나서 이야기해 주겠다.

뉴욕 시 브루클린 프론트 가 28번지

A. 제레가즈 선즈 주식회사

참조 : 에드워드 버밀렌 부장

안녕하십니까?

대부분의 물량이 오늘 오후 늦게 폐사에 도착하고 있는 관계로 저희 회사의 아웃바운드 화물 터미널 발송 작업이 늦어지고 있습니다. 이로 인해 화물 체증, 연장 근무, 배차 지연이 발생하고 심한 경우에는 화물 배송 지연으로까지 이어지는 상황입니다.

11월 10일 폐사는 귀사로부터 510개의 화물을 오후 4시 20분이 돼서야 받을 수 있었습니다. 저희는 화물의 접수 지연으로 인해 생기는 바람직하지 못한 결과를 피하기 위해 귀사의 협조를 요청하는 바입니다. 그렇게 하기 위해 화물을 실어 보내는 날에는 트럭을 조금 일찍 도착할 수 있게 해 주시거나 화물 일부를 오전 중에 보내 주시면 좋겠습니다.

이런 조치가 취해진다면 귀사의 트럭 대기시간이 줄어들고 화물도 접수 당일에 발송되는 이익이 돌아갈 것으로 예상됩니다.

그럼 이만 줄입니다.

J. B. 소장 드림

수신자였던 A. 제레가즈 선즈 주식회사의 영업부장인 버밀렌 씨는 이 편지에 대해 내게 이런 내용을 보내왔다.

이 편지는 발신자의 의도와는 정반대의 효과를 일으켰습니다. 편지의 시작은 화물 터미널의 어려움에 대한 설명이었습니다. 하지만 일반적으로 보자면 이 점은 저희가 관심 없는 부분입니다. 그 다음으로 우리의 협조를 요청했는데, 그로 인한 우리 회사의 불편함 같은 것은 고려하지도 않았지요. 마지막 문단에 가서야 비로소 우리가 협조를 했을 시에는 트럭 대기시간이 단축되고 접수 당일 배송이 가능하다는 사실을 이야기했습니다. 다시 말해, 저희가 가장 관심 있어 하는 부분을 가장 마지막에 언급했기 때문에 협조가 아닌 반발심만 일으킨 것입니다.

이 편지를 수정해서 개선시킬 수 있는지 알아보자. 우리의 문제를 이야기하는 데는 시간을 낭비하지 말고, 헨리 포드의 충고에 따라 '타인의 입장을 이해하고, 자기 자신뿐만 아니라 타인의 관점에서 사물을 보자'.

아래는 새로 고쳐 쓴 편지의 예다. 최상의 편지라고 할 수는 없지만 좀 나아지지 않았는가?

뉴욕 시 브루클린 프론트 가 28번지

A. 제레가즈 선즈 주식회사

에드워드 버밀렌 귀하

친애하는 버밀렌 씨.

저희 회사는 지난 14년 동안 변함없는 귀사의 성원에 깊은 감사를 드리는 바입니다. 성원에 보답하고자 저희는 언제나 신속하고 효율적인 서비스를 위해 최선의 노력을 다하고 있습니다. 그러나 지난 11월 10일의 경우처럼 귀사의 화물 트럭이 오후 늦게야 도착해 최상의 서비스를 제공하지 못하는 것에 대해서는 안타까운 마음을 금할 수 없습니다. 그렇게 된 연유는 타 회사의 화물 트럭들도 자사에 그 시각이 돼서야 도착하기 때문입니다. 이런 상황은 자연히 화물 체증으로 이어집니다. 이 말은 곧 귀사의 화물 트럭이 터미널 부두에서 대기하는 시간이 불가피하게 늘어나고, 심한 경우에는 배송 지연으로 이어질 수도 있음을 뜻합니다. 이런 사태는 굉장히 유감스러운 일이 아닐 수 없으므로, 미리 예방하는 조치를 취하는 것이 현명할 것입니다. 한 가지 방법은 귀사의 화물을 가능하면 오전 시간 중에 부두로 보내 주시는 것입니다. 그렇게 되면 트럭 대기시간이 짧아지면서 귀사의 화물이 즉각 처리될 수 있음은 물론, 저희 회사 직원들도 일찍 퇴근해 귀사의 맛있는 파스타를 저녁으로 즐길 수 있게 될 것입니다.

이 건의를 불평이나 귀사의 운영 방침에 대한 주제넘은 간섭이라 생각하지 않아 주시면 감사하겠습니다. 이 편지는 전적으로 귀사의 사업에 더 효율적인 서비스를 제공해 드리기 위해 작성하여 보내드리는 것입니다.

귀사의 화물 도착 시각 여부와 관계없이 저희는 항상 최선을 다해 귀사의 화물을 신속히 처리해 드리겠습니다. 바쁘신 중에 읽어주셔서 감사합니다. 답신은 주지 않으셔도 괜찮습니다.

그럼 이만 줄입니다.

J. B. 소장 드림

오늘도 수천 명의 영업사원들이 박봉에 시달려 가며 별 의욕도 없이 피곤하게 길을 누비고 다닌다. 왜 그럴까? 그들은 항상 자신이 원하는 것만 생각하기 때문이다. 그들은 당신과 내가 아무것도 사고 싶지 않아 한다는 것을 깨닫지 못하고 있다. 우리가 무언가 사고 싶은 것이 있다면 나가서 사 오면 된다. 그러나 우리는 자신에게 닥친 문제를 해결하는 데는 항상 관심을 가지고 있다.

만약 어떤 영업사원이 그가 제공할 서비스나 상품이 우리가 가진 문제를 해결하는 데 도움이 된다는 것을 보여 준다면 그는 우리에게 물건을 팔기 위해 크게 애쓸 필요가 없다. 그런 상품이라면 우리 스스로 살 것이기 때문이다. 고객은 자신이 판매의 대상이 아닌, 구매의 주체이고 싶어 한다.

그러나 많은 영업사원이 고객의 입장에서 생각하지 않고 물건을 파는 데 평생을 보낸다. 한 가지 예를 들어 보자. 나는 뉴욕 중심에 위치한 아담한 단독주택 단지인 포리스트 힐스에서 살고 있는데, 어느 날 지하철역으로 뛰어가는 길에 롱아일랜드에서 오랫동안 부동산업계에 종사해 온 한 중개업자와 마주쳤다. 내가 사는 지역에 대해 잘 알고 있는 그였기에 나는 서둘러 우리집의 벽을 마감할 때 그 안에 철망을 넣었는지 아닌지를 물었다. 그러자 그는 모른다고 답하고는 내가 포리스트 힐스 주택협회에 전화하면 알 수 있을 거라는, 내가 이미 알고 있는 내용에 대해 말했다. 그리고 다음 날 아침, 나는 그 중개업자가 보낸 편지를 한 통 받았다. 그는 내가 원한 정보를 보냈을까? 전화 한 통화만 하면 1분 안에 알 수 있는 것이었을 텐데도 그는 그렇게 하지 않았다. 그저 내가 전화를 하면 정보를 얻을 수 있다고 말하며, 내 보험을 자신에게 맡겨 달라고 부탁하는 편지를 보냈을 뿐이다. 그는 나를 돕는 일이 아닌, 그저 자신에게 도움이 되는 일에만 관심이 있었다.

나는 그에게 바쉬 영의 짧지만 훌륭한 책《나누는 기쁨》,《함께 나누는 행운》두 권을 선물했다. 만약 이 책을 읽고 그 안에 담긴 철학을 따랐다면 그는 내 보험을 담당하는 것보다 수천 배 더 많은 이익을 얻을 수 있었을 것이다.

전문가들도 이와 똑같은 실수를 저지른다. 몇 년 전, 나는 필라델피아에 있는 유명한 이비인후과 의사를 찾아간 적이 있다. 그는 나를 진찰하기에 앞서 내 직업에 대해 물었다. 내 편도선이 얼마나 부었는지는 관심이 없고, 내 수입에만 관심이 있었던 것이다. 그의 주요 관심사는 환자인 나를 어떻게 도울 것인지가 아니라 그저 내게서 얼마나 뜯어낼 수 있는가 하는 것이었다. 결국 그는 한 푼도 가져가지 못했다. 인격이라곤 찾아볼 수 없는 그의 인간성을 경멸한 나머지 나는 그 자리에서 병원을 나와 버렸기 때문이다.

세상은 이처럼 이기적이고 자신의 잇속만 챙기려는 사람들로 가득 차 있다. 그래서 조건 없이 타인을 도와주려 애쓰는 몇 안 되는 사람들은 엄청난 이익을 얻을 수밖에 없다. 그들은 경쟁자가 거의 없기 때문이다. 오언 D. 영은 이렇게 말했다.

"타인의 입장이 되어서 그들의 마음을 이해할 수 있는 사람은 자신의 미래를 걱정할 필요가 전혀 없다."

이 책을 읽고 난 뒤, 항상 타인의 입장에서 생각하고 타인의 관점에서 사물을 바라보는 경향이 강해진다면 이는 분명 당신 인생에 의미 있는 이정표가 될 것이다.

대부분의 사람은 대학교에 들어가면 로마의 시인 베르길리우스Vergilius에 관해 배우고 수학적 지식에 통달하지만 자신의 마음이 어떻게 움직이는지에 대해서는 깨닫지 못한다. 예를 들어보자. 한번은 캐리어 사에 입사 예정인 대학생들을 대상으로 '효과적인 말하기' 수업을 진행한 적이 있었다. 뉴저지 주 뉴워크 지방에 위치한 이 회사는 대형 사무 빌딩과 극장용 냉난방 시설을 생산하는 기업이었다.

　어느 날 한 학생이 다른 학생들에게 농구를 하자고 설득하고 싶어 이렇게 말했다. "우리 같이 나가서 농구 하지 않을래? 난 농구를 좋아해서 체육관에 자주 가는데, 최근 들어서는 사람이 부족해서 게임을 할 수 없었어. 며칠 전에는 두세 명 정도 모여 공 던지기를 하다가 눈에 멍까지 들었지 뭐야. 내일 밤에 몇 명이 나와 주면 좋겠는데."

　이 친구는 당신이 원하는 바에 대해 언급했는가? 당신은 다른 사람들이 농구장에 가지 않는데 혼자 가고 싶지 않을 것이다. 당신은 그 친구가 뭘 원하는지에는 별 관심이 없다. 눈에 멍이 들고 싶지도 않을 것이고 말이다.

　그렇다면 이 친구는 당신에게 체육관을 이용해서 당신이 원하는 것을 얻을 수 있는 방법을 제시할 수 있었을까? 물론이다. 활력이 생기고 식욕이 늘어난다거나, 정신이 맑아지고, 재미있는 시간이 될 것이고, 농구 경기를 할 수 있다는 등의 것들을 그는 제시할 수 있었다.

　여기서 오버스트리트 교수의 현명한 충고를 다시 한 번 들어 보자.

> "우선 상대방의 마음속에 강한 욕구를 불러일으켜라. 이대로 하
> 는 자는 세상을 얻겠지만, 그렇지 않은 자는 외로운 길을 걸을 수
> 밖에 없다."

강좌 수강생 중 한 명은 아들 문제로 고민이 깊었다. 그 아이
는 저체중인 데다가 편식 습관까지 있었다. 아이의 부모는 일반
적인 부모들이 쓰는 방법, 즉 야단치고 잔소리하는 방법을 사용
했다. "엄마는 네가 이것저것 가리지 않고 먹었으면 좋겠어.",
"아빠는 네가 건강하게 자랐으면 좋겠다."

아이가 부모의 말에 귀를 기울였을까? 천만에. 전혀, 조금도
신경 쓰지 않았다.

상식이라는 걸 갖춘 사람이라면 세 살짜리 아이가 30세 아버
지의 입장을 이해하고 그에 맞춰 반응할 것이라고는 생각하지
않을 것이다. 그러나 그 아버지는 아이에게 바로 그것을 기대하
고 있었으니, 말이 안 되는 얘기였다. 마침내 그 사실을 깨달은
아버지는 스스로 '우리 아이가 원하는 게 뭘까? 내가 원하는 것
과 아들이 원하는 것을 어떻게 연결시킬 수 있을까?' 하는 생각
에 잠겼다.

문제는 쉽게 풀렸다. 그의 아들은 브루클린에 있는 자기 집의
앞길에서 세발자전거 타기를 좋아했다. 그런데 근처에 사는 덩
치 큰 말썽꾸러기, 할리우드식으로 표현하자면 '악동'이 아이를

밀치고 세발자전거를 빼앗아 타곤 했다. 그러고 나면 아이는 울면서 엄마에게 달려갔고, 아이 엄마는 밖으로 나와 '악동'에게서 세발자전거를 빼앗아 아들을 다시 태웠다. 이런 일은 거의 매일같이 반복됐다.

아이가 원하는 것은 무엇일까? 이건 셜록 홈즈가 아니더라도 쉽게 알 수 있다. 자존심, 분노, 인정받고 싶은 욕망 등 아이의 기질 중에서 가장 강력한 감정들이 아이로 하여금 복수하라고, '악동'의 코를 납작하게 해 주라고 자극하고 있었다. 그래서 아버지는 아이에게 이야기했다. "엄마가 먹으라고 하는 것만 먹으면 그 덩치 큰 녀석을 이길 수 있어. 정말이야. 아빠가 약속하마."

아들의 편식 문제는 그렇게 해결되었다. 아이는 자기를 괴롭히는 그 나쁜 녀석을 혼내 줄 만큼 자라기 위해서 시금치, 고등어 등 뭐든 다 잘 먹었다.

그런데 이 문제가 해결되자 아이의 아버지는 또다시 새로운 문제와 마주쳐 버렸다. 아이가 이불에 오줌을 싸는 버릇을 가지고 있었기 때문이다.

아이는 할머니와 함께 잤다. 그런데 아침에 할머니가 일어나서 침대를 만져 보고 "이런, 조니. 밤에 또 지도를 그렸구나."라고 말하면 그의 아들은 "아뇨, 제가 안 그랬어요, 할머니가 그랬잖아요."라고 말하곤 했다. 엄마가 아무리 야단을 치고 엉덩이를 때리고, 창피를 주거나 그러지 말라고 아무리 말해도 아이의 버릇은 고쳐지지 않았다. 그래서 부모는 궁리했다. '어떻게 하면 아이가 이불에 오줌을 싸지 않을까? 아이가 원하는 게 뭘까?'

아이는 무엇을 원했을까? 우선은 할머니처럼 나이트가운을 입는 게 아니라 아빠처럼 파자마를 입고 싶었다. 할머니는 손자가 밤마다 저지르는 나쁜 버릇에 질려서 그것만 고친다면 기꺼이 파자마를 사 주겠다고 말했다. 아이가 두 번째로 원하는 것은 자기 침대를 갖는 것이었는데, 할머니는 조금 섭섭하신 듯했지만 반대하시지는 않았다.

엄마는 아이를 데리고 브루클린의 백화점에 가서 판매 직원에게 가벼운 윙크를 하고서는 말했다. "여기 꼬마 신사께서 사고 싶은 게 있다고 하시네요." 그러자 그 점원은 아이가 중요한 고객이라는 느낌이 들도록 이렇게 답했다. "어서 오세요. 꼬마 신사님. 어떤 상품을 보여 드릴까요?" 아이는 키가 좀 더 커 보이게 하려고 꼿꼿이 서서는 "제가 사용할 침대를 사고 싶어요."라고 말했다.

엄마는 자신이 사 주고 싶은 침대를 아들에게 보여 줬을 때, 점원에게 또 한 번 윙크를 했다. 엄마의 뜻을 눈치챈 점원은 그 침대를 선택하도록 아이를 설득했고, 마침내 아이는 그 침대를 사기로 결정했다.

다음 날 침대가 배달되었다. 그리고 그날 밤 아빠가 집에 돌아오자, 아이는 현관으로 달려가며 외쳤다. "아빠! 아빠! 2층에 올라가서 제가 산 제 침대 좀 보세요!" 아이 아빠는 침대를 보면서 찰스 슈워브의 권고에 따라, 아이가 한 일을 진심으로 인정해 주고 칭찬을 아끼지 않았다. "앞으로 밤에 실수를 하지는 않겠지, 그렇지?" 아빠가 묻자 아이는 "네. 네. 절대로 그러지 않을 거예요.”라고 답했다. 아이는 약속을 지켰다. 자신의 자존심이 걸려 있었기 때문이다. 그것은 '자기'가 '자기' 혼자서 산 '자기' 침대였다. 그리고 이제는 어른처럼 파자마도 입었으니 어른처럼 행동하고 싶었다. 실제로 아이는 어른스럽게 행동했다.

강좌 수강생 중 또 다른 아빠이자 전화 엔지니어인 K. T. 더치만 씨는 자신의 세 살배기 딸아이에게 아침을 먹이는 일로 고민하고 있었다. 부모들이 흔히 하듯 꾸짖고, 애원하고, 어르고 달래는 등의 방법을 총동원해도 아무 소용이 없었다. 그래서 아이의 부모는 스스로에게 물었다. '어떻게 하면 아이가 밥을 먹고 싶어 할까?'

딸아이는 엄마를 흉내 내면서 다 큰 어른처럼 느끼는 것을 좋아했다. 그래서 하루는 부모가 아이를 의자에 앉혀 놓고 아침을 만들게 했다. 그리고 아이의 기분이 최고조에 달했을 때 아빠는 부엌에 들어섰고, 아침 준비를 하고 있던 딸아이는 그 순간을 놓치지 않고 말했다. “아빠! 이거 보세요! 제가 아침식사를 만들고 있어요!”

아이는 부모가 먹으란 말을 하지 않았는데도 그날 아침을 두 그릇이나 먹었다. 아침식사에 흥미를 가졌기 때문이다. 아이는 자신이 인정받았다고 느꼈고, 아침을 만드는 것에서 자기를 표현할 수 있는 방법을 발견한 것이다.

윌리엄 윈터William Winter는 “자기표현 욕구는 인간 본성에서 중요한 필수적 요소다.”라고 말한 바 있다. 이런 심리를 사업에 적용해 보면 어떨까? 당신 머릿속에 기발한 아이디어가 떠오르면 그것을 당신 아이디어라고 주장하기보다 다른 사람으로 하여금 그 아이디어를 더욱 발전시킬 수 있게 해 보는 것은 어떨까? 그러면 그 사람은 그 아이디어가 자기 것이라고 여겨 좋아할 것이고, 결과적으로 그것을 좋아하게 될 것이며 멋지게 승화시킬 것이다. 명심하자.

"우선 상대방의 마음속에 강한 욕구를 불러일으켜라. 이대로 하는 자는 세상을 얻겠지만, 그렇지 않은 자는 외로운 길을 걸을 수밖에 없다."

원칙 3

상대방의 마음속에 강한 욕구를 불러일으켜라.

‖‖‖‖‖‖‖‖‖‖‖‖‖ **Section 1 요약정리** ‖‖‖‖‖‖‖‖‖‖‖‖‖

사람을 다루는 데 필요한 기본 원칙

1. 다른 이들에 대한 비판과 비난, 불평을 삼가라.

2. 솔직하고 진지하게 칭찬하라.

3. 상대방의 마음속에 강한 욕구를 불러일으켜라.

타인의
호감을 얻는
여섯 가지 비결

1
어디서나 환영받는
사람이 되는 방법

당신은 지금 친구 사귀는 법을 알고 싶어서 이 책을 읽고 있는가? 그렇다면 왜 이 세상에서 친구를 가장 잘 사귀는 자의 기술을 배우지 않는가? 그는 누구일까? 당신은 내일이라도 길에서 그를 만날지 모른다. 당신과 3미터 정도 가까운 거리를 두고 마주하게 되면 그는 꼬리를 살랑거리며 반갑게 당신을 맞이할 것이다. 당신이 멈춰 서서 다정하게 등이라도 두드려 준다면 그는 자신이 당신을 얼마나 좋아하는지 보여 주기 위해 펄쩍펄쩍 뛰며 좋아할 것이다. 그리고 당신은 그의 애정표현 이면에 어떠한 숨은 의도도 없다는 것을 알고 있다. 그는 당신에게 부동산을 팔고 싶어 하거나, 당신과 결혼하고 싶어서 그러는 것이 아니다.

살기 위해 일하지 않아도 되는 유일한 동물이 개라는 것을 아는가? 닭은 알을 낳아야 하고, 젖소는 우유를 짜야 하고, 카나리아는 노래를 불러야 한다. 하지만 개는 인간에게 사랑만 주고도 먹고산다.

내가 다섯 살이었을 때 아버지는 노란 털이 복슬복슬한 강아지를 50센트에 사 오셨다. 그 강아지는 내 어린 시절의 빛이자 기쁨이었다. 매일 오후 네 시 반이 되면 강아지는 마당에 나와 그 예쁜 눈으로 한시도 떼지 않고 거리를 지켜보고 있었다. 그러다 내 목소리를 듣거나 도시락 통을 흔들며 돌아오는 내가 나무 사이로 보이면 총알처럼 튀어나와 단숨에 언덕 위까지 올라와서는 좋아서 어쩔 줄 모르며 멍멍 짖고 펄쩍펄쩍 뛰며 나를 맞이했다.

강아지 티피는 5년 동안 나의 한결같은 친구였다. 그러던 어느 날 밤이었다. 나는 그 밤을 영원히 잊지 못할 것이다. 티피는 나에게서 30미터 정도도 떨어지지 않은 곳에서 벼락을 맞아 죽고 말았다. 티피의 죽음은 내 유년 시절의 비극이었다.

티피, 너는 단 한 번도 심리학 관련서를 읽어 본 적이 없겠지. 사실 그럴 필요도 없었어. 누군가에게 진심으로 관심을 가지면, 다른 이들의 주목을 끌려고 애쓰는 사람이 2년 동안 사귈 수 있는 것보다 더 많은 사람들을 두 달 안에 사귈 수 있다는 걸 너는 타고난 본능으로 알고 있었으니까.

이 점에 대해 다시 얘기해 보자. 당신이 먼저 다른 사람에게 관심을 보이면, 당신한테 관심을 갖게끔 애써서 2년 동안 사귈 수 있는 것보다 훨씬 더 많은 친구를 두 달 안에 사귈 수 있다. 하지만 우리는 다른 사람들의 관심을 받으려고 온갖 노력을 다하며 일생 동안 실수를 반복하는 사람들이 있다는 것을 알고 있다. 물론 그런 방법은 아무 소용이 없다. 사람들은 당신에게 관심이 없고, 내게도 마찬가지다. 그들은 오로지 자기 자신에게만, 그것도 아침부터 저녁까지 온종일 관심을 둘 뿐이다.

언젠가 뉴욕 전화회사는 사람들이 통화 중 가장 많이 사용하는 단어를 자세히 조사했다. 1위는 당신이 짐작한 대로 1인칭 대명사 '나'였다. '나'라는 단어는 500번의 전화 통화 중에 무려 3,990번이나 사용되었다. '나', '나', '나', '나', '나'.

단체 사진을 볼 때 당신은 누구를 가장 먼저 찾아보는가?

만약 누군가가 당신에게 관심이 있다고 생각한다면, 다음 질문에 답해 보자. 오늘 밤 당신이 죽는다면, 장례식에는 몇 명이나 올까?

당신이 먼저 다른 사람에게 관심을 갖지 않는데 그 사람이 당신에게 관심을 가져야만 하는 이유는 뭔가? 연필을 들고 아래에 답을 적어 보라.

만일 당신에게 관심을 갖게 할 목적으로 다른 사람에게 깊은 인상을 남기기 위해 애쓴다면, 당신은 결코 진정한 친구를 사귈 수 없다. 친구, 그것도 진정한 친구는 절대 그런 방법으로 생기지 않는다.

그런데 나폴레옹은 그런 방식으로 사람을 사귀려고 했다. 조세핀과의 마지막 만남에서 그는 "조세핀, 나는 지금껏 이 세상에서 누구보다 운 좋은 사람이었소. 그런데 지금 이후부터 내가 의지할 수 있는 사람은 당신밖에 없소."라고 말했다. 그러나 역사가들은 나폴레옹이라는 인물이 과연 자신의 아내 조세핀이라도 믿을 수 있었던 인물이었을지 의문을 품는다.

오스트리아의 유명한 심리학자인 알프레드 아들러Alfred Adler는《당신에게 인생의 의미는 무엇인가What Life Should Mean to You》라는 저서에서 이렇게 말한다.

'타인에게 관심을 갖지 않는 사람들은 인생에서 큰 고난을 겪고, 타인에게 가장 큰 상처를 준다. 인류의 모든 실패는 이런 유형의 사람들로부터 기인한다.'

당신이 아무리 수십 권의 두꺼운 심리학 서적을 읽는다 해도 이렇게 뜻 깊은 구절을 찾기란 쉬운 일이 아니다. 나는 반복하는 것을 싫어하지만 아들러의 말속에는 깊은 뜻이 있기 때문에 되풀이해 보겠다.

'타인에게 관심을 갖지 않은 사람들은 인생에서 큰 고난을 겪고, 타인에게 가장 큰 상처를 준다. 인류의 모든 실패는 이런 유형의 사람들로부터 기인한다.'

예전에 뉴욕 대학교에서 단편소설 창작에 관한 강의를 들었을 때, 당시 〈콜리어스Collier's〉지의 편집장이 초청 강사로 온 적이 있었다. 그는 자신의 책상에 굴러다니는 수십 편의 소설들 중 아무거나 하나 집어 들어 몇 구절만 읽어도 그 작가가 사람에 대한 애정이 있는 사람인지 아닌지를 알 수 있다고 말했다. 그리고 이렇게 덧붙였다. "만약 작가에게 사람에 대한 애정이 없으면,

사람들도 그 작가의 작품을 좋아하지 않습니다."

이 딱딱한 편집장은 창작 수업 중에 두 번이나 멈추고서는, 자신이 너무 설교 조의 말을 늘어놓아 미안하다고 하면서 이렇게 말했다. "사실 제가 하는 말은 설교 시간에 듣는 내용과 다를 바 없습니다. 하지만 명심하십시오. 작가로 성공하고 싶다면 사람들에게 관심을 가져야만 합니다." 이 말은 소설을 쓰는 데 있어 통하는 이야기지만, 직접 사람을 만나고 다루는 데 있어서는 그보다 세 배 이상 더 잘 통하는 방법이라 할 수 있다.

하워드 서스턴Howard Thurston이 브로드웨이에서 마지막으로 공연하던 날 저녁, 나는 그의 분장실을 찾아갔다. 자타가 공인하는 마술의 대가이자 특히 손 마술의 황제였던 서스턴은 40년간 전 세계 순회공연을 하며 계속해서 환상을 만들어 내고, 관객을 현혹시켰으며, 놀라움을 금치 못하는 장면을 연출해 냈다. 6,000만 명 이상의 사람들이 그의 공연을 관람했고, 그가 벌어들인 돈은 거의 200만 달러에 달했다.

나는 그에게 성공 비결을 물어보았다. 학교 교육은 분명 전혀 상관이 없었다. 그는 어렸을 때 집을 나와 부랑아가 되었고, 화물 자동차에 몰래 숨어 타 건초 더미 위에서 잠을 청했는가 하면 집집마다 구걸하며 끼니를 해결하기도 했다. 글 읽는 법은 철길을 따라 서 있는 기차역 표지판을 보고 겨우겨우 배웠을 뿐이다.

그렇다면 그는 마술에 대한 굉장한 지식이 있었을까? 그것도 아니다. 그의 말에 따르면 손 마술에 관한 책은 이미 수백 권이 출판되어 있고, 많은 마술사들은 자신의 수준만큼 손 마술을 할 줄 안다고 한다.

그러나 그에게는 다른 마술사가 갖추지 못한 두 가지가 있었다. 첫째, 쇼의 대가였던 그는 무대 위에서 자신의 개성을 펼쳐 보이는 능력을 갖고 있었다. 둘째, 그는 인간의 본성을 잘 파악하고 있었다. 그의 동작, 어조, 심지어 한쪽 눈썹을 들어 올리는 것까지 그가 하는 모든 것들은 공연 전에 하나하나 철저히 연습한 것들이었다. 그의 동작은 몇 분의 1초까지 치밀하게 계획된 것들이었다. 그러나 그것에 그치지 않고 서스턴은 사람들에 대한 진심 어린 관심까지 갖고 있었다. 그가 말한 바에 의하면 많은 마술사들은 관객을 바라보며 속으로는 '그래, 오늘도 풋내기, 촌뜨기들이 많이 왔군, 저런 녀석들 속이기야 식은 죽 먹기지.'라고 생각한다고 한다. 그러나 서스턴의 마음가짐은 이와 전혀 달랐다. 그는 매 공연마다 무대에 오르면서 '나를 보러 와 준 사람들이 있다니 정말 고마운 일이야. 저들이야말로 내가 즐거운 일을 하면서 살 수 있게 해 준 사람들이지. 그러니 내가 할 수 있는 최선을 다해 멋진 공연을 보여 줘야 해.'라고 다짐한다.

그는 또한 무대 위에 오를 때 스스로 이렇게 되된다고 했다. "나는 관객을 사랑해. 나는 저들을 사랑해." 웃기는 얘기라고? 이상하다고? 물론 당신은 충분히 당신이 좋을 대로 생각할 수 있다. 하지만 나는 단지 당신에게 당대 최고의 마술사가 사용한 비법을 가감 없이 전하고 있을 뿐이다.

슈만 하인크Schumann-Heink 부인도 이와 유사한 이야기를 했다. 배고픔과 슬픔, 한때는 아이들과 동반 자살하려 했을 정도로 불행했던 인생, 이런 모든 것에도 불구하고 그녀는 계속 노래했고, 마침내 청중을 전율케 하는 유명한 바그너 가수가 되었다. 그녀 역시 자신의 성공 비결 중 하나는 사람들에 대한 깊은 관심이라고 고백했다.

이것은 또한 시어도어 루스벨트 대통령이 대단한 인기를 누린 비결이기도 했다. 심지어 하인들도 그를 좋아했다. 그의 흑인 하인이었던 제임스 E. 에이머스James E. Amos는《시종의 영웅인 시어도어 루스벨트 대통령Theodore Roosevelt, Hero to His Valet》이라는 책에서 감동적인 일화 하나를 소개했다.

언젠가 내 아내가 대통령께 메추라기에 대해 질문했던 적이 있다. 아내는 메추라기를 본 적이 없었기에 대통령께서는 매우 자세히 설명해 주셨다. 그로부터 얼마 후, 우리가 살고 있었던 오두막으로 전화가 왔다(에이머스와 그의 아내는 오이스터 베이에 있는 대통령 관저 안의 조그만 별채에서 살았다). 그 전화는 대통령께서 친히 하신 것이었다. 대통령께서는 창밖에 메추라기가 있으니 보고 싶으면 밖을 내다보라는 말씀을 아내에게 해 주시려고 전화를 걸었다고 하셨다. 대통령은 그토록 세심하게 사람을 배려해 주시는 분이셨다. 우리 집 근처를 지나실 때면 우리가 보이지 않아도 "여어, 애니!", "여어, 제임스!" 하며 반갑게 부르곤 하셨다.

어떻게 고용인들이 이런 사람을 좋아하지 않을 수 있겠는가? 또 어떤 이들이 이런 사람을 좋아하지 않을 수 있겠는가?

대통령직에서 물러난 루스벨트가 한번은 백악관에 들른 적이 있었는데, 마침 태프트 대통령 내외는 자리에 없었다. 그는 자신이 임기 중 알게 된 모든 하인들, 심지어는 부엌에서 그릇을 닦는 하녀에게까지 이름을 부르며 인사를 건넸다. 이런 행동은 그가 평범한 사람들에게도 얼마나 진정한 애정을 가지고 있었는지를 잘 보여 준다.

역시 그의 하인 중 한 명이었던 아치 버트Archie Butt는 그날의 일을 다음과 같이 적었다.

그분께서는 부엌 담당 하녀 앨리스를 보시자 요즘도 옥수수빵을 만드는지 물으셨다. 그러자 앨리스는 "가끔 하인들이 먹을 것을 만들기는 하지만 윗분들께서는 드시지 않아 따로 만들지는 않습니다."라고 대답했다. 그러자 그분은 "그 사람들은 맛을 잘 모르는 사람들이로군. 대통령을 만나면 그렇게 얘기해 주겠네."라고 말씀하셨다. 그분이 사무실로 가시려 하자 앨리스는 옥수수빵을 내왔고, 그분은 그 빵을 드시며 사무실로 걸어가셨다. 가는 길에 정원사와 일꾼들을 만나면 인사를 건네셨다.

그분은 예전에 그러셨던 것과 꼭 같이 사람들에게 말을 건네셨다. 그들은 아직도 그 일에 대해 이야기한다. 아이크 후버는 눈물을 글썽이며 이렇게 말했다. "최근 2년 동안 그렇게 행복한 날은 없었습니다. 억만금을 준다 해도 그날과 바꿀 사람은 아무도 없을 것입니다."

찰스 W. 엘리엇Charles W. Eliot 박사를 가장 성공한 대학 총장 중 한 명으로 만든 것도 바로 다른 사람의 문제에 대한 깊은 관심이었다. 그는 미국의 남북전쟁이 끝난 지 4년이 되는 1869년부터 제1차 세계대전이 일어나기 5년 전인 1909년까지 하버드 대학의 총장을 역임했다.

그가 어떤 방식을 사용했는지 알려 주는 한 가지 예를 살펴보자. 어느 날 L. R. G. 크랜든이라는 신입생이 학자금 50달러를 빌리러 총장실을 찾아왔다. 대출은 승인되었다. 그 이후 크랜든 학생의 말을 옮겨 보면 다음과 같다.

"저는 진심으로 감사의 인사를 드리고 나가려는데 총장님께서 '잠깐 앉아 보게.' 하고 말씀하셨습니다. 그러시더니 놀랍게도 이런 얘기를 해 주셨습니다. '자네가 혼자 자취하고 있다고 들었네. 나는 밥만 제때 잘 챙겨 먹고 다니면 자취가 그렇게 나쁘다고는 생각하지 않아. 대학을 다닐 때는 나도 자취를 했지. 쇠고기 덩어리로 요리해 본 적 있나? 충분히 숙성시킨 고기를 사다가 잘 요리하기만 하면 그게 자네에게 최고의 요리가 될 걸세. 하나도 버릴 게 없거든. 내가 했던 요리법을 알려 주지.' 하시고는 제게 고기를 잘 골라야 한다, 국물이 졸아들어 젤리가 될 정도로 천천히 요리해야 한다, 고기를 잘게 자를 땐 이렇게 해라, 누를 때는 냄비 안에 작은 냄비를 넣고 눌러라, 먹을 땐 식혀서 먹어라 등의 이야기를 해 주셨습니다."

세상에서 가장 바쁜 사람이라고 해도 진정으로 그에게 관심을 가지면 그 사람으로부터 관심, 시간 그리고 협력을 얻어 낼 수 있다는 것을 나는 개인적인 경험을 통해 깨달았다. 그 경험에 대해 얘기해 보겠다.

몇 년 전 나는 브루클린 예술과학재단에서 소설 작문 강의를 했다. 나와 학생들은 많은 작가들의 경험에서 교훈을 얻기 위해 캐슬린 노리스Kathleen Norris, 패니 허스트Fannie Hurst, 아이다 타벨Ida Tarbel), 앨버트 페이슨 터흄Albert Payson Terhune, 루퍼트 휴즈 Rupert Hughes 등과 같이 유명한 작가들을 학교에 모셔 오고자 했다. 그래서 우리는 그 작가들에게 '우리는 작가님의 작품을 좋아할 뿐 아니라 작가님의 충고와 성공 비결을 간절히 듣고 싶다.'는 내용의 편지를 썼다. 각각의 편지에는 150명의 학생들이 서명했다. 더불어 '우리는 작가님이 너무 바빠서 강의를 준비하는 것이 무리라는 것을 알고 있기에, 작가님의 창작 기법에 대해 듣고자 설문지를 동봉하니 답변해 주시면 감사하겠다.'고 덧붙였다. 작가들은 좋아했다. 누가 이런 방식을 싫어하겠나? 이렇게 하여 작가들은 시간을 내어 브루클린에까지 와 우리에게 강연을 해 주었다.

대중연설 강좌 시간에는 이와 같은 방식을 활용하여 시어도어 루스벨트 내각의 재무장관이었던 레슬리 M. 쇼Leslie M. Shaw, 태프트 내각의 법무장관 조지 W. 위커샴George W. Wickersham, 윌리엄 제닝스 브라이언William Jennings Bryan, 프랭클린 D. 루스벨트 등 많은 저명인사들을 초청해 강의를 진행했다.

정육점 직원이든 빵집 직원이든 혹은 왕관을 쓴 임금이든, 사람은 누구나 자기를 존경하는 사람을 좋아하기 마련이다. 독일 황제 빌헬름을 예로 들어 보자. 제1차 세계대전이 끝나 갈 시기에 그는 아마도 세상에서 가장 경멸받는 사람이었을 것이다.

그가 자신의 목숨을 부지하겠다고 네덜란드로 도망쳤을 때는 국민까지 그를 외면했다. 그에 대한 국민들의 분노는 더욱 격렬해져서 수백만 명의 사람들이 그의 사지를 찢어 죽이거나 화형에 처하고 싶어 할 정도였다. 그런데 국민들이 분노에 불타오르는 가운데에도 한 소년은 황제에게 친절과 존경이 담긴 짧고 정성 어린 편지를 보냈다. 소년은 다른 사람들이 어떻게 생각하든지 상관없이, 자신은 황제 빌헬름을 늘 존경하고 사랑하겠다고 말했다. 소년의 편지를 받고 크게 감동한 황제는 그 소년을 초대했다. 소년은 어머니와 함께 황제를 알현했고, 후에 황제는 소년의 어머니와 결혼했다. 소년은 《친구를 사귀고 사람을 설득하는 법》이라는 책을 읽을 필요가 없었다. 이미 본능적으로 이미 그것을 알고 있었으니 말이다.

친구를 사귀고 싶다면 상대를 위해 무언가를 해 주는 노력이 필요하다. 그것에는 시간, 에너지, 이타심, 사려 깊음이 필요하다. 윈저 공은 영국의 황태자였을 당시 남미를 순방할 계획이 생겼다. 그는 여행에 앞서 상대방의 언어로 대중 연설을 하기 위해 몇 달간 스페인어를 공부했다. 남미 사람들이 그를 좋아하게 된 것은 두말할 필요도 없다.

나는 수년 간 친구들의 생일을 알아내고자 노력했다. 내가 어떤 방법을 사용했을 것이라 생각하는가? 비록 점성술에 대해서는 문외한이지만 나는 우선 상대방에게 '생일이 성격이나 기질과 관계있다는 걸 믿느냐'면서 이야기를 시작하고, 그러고 나서 그의 생일을 물어본다. 예를 들어, 상대방이 자신의 생일은 11월 24일이라고 하면 나는 속으로 '11월 24일, 11월 24일'을 되된다. 그리고 상대가 자리를 비울 때 그의 이름과 생일을 간단히 메모해 놓고 나중에 생일 기록장에 옮겨 적는다. 그리고 그 생일을 연초마다 달력에 표시해 둔다. 그러면 자동적으로 사람들의 생일에 신경 쓰게 된다. 그리고 생일 당일이 되면, 나는 그 사람에게 편지를 보내거나 전보를 쳤다. 그 효과는 엄청나다. 나는 종종 그의 생일을 기억해 주는 사람들 중 한 명이 되었기 때문이다.

누군가를 친구로 만들고 싶다면 활기 있고 열성적인 자세로 그를 맞이하라. 누군가 당신에게 전화를 하면 이 같은 마음으로 대하라. 상대방이 전화를 걸어 줘서 더없이 기쁘다는 것을 표현하듯 "여보세요." 하며 받아라. 뉴욕 전화회사는 전화교환원들이 "전화번호를 말씀해 주세요."라고 말할 때 "안녕하세요, 전화해 주셔서 감사합니다."라는 느낌을 전할 수 있는 어조로 훈련하는 과정을 운영하고 있다. 이제 우리도 전화를 받을 때면 이 방법을 명심하고 실행해 보자.

이 생각을 회사 업무에도 적용할 수 있을까? 나는 수많은 사례를 알고 있지만 두 가지 정도만 얘기해 보겠다.

뉴욕 시에 있는 대형 은행에서 근무하는 찰스 R. 월터스 씨는 어떤 회사에 관한 기밀문서를 준비하라는 임무를 부여받았다. 그가 알고 있는 한, 그 임무에 긴급히 필요한 자료를 가지고 있는 유일한 사람은 한 대형 제조업체의 사장이었다. 그를 찾아간 월터스 씨가 사장실로 막 들어섰을 때, 한 젊은 여비서가 문으로 고개를 들이밀고 사장에게 오늘은 우표가 없다고 말했다.

"저는 요즘 열두 살짜리 아들을 위해 우표를 수집하는 중입니다."사장은 월터스 씨에게 얘기했다. 월터스 씨는 이내 자신의 용무를 이야기하고는 질문을 시작했다. 하지만 사장은 막연한 데다 전혀 구체적이지 않은, 애매모호한 답변만 할 뿐이었다. 그는 월터스 씨의 질문에 답해 줄 마음이 없는 듯했고, 면담은 건질 만한 것 하나 없이 짧게 끝났다. "솔직히 뭘 어떻게 해야 할지 모르겠더군요." 월터스 씨는 후에 강좌 시간에 그때의 이야기를 했다. "그런데 마침 그때 비서가 했던 말이 생각났어요. 우표, 열두 살짜리 아들 …… 그리고 저희 회사 외환 담당 부서에서 우표를 수집한다는 사실이 떠올랐습니다. 전 세계에서 보내오는 편지에 붙어 있는 우표들 말이에요.

다음 날 오후 저는 그 사장을 다시 찾아가서 아드님께 선물할 우표를 조금 가지고 왔다는 메모를 전했습니다. 면담이 금방 이루어졌냐고요? 물론이죠. 그는 국회의원에 출마하는 사람보다 더 힘차게 내 손을 쥐고 흔들었습니다. 얼굴에는 미소가 가득한 채로 무슨 일이든 해 주려고 하더군요. 그는 우표를 마치 보물이라도 되는 양 어루만지며 '이거 우리 아들이 정말 좋아하겠는데요. 이건 정말 보물이에요.'라고 말했습니다.

그렇게 우표에 대해 이야기하고 그의 아들 사진을 보며 30분 정도 시간을 보낸 뒤, 그는 제가 원하는 정보에 대해 한 시간 이상 아주 세세히 알려 주었습니다. 제가 부탁하지 않은 것까지 말입니다. 그는 자신이 알고 있는 것은 물론 동료들에게 전화를 하거나 부하직원까지 불러 물어봐 주었습니다. 게다가 그와 관련된 실태, 수치, 보고서와 서신까지 모아 주더군요. 기자들 사이에서 하는 표현을 빌자면, 특종을 건진 셈이죠.”

여기 또 다른 예를 보자. 필라델피아에 사는 C. M. 크나플 주니어 씨는 몇 년 동안 대형 체인점에 연료를 납품하기 위해 애쓰고 있었다. 그러나 그 대형 체인점은 타 지역 업체와 거래를 계속했고, 경쟁업체의 트럭들은 크나플 씨의 회사 앞을 보란 듯이 오가며 그 대형 체인점에 물건을 실어 날랐다. 크나플 씨는 어느 날 밤, 수강생들 앞에 나와서 그 체인점이 국가적인 불행의 원흉이라는 등의 악담을 쏟아부었다. 그리고 왜 자신이 체인점에 납품하지 못했는지 여전히 의아해했다.

나는 그에게 다른 전략을 써 볼 것을 권했다. 간단히 말해 강좌 수강생들을 둘로 나눠서 ‘국가적으로 봤을 때 체인점의 확장은 이익보다 손해가 크다.’라는 주제에 대한 토론을 벌이기로 한 것이다.

나는 크나플 씨에게 체인점을 옹호하는 입장에 설 것을 제안했다. 내 제안에 동의한 그는 그 길로 곧장 자신이 그동안 경멸해 왔던 체인점의 이사를 찾아가 말했다. “오늘 제가 이곳에 온 이유는 연료를 팔기 위해서가 아니라 부탁드릴 일이 있어서입니다.” 그는 우리의 토론 계획에 대해 설명하고 이렇게 덧붙였다. “아무리 생각해도 이사님만큼 제가 원하는 정보를 알려 주실 수 있으신 분은 없으신 것 같아 도움을 청하러 왔습니다. 이번 토론에서 정말 이기고 싶은데, 제게 도움을 주신다면 진심으로 감사드리겠습니다." 그 이후에 대해서는 크나플 씨가 한 이야기를 직접 들어 보자.

"저는 그에게 정확히 1분만 시간을 내 달라고 했습니다. 이 조건 덕분에 그는 면담을 수락했습니다. 상황을 설명하자, 그는 내게 앉으라고 하고는 정확히 1시간 47분 동안 이야기를 하더군요. 그는 체인점에 관해 책을 쓴 또 다른 임원을 한 명 불러왔습니다. 또한 전미 체인점 협회에 요청해 이 주제에 관한 토론 자료 사본도 구할 수 있게 해 주었지요. 그는 체인점이 사람들에게 진정한 봉사를 하고 있다고 생각했고 수백 개의 커뮤니티를 위해 자신이 하는 일을 자랑스럽게 여겼습니다. 이야기를 하는 동안 그의 눈은 더없이 반짝였습니다. 그 덕분에 제가 그동안 생각지도 못했던 것에 대해 눈을 떴다고 고백하지 않을 수 없습니다. 그는 제 모든 정신 태도를 바꿔 버렸습니다.

내가 자리에서 일어났을 때, 그는 문 앞까지 걸어 나와 내 어깨에 손을 지그시 올리고는 토론에서 좋은 성과가 있기를 빌겠다고 하면서, 나중에 또 한 번 들러서 어떻게 되었는지 알려 달라고 했습니다. 그리고 마지막으로 '봄에 다시 봅시다. 당신 회사의 연료를 주문할 수 있을 겁니다.'라고 덧붙였습니다.

그건 제게 기적이었습니다. 저는 주문에 대한 말은 한마디도 꺼내지 않았는데 그가 저희 회사 제품을 주문하겠다고 제안했으니까요. 제가 진심으로 그와 그의 문제에 관심을 기울였던 그

두 시간이 저와 저희 회사 연료에 대한 관심을 끌려고 한 10년보다 훨씬 더 나은 진전을 이룬 것입니다."

크나플 씨, 당신은 새로운 진리는 깨달은 것이 아닙니다. 이미 아주 오래전, 예수가 태어나기 100년 전에 유명한 로마의 시인 푸블리우스 시루스Publilius Syrus는 이렇게 말했습니다.

"우리는 우리에게 관심을 갖는 사람에게만 관심을 갖는다."

따라서 다른 사람이 당신을 좋아하게 만들려면,

원칙 1

다른 사람들에게 진정한 관심을 기울여라.

더욱 호감 가는 성격, 그리고 더욱 효과적인 인간관계 기술을 갖고 싶다면 헨리 링크Henry Link 박사의 《종교에의 귀의The Return to Religion》라는 책을 적극 권장한다. 이 책은 착하게 살라고 강조하는 종교 관련 서적이 아니니 제목을 보고 겁먹을 필요는 없다. 저자인 링크 박사는 유명한 심리학자로, 성격 문제를 겪는 3,000여 명 이상의 환자를 면담하고 상담한 전문가다. 그는 내게 자신의 저서 제목을 '인간 성격 개선법'으로 짓는 것도 어려운 일은 아니었을 것이라 말했다. 그 책의 주제가 바로 그것이었기 때

문이다. 흥미로움과 동시에 교훈도 주는 그 책을 읽고 책에서의 제안을 따른다면 사람을 다루는 당신의 기술은 분명 향상될 것이다.

2
좋은 첫인상을
남기는 방법

최근 나는 뉴욕에서 열린 한 만찬회에 참석했다. 손님 중에는 꽤 많은 유산을 상속받은 한 여성이 다른 사람들에게 좋은 인상을 남기기 위해 애쓰고 있었다. 그녀는 검은 모피와 다이아몬드, 진주로 잔뜩 치장하고 있었지만 얼굴에는 전혀 신경을 쓰지 않았던 것 같다. 얼굴은 심술과 이기심으로 가득했기 때문이다. 그녀는 다른 사람들이 다 아는 것, 즉 얼굴 표정이 몸에 걸친 옷보다 훨씬 더 중요하다는 사실을 모르고 있었다(재미로 하는 말이지만, 이 이야기는 잘 기억해 두었다가 당신 아내가 모피 코트를 사달라고 할 때 들려주면 괜찮지 않을까 싶다).

찰스 슈워브는 내게 자신의 미소가 백만 불짜리라고 말했다. 그리고 보면 그는 그 말의 숨은 뜻을 잘 알고 있었던 것 같다. 그는 전적으로 자신의 인격과 매력 그리고 사람들이 자신을 좋아하게 만드는 능력 덕분에 엄청난 성공을 거두었다. 그리고 슈워브의 기질 중 가장 사람의 기분을 좋게 하는 것은 보는 이의 마음을 사로잡는 미소였다.

나는 언젠가 배우이자 가수인 모리스 슈발리에Maurice Chevalier
와 오후를 보낸 적이 있는데 솔직히 조금 실망스러웠다. 침울하
고 말수 없는 그의 모습은 내가 예상한 것과 전혀 달랐다. 그러
나 그가 미소를 짓자 모든 것이 달라졌다. 마치 태양이 구름 사
이를 뚫고 나온 것처럼 환한 그 미소가 없었다면 그는 파리로 돌
아가서 아버지와 형제들처럼 가구를 만들고 있었을 것이다.

행동은 말보다 강하다. 그리고 그중에서도 한 번의 미소는 "저
는 당신을 좋아해요. 당신은 저를 행복하게 합니다. 당신을 만나
서 정말 기쁩니다."라는 뜻을 전달한다.

개가 많은 사랑을 받는 이유 또한 이것이다. 개는 사람들을 보
면 매우 기쁜 나머지 어쩔 줄 모르며 뛰어오르고, 그러니 자연히
사람들도 그런 개를 보고 반가워하게 되는 것이다.

하지만 가식적인 웃음? 그건 안 된다. 그런 행동은 누구에게도
통하지 않는다. 우리는 그게 인위적이라는 걸 알기 때문에 달가
워하지 않는다. 나는 진짜 미소, 마음이 따뜻해지는 미소, 가슴속
에서 우러나오는 미소, 시장에서 좋은 값을 받을 만큼 순수한 그
런 미소에 대해 얘기하고 있는 것이다.

뉴욕의 한 대형 백화점 인사 관리자는 내게 자신은 무뚝뚝한
표정의 박사 학위 소지자보다 차라리 초등학교를 중퇴했더라도
미소가 아름다운 판매 여직원을 채용하겠다고 말했다.

미국 최대의 고무 제조회사 회장은 내게 말하길, 자신이 관찰
한 바에 따르면 자기가 하는 일에 즐거움을 느끼지 못하는 사

람은 결코 성공하지 못한다고 했다. 그 분야의 선도자였던 그는 '열심히 일하는 것만이 우리 소원의 문을 열어 줄 열쇠다.'라는 옛 격언을 크게 신뢰하는 것 같지 않았다. 덧붙여 그는 "나는 흥이 나서 놀이처럼 일을 즐겨 성공한 사람들을 알고 있네. 그런데 후에, 그들 중 몇몇은 일을 일 이상으로는 생각하지 않더군. 결국 따분함을 느끼기 시작한 그들은 일에서 즐거움을 잃고 결국 실패하고 말았지."라고 말했다.

만약 다른 사람들이 당신을 만나 즐거운 시간을 보내기를 기대한다면 당신 스스로가 상대방과 즐거운 시간을 가져야 한다.

나는 수천 명의 사업가들에게 한 사람을 지정해 1주일 동안 그 사람에게 계속 미소를 지어 보인 뒤 수업에 와서 그 결과를 말해 달라고 요청했다. 어떤 결과가 나왔을까? 자, 한번 살펴보자.

다음은 뉴욕에 사는 증권 중개인 윌리엄 B. 스타인하트가 쓴 편지다. 그의 편지는 예외적인 것이 아니다. 사실 다른 수백 명이 겪은 것과 같은 대표 사례라 할 수 있다. 스타인하트는 이렇게 썼다.

"저는 결혼한 지 18년이 넘었습니다. 18년간 저는 아침에 일어나서 회사에 출근할 때까지 아내에게 거의 웃어 준 적이 없었고, 한두 마디의 말을 건네는 일도 드물었습니다. 아마 저는 브로드웨이를 지나다니는 사람 중에 가장 무뚝뚝한 사람이었을 겁니다.

이 강의에서 미소를 지어 본 후 경험을 발표해 달라고 하셨을 때

1주일간 노력해 봐야겠다고 마음먹었습니다. 그리고 다음 날 아침, 머리를 빗다가 거울에 비친 제 굳어 있는 얼굴을 보고 속으로 말했습니다. '빌, 오늘부터 그 쏘아보는 얼굴은 지우는 거야. 그리고 웃어 보자. 지금 당장 웃기 시작할 거라고.' 그러고는 아침식사를 위해 자리에 앉아 아내에게 '잘 잤어, 여보?' 하고 웃으며 아침 인사를 건넸습니다. 선생님께서 아내가 놀랄지 모른다고 미리 주의를 주셨죠. 네, 그런데 아내의 반응은 그 정도가 아니었습니다. 아내는 크게 당황했습니다. 충격을 받은 것 같았어요. 저는 아내에게 앞으로도 계속 이렇게 할 거라고 이야기해 줬죠. 그렇게 시작한 아침 인사가 이제 거의 두 달째 접어들었습니다. 제 태도가 이렇게 변하자 지난 한 해 동안 느낀 행복보다 더 큰 행복을 이 두 달간 느낄 수 있었습니다. 이제는 출근할 때 아파트 엘리베이터 보이에게도 웃으며 '안녕!' 하고 인사하고, 도어맨에게도 미소를 건넵니다. 지하철 매표소에서 표를 사면서도 매표소 직원에게 미소를 짓고, 제가 다니는 증권거래소에 도착하면 여태껏 내가 미소 짓는 것을 보지 못했던 직원에게도 웃어 보입니다.

이내 저는 모든 사람이 제가 웃으면 역시 웃음으로 받아 준다는 것을 알았습니다. 저는 제게 불평이나 불만 사항이 있어 찾아오는 사람들을 친절하게 대했습니다. 그들이 자신의 힘든 점을 이야기할 때 웃는 모습으로 들어주면 해결책이 더 쉽게 나오는 것도 알게 되었고, 미소가 매일 더 많은 돈을 벌게 해 준다는 점도 알게 됐습니다.

저는 다른 중개인과 사무실을 함께 쓰고 있습니다. 그의 직원 중에는 호감이 가는 청년이 한 명 있었는데, 이 과제 결과에 으쓱해진 저는 그 친구에게 인간관계에 대한 제 철학에 대해 얘기해 줬습니다. 그랬더니 그는 저를 처음 사무실에서 봤을 때 심통 맞은 사람이라 생각했다며 솔직히 말해 주더군요. 하지만 최근에는 그 생각이 달라졌다면서, 제가 웃을 때 굉장히 인간적으로 보인다고 덧붙였습니다.

저는 제 생활 속에서 비난하는 습관도 버렸습니다. 이제는 비난 대신에 감사와 칭찬의 말을 하려 합니다. 그리고 제가 원하는 것에 대해서 말하던 것도 그만두었습니다. 대신 다른 사람의 관점을 이해하려고 노력하고 있지요.

이런 일들은 정말 말 그대로 제 삶에 혁명을 일으켰습니다. 저는 완전히 전과 다른 사람이 되었습니다. 더 행복해졌고 더 부유해졌으며, 친구들도 더 많아졌습니다. 살아가는 데 있어서 이것들보다 더 중요한 게 있을까요?"

이 편지는 사회생활에 닳고 닳아 세상 이치에 밝은, 뉴욕의 주식 중개인이 썼다는 것을 다시 한 번 떠올려 주길 바란다. 주식 중개업은 100명 중 99명이 실패할 정도로 매우 힘든 업종에 속한다.

당신은 웃고 싶지 않은가? 웃으려면 무엇을 어떻게 해야 할까? 방법은 두 가지가 있다. 첫째, 억지로라도 웃어라. 혼자 있다면 휘파람을 분다거나 콧노래를 흥얼거리며 나는 이미 행복하다는 듯이 행동하라. 그러면 정말로 행복해질 것이다. 하버드 대학교 교수를 지낸 윌리엄 제임스는 이렇게 말했다.

"행동은 감정을 따라오는 것처럼 보이지만 실제로 행동과 감정은 동시에 일어난다. 따라서 의지의 직접적인 통제를 받는 '행동'을 조절하면, 의지의 통제에서 먼 '감정'을 간접적으로 조절할 수 있다. 따라서 즐거운 감정이 사라졌을 때, 다시 즐거워지기 위한 최고의 자발적인 방법은 이미 유쾌한 것처럼 행동하고 이야기하는 것이다."

세상 사람 모두는 행복을 추구하는데, 여기 그것을 찾을 확실한 방법이 하나 있다. 그것은 바로 당신의 생각을 조절하는 것이다. 행복은 외부 상태가 아닌 내부 환경, 즉 마음먹기에 달려 있다.

인간을 행복하게 혹은 불행하게 만드는 것은 재산을 얼마나 가졌는지, 사회적으로 어떤 위치에 있는지, 혹은 어디에 사는지 등의 것이 아니다. 행복과 불행은 행복에 대한 당신의 생각에 따라 결정된다.

예를 들면 같은 곳에서 똑같은 일을 하는 사람이 두 명 있다. 두 사람은 급여와 지위가 비슷하다. 그런데 한 사람은 불행하고 다른 한 사람은 행복하다. 이유가 뭘까? 정신적 태도가 서로 다르기 때문이다. 나는 찜통 같은 더위 속에서 일당 7센트를 받기 위해 열심히 일하는 중국인 일용근로자가 뉴욕의 중심 번화가인 파크 애비뉴에 사는 사람들만큼 행복해하는 모습을 봤다.

셰익스피어는 "좋고 나쁜 것은 아무것도 없다. 다만 생각이 그것을 만들어 낼 뿐이다."라고 말했는가 하면, 링컨 역시 "대부분의 사람들은 그들이 마음먹은 만큼 행복해진다."라고 했다. 그가 옳았다. 최근 나는 이 말이 진실임을 알려 주는 생생한 예를 목격했다.

내가 뉴욕의 롱아일랜드 역에서 계단을 올라가고 있을 때였다. 내 바로 앞에서는 몸이 불편한 소년들 30~40명이 지팡이나 목발을 짚고 계단을 오르기 위해 애쓰고 있었다. 한 아이는 업혀 가야만 했다. 그런데 아이들이 웃고 즐거워하는 것을 보며 나는 적잖이 놀랐다. 아이들을 담당하고 있는 인솔자에게 나의 놀라움에 대해 이야기하며 말을 건넸다. 그러자 그는 "네, 이런 아이들은 평생 불구로 살아가야 한다는 것을 깨달았을 때 처음에는 큰 충격을 받습니다. 하지만 충격을 이겨 낸 뒤부터는 대개 자신의 운명을 받아들이고 보통의 아이들보다 훨씬 더 밝게 지내지요."라고 말했다.

나는 모자를 벗고 아이들에게 경의를 표하고 싶었다. 그 아이들은 내게 절대 잊을 수 없는 교훈을 가르쳐 주었다.

배우 메리 픽포드가 역시 배우이자 남편이었던 더글러스 페어뱅크스Douglas Fairbanks와 이혼을 준비할 당시, 나는 그녀와 한나절을 함께한 적이 있다. 그 당시 모든 사람은 그녀가 근심으로 마음이 심란하고 불행할 것이라 예상했다. 그러나 실상 그녀는 내가 만나 본 어느 누구보다 가장 침착하고 당당한 모습이었다. 그녀는 행복해 보였다. 비결은 무엇이었을까? 그녀는 35페이지 정도의 짧은 책에서 그 답을 알려 주었다. 재미있게 볼 만한 책이니 도서관에 가서 그녀가 쓴《신에 의지하여》를 찾아 읽어 보길 권한다.

세인트 루이스 카디널스의 3루수로 활약하다가 이제는 미국에서 가장 잘나가는 보험 판매원이 된 프랭크 베트거는 내게 웃는 사람이 항상 환영받는다는 것을 오래전에 깨달았다고 말한 바 있다. 그래서 그는 누군가의 사무실에 방문할 때 항상 문 앞에 잠깐 멈춰 서서 감사해야 할 수많은 것들을 떠올리고 진심이 담긴 미소를 활짝 지은 뒤 그 미소가 사라지기 전에 사무실 문을 열고 들어간다. 그는 이 단순한 기술이 보험 판매에서 엄청난 성공을 거두는 데 큰 도움이 되었다고 믿고 있다.

철학자 엘버트 허버드Elbert Hubbard의 뜻깊은 충고 한 구절을 잘 읽어 보라. 이 충고를 행하지 않고 읽기만 하는 것은 의미가 없으니, 꼭 실천해야 한다는 것도 명심하라.

문을 나설 때는 항상 턱을 당기고 고개를 들어 숨을 최대한 크게 들이마셔라. 그리고 햇살을 한껏 받아라. 친구들에게 미소 띤 얼굴로 인사하고, 진심을 담아 악수를 나눠라. 오해받을까 두려워하지 말고, 적을 생각하는 데 시간을 허비하지 마라. 당신이 하고 싶은 일을 마음에 확실히 새기기 위해 노력하라. 그러면 헤매지 않고, 목표를 향해 곧장 나아가게 될 것이다. 당신이 하고 싶은 멋지고 원대한 꿈을 마음에 새기라. 그렇게 시간이 흐르면 산호가 조류에서 필요한 것을 가져가듯이 자신도 모르는 사이에 꿈을 이루는 데 필요한 기회를 잡고 있는 당신을 보게 될 것이다. 당신이 되고자 하는, 성실하고 유능한 사람의 이미지를 마음에 그려 보라. 그러면 당신이 그린 그 모습이 매 시간 당신을 그런 사람으로 변화시킬 것이다. 모든 것은 생각으로 결정된다. 올바른 정신 자세를 견지하라. 용기, 솔직함 그리고 쾌활함이 그것이다. 바르게 생각하는 것은 곧 창조하는 것이다. 모든 것은 욕망에서 탄생하며, 모든 진실한 기도는 응답을 받는다. 우리는 우리의 마음에 따라 변한다. 턱을 당기고, 고개를 들어라. 인간은 고치 안에 들어 있는, 준비 단계에 있는 신이다.

옛 중국인들은 처세술에 관한 지혜가 돋보였는데, 그들은 우리가 항상 기억하고 있어야 할 만큼 귀중한 격언을 남겼다. '웃지 않는 사람은 장사를 하면 안 된다.'

장사 이야기가 나온 김에, 프랭크 어빙 플레처Frank Irving Fletcher는 오펜하임 콜린스 사의 광고에서 아래와 같이 소박한 철학이 묻어나는 광고 문구를 내걸었다:

크리스마스에 보내는 미소의 가치

미소는 돈이 들지 않지만, 많은 일을 합니다.
미소는 받는 사람을 풍요롭게 하지만,
주는 사람을 가난하게 만들지는 않습니다.
미소는 잠깐이지만, 그 기억은 영원합니다.

미소가 없어도 될 정도로 부유한 사람은 없고,

미소가 주는 혜택을 누리지 못할 정도로 가난한 사람 역시 없습니다.

미소는 가정의 행복을 만들어 내고, 사업에서는 호의를 불러일으키며, 친구 사이에서는 우정의 징표가 됩니다.

미소는 지친 자에겐 안식이고, 절망에 빠진 자에겐 새날이며,

슬픈 자에겐 빛이고, 곤경에 처한 사람에게는 자연이 주는 최고의 명약입니다.

그러나 미소는 돈으로 살 수도, 구걸할 수도, 빌릴 수도 없고

훔칠 수도 없습니다.

누군가에게 주기 전까지 미소는 아무 쓸모도 없는 것이기 때문입니다.

그러니 크리스마스 선물을 사시다가 저희 직원이 너무 지친 나머지 미소조차 짓지 않으면 여러분이 먼저 미소를 지어 주시지 않으시겠습니까?

왜냐하면 이제 더 이상 지어 줄 미소가 남아 있지 않은 사람이야말로 미소가 가장 필요한 사람이기 때문입니다.

그러므로 사람들이 당신을 좋아하게 만들려면,

원칙 2

웃어라.

3
이것을 못 하면
문제가 생긴다

오래전 1898년, 뉴욕 로클랜드 지역에 비극적인 참사가 발생했다. 마을 사람들은 그날 있을 한 아이의 장례식에 갈 준비를 하고 있었다. 짐 팔리는 마구간에서 마차에 매기 위해 말 한 마리를 끌어냈다. 그날은 무척이나 추웠고, 땅은 눈으로 덮여 있었다. 며칠 동안 마구간 안에만 갇혀 있었던 말은 갑자기 물통 쪽으로 가더니 펄쩍펄쩍 날뛰다가 그만 두 뒷발로 짐 팔리를 걷어차 죽이고 말았다. 그래서 스토니 포인트라는 그 작은 마을에서는 한 주에 한 명이 아니라 두 명의 장례를 치르게 되었다.

짐 팔리가 죽으며 미망인과 세 명의 아들에게 남긴 것은 몇 백 달러의 보험금이 전부였다. 아버지의 이름을 물려받은 큰아들 짐은 당시 열 살이었다. 큰아들 짐은 어린 나이에 벽돌 공장에서 모래를 나르고 짓이긴 뒤 틀에 부어 벽돌을 만들었고, 그렇게 만들어진 벽돌을 몇 번씩 뒤집어 가며 햇볕에 말리는 일을 했다.

짐에게는 교육이라는 것을 받을 기회가 전혀 없었다. 그러나

아일랜드인 특유의 상냥함과 사람들이 자신을 좋아하게 만드는 천부적인 재능을 가지고 있었던 그는 후에 정계에 입문했다. 세월이 흐르면서 그는 사람들의 이름을 외우는 데 놀라운 능력을 드러내기 시작했다. 고등학교 근처에 가 본 적조차 없었지만 짐은 46세가 되기 전까지 네 개 대학에서 명예박사 학위를 수여받았고, 민주당 전국위원회 의장, 우정공사 총재직에 올랐다.

언젠가 나는 그를 인터뷰한 뒤 성공 비결에 대해 물었는데, 그는 "열심히 일하는 것입니다."라고 대답했다. 그래서 내가 "농담하지 마시고요."라고 되받았더니 그는 외려 내게 자신의 성공 비결이 무엇이라고 생각하느냐고 물었다. 그래서 나는 "저는 당신이 1만 명의 이름을 기억하고 계시다고 들었습니다."라고 말했는데, 그는 "아뇨, 틀렸습니다. 저는 5만 명의 이름을 외우고 있습니다." 하고 답했다. 이 점을 주의 깊게 봐 주길 바란다. 그의 이런 능력은 프랭클린 D. 루스벨트를 대통령 자리에 올려놓는 데 큰 도움을 주었다.

스토니 포인트에서 서기를 맡아 공직에서 일하던 시절에 그는 사람들의 이름을 외우는 자신만의 방법을 생각해 냈다. 처음에는 매우 간단했다. 그는 새로운 사람을 만날 때마다 그의 성과 이름, 가족, 직업, 정치적 성향 등을 확실히 파악한 뒤 그 모든 사실들을 그림처럼 머릿속에 잘 넣어 두었다. 그렇게 함으로써 그는 무려 1년 만에 다시 만나는 사람이더라도 상대의 등을 두드리고는 아내와 아이는 잘 있는지 묻고, 뒷마당에 핀 접시꽃은 요새 어떤지 등을 물어볼 수 있었다. 그의 지지자가 늘어나는 것은 당연한 일이었다.

　루스벨트가 대통령 선거 유세를 시작하기 몇 달 전부터 짐 팔리는 서부와 북서부 주에 사는 모든 국민에게 하루에도 수백 통의 편지를 써 보냈고, 4륜 마차, 기차, 자동차, 작은 보트 등 모든 교통수단을 이용해 19일 동안 20개 주, 1만 2,000마일을 순회했다. 그는 여정 중에 이 마을 저 마을에 들러 아는 사람들과 식사나 차를 함께하며 솔직한 대화를 나누곤 했다. 일정이 끝나면 그는 다시 또 다른 순회 지역을 향해 달려갔다. 동부에 돌아온 짐 팔리는 자신이 방문했던 마을에 사는 한 사람에게 편지를 보내 자신과 이야기를 나눈 모든 사람의 명단을 보내 달라고 부탁했다.

　최종 명부에는 수천 명의 이름이 기입되어 있었다. 그럼에도 그는 명단에 적힌 모든 사람에게 '친애하는 빌에게'나 '친애하는 조에게'로 시작하여 '짐'이라고 자신의 서명을 적어 넣은 편지를 일일이 보냈다.

　그는 대부분의 사람들이 모든 사람의 이름을 합친 것보다 자신의 이름에 훨씬 더 큰 관심을 갖는다는 것을 일찌감치 간파했다. 다른 사람의 이름을 기억하고 편하게 불러 주는 것은 은근하면서도 굉장히 효과 있는 칭찬을 하는 것과 같다. 그러나 이름을 잊어버리거나 잘못 불렀다가는 그와 정반대의 결과를 불러오게 된다.

　내 경험을 예로 들어 보겠다. 한번은 파리에서 대중 연설 강좌를 진행하면서 파리에 살고 있는 모든 미국인들에게 편지를 보냈다. 그런데 프랑스인 타이피스트가 아무래도 영어에 능통하지 못했던 탓에 이름을 타이핑하는 데 꽤나 실수를 많이 저질렀다. 파리에 지점을 둔 미국계 대형 은행의 어느 지점장은 그 이유로 내게 신랄한 질책을 전해 오기도 했다.

앤드류 카네기의 성공 비결은 무엇이었을까? '강철왕'이라고 불리는 그였지만 사실 그는 제철 전문가가 아니었다. 그의 회사에는 카네기보다 제철에 대한 전문지식을 많이 갖춘 사람들이 수백 명이 넘었다. 그러나 그는 사람을 다룰 줄 알았고, 그 덕분에 부자가 될 수 있었다.

일찍이 그는 사람들을 조직하고 통솔하는 데 있어 천부적 재능을 보이며 지도자로서 두각을 나타냈다. 열 살이 되던 해에는 사람들이 자신의 이름을 놀라울 정도로 중요하게 여긴다는 사실을 발견하고, 사람들로부터 협력을 이끌어 내는 데 그 점을 활용했다.

예를 들어 보자. 스코틀랜드에서 보냈던 유년 시절의 어느 날, 그는 새끼를 밴 어미 토끼를 잡았다. 그리고 그에게는 곧 한 무리의 아기 토끼가 생겼지만, 불행히도 토끼에게 줄 먹이가 없었다. 다행히 좋은 생각이 떠올랐다. 그는 이웃 친구들에게 토끼에게 먹일 클로버나 민들레를 가져다주면 그들의 이름을 따서 토끼의 이름을 짓겠다고 말했다. 그 계획은 마법과 같은 결과를 불러왔고, 카네기는 그 일을 결코 잊지 못했다.

세월이 흐른 뒤 그는 사업에도 이런 심리를 이용해 수백만 달러를 벌었다. 일례로 그는 펜실베이니아 철도회사에 강철 레일을 팔려고 했다. 당시 펜실베이니아 철도회사의 사장은 J. 에드가 톰슨이었다. 그래서 카네기는 피츠버그에 거대 규모의 강철 공장을 짓고 '에드가 톰슨 제철소'라는 이름을 붙였다.

여기 수수께끼가 있으니 한번 풀어 보라. 펜실베이니아 철도회사에서 강철 레일이 필요했을 때 사장인 J. 에드가 톰슨은 어느 회사에서 물건을 구입했을 것 같은가? 최대의 유통회사 시어스 로벅Sears Roebuck? 아니, 틀렸다. 다시 한 번 생각해 보라.

침대열차 사업의 주도권을 차지하기 위해 발명가 조지 M. 풀먼George M. Pullman과 경쟁을 벌일 당시에도 카네기는 토끼에 얽힌 교훈을 다시 한 번 되새겼다. 당시 카네기가 운영하던 센트럴 철도회사와 풀먼의 회사는 업계 수위를 다투고 있었다. 두 회사 모두 유니온 퍼시픽 철도회사의 침대열차 사업을 성사시키기 위해 애쓰는 과정에서 정면으로 충돌했고, 가격을 대폭 내리는 등의 경쟁이 과열된 탓에 결국 사업상의 이윤을 낼 수 없는 지경에까지 이르렀다. 그러던 중 카네기와 풀먼은 유니온 퍼시픽 이사회를 만나기 위해 뉴욕에 갔다. 그리고 어느 날 오후, 세인트 니콜라스 호텔에서 풀먼을 만난 카네기가 말했다. "안녕하세요. 풀먼 씨. 우리 서로 어리석은 짓을 하고 있는 것은 아닐까요?" 풀먼이 되물었다. "그게 무슨 말씀이십니까?" 그러자 카네기는 자신이 품고 있었던 대안, 즉 두 회사의 공동 투자를 제시했다. 더불어 두 회사가 등을 돌리지 않고 함께했을 때 얻을 수 있는 상호 이익에 관해 강조하며 열변을 토했다. 풀먼은 주의 깊게 들었지만 완전히 확신하는 것 같지는 않았다. 마침내 그가 물었다.

"새 회사의 이름은 뭐라고 지을 건가요?" 카네기는 즉시 대답했다. "그야 물론 '풀먼 객차회사'죠." 그러자 풀먼의 표정은 밝아졌다. 그러고는 "제 방에 가서 좀 더 얘기해 봅시다."라고 말했고, 이 대화로 산업계의 역사가 이루어졌다.

친구와 사업상 동료들의 이름을 기억하고 존중해 주는 카네기의 이런 점이야말로 그가 지도자로서 성공한 비결 중 하나였다. 그는 자신 밑에 있는 수많은 직원들의 이름을 외워서 부를 수 있다는 사실을 자랑스러워했고, 자신이 경영하는 동안 회사에서는 단 한 번의 파업조차 일어나지 않았다는 사실에도 뿌듯해했다.

한편 폴란드 출신의 피아니스트 파데레프스키Ignacy Paderewski는 항상 풀먼 침대열차의 흑인 요리사를 '카퍼 씨'라고 부름으로써 그가 자부심을 느끼게 해 주었다. 파데레프스키는 미국을 15회나 방문하여 자신의 연주로 전미 관객들을 열광시켰다. 미국 공연 때마다 그는 전용 차량을 이용했고, 공연 후에는 늘 같은 요리사가 야식을 준비해 줬다. 그 여러 해 동안 파데레프스키는 한 번도 그 요리사를 미국에서 흔히 부르는 식의 '조지'라고 부르지 않고, 유럽의 격식대로 항상 '카퍼 씨'라고 불렀고 카퍼 씨도 그렇게 불리는 것을 무척 좋아했다.

사람들은 자신의 이름에 강한 자부심을 느끼기 때문에 무슨 일이 있더라도 자신의 이름을 영원히 남기려고 한다. 심지어 허풍이 심하고 고집까지 센 당대 최고의 쇼맨 P. T. 바넘P. T. Barnum은 그의 이름을 물려줄 아들이 없어서 실망한 나머지 외손자 C.

H. 실리에게 '바넘 실리'로 개명하면 2만 5,000달러를 물려주겠다고 제안하기까지 했다.

200년 전 부자들은 작가들을 후원하고 그들로 하여금 자신에게 책을 헌정하게 했다. 도서관이나 박물관에 초호화 소장품들이 있는 것은 자신의 이름이 인류의 기억에서 사라질 것을 참을 수 없었던 사람들이 그것들을 기증한 덕분이다. 뉴욕 시립 도서관은 레녹스와 에스터의 소장품을 보유하고 있다. 메트로폴리탄 박물관에는 벤저민 알트만Benjamin Altman과 J. P. 모건J. P. Morgan의 이름이 새겨져 있고, 거의 모든 성당은 기증자의 이름을 새긴 스테인드글라스 창문으로 장식되어 있다.

수많은 사람이 다른 사람의 이름을 기억하지 못하는 이유는 그것에 정신을 집중해서 반복하며 마음속에 새기는 데 시간이나 공을 들이지 않기 때문이다. 사람들은 다른 이의 이름을 외우기에는 자신들이 너무 바쁘다는 핑계를 대곤 한다. 하지만 아무리 바빠도 프랭클린 D. 루스벨트만큼 바쁜 사람이 있을까? 그럼에도 그는 자신과 만난 기계공의 이름까지도 기억하고 외우는 데 시간을 냈다.

일례를 들어 보겠다. 크라이슬러 사는 다리가 불구였던 루스벨트를 위해 특별한 차를 제작했다. W. F. 체임벌레인 씨는 기계공으로 그 차를 백악관으로 운반했다. 나는 이때의 경험에 관해 쓴 체임벌레인 씨의 편지를 소개하겠다.

"저는 루스벨트 대통령께 수많은 특수 장치들이 장착된 자동차

운전법을 알려 드렸습니다. 하지만 대통령께서는 제게 사람들을 다루는 굉장한 기술들을 가르쳐 주셨습니다."

체임벌레인 씨는 계속해서 이렇게 적었다.

"제가 백악관에 갔을 때 대통령께서는 정말 기분이 좋고 밝아 보이셨습니다. 또 제 이름을 부르시며 편하게 대해 주셨지요. 특히 인상 깊었던 점은 제가 보여 드리고 말씀 드리는 사항에 대해서 그 분이 굉장한 관심을 보이셨다는 점입니다. 그 차는 손만으로도 모든 것을 작동할 수 있도록 설계된 특수 차량이었습니다. 많은 사람이 그 차를 구경하기 위해 모여들었습니다. 그러자 대통령께서 말씀하셨습니다. '이거야말로 굉장하군. 운전하는 수고도 하지 않고 버튼만 누르면 차가 움직이다니 말이야. 정말 대단해. 도대체 어떻게 앞으로 가는 것인지 궁금하네. 언제 한 번 시간 내서 차를 분해하고 작동 원리를 보고 싶군.'

백악관에 있던 대통령의 지인들께서 차를 살펴보며 놀라워할 때 그분께서는 모두가 있는 자리에서 '체임벌레인 씨, 이 차를 만드는 데 기울인 당신의 시간과 노고에 진심으로 감사드립니다. 정말 대단합니다.'라고 말씀하셨습니다. 그분께서는 난방 장치와 백미러, 시계, 조명등, 실내 장식, 운전석의 위치, 대통령의 이니셜을 새긴 슈트케이스가 들어 있는 트렁크 등을 칭찬하셨습니다. 다시 말해서 제가 상당히 고심했던 세부 사항들 거의 모두에 신경을 써 주신 것입니다. 그분은 차 내부의 이러한 다양한 장치들에 대해 영

부인과 프랜시스 퍼킨스 노동부 장관, 그리고 비서에게도 알려 주셨습니다. 심지어 늙은 흑인 포터를 불러 '조지, 이 슈트케이스에는 각별히 신경 써 주기 바라네.'라고 말씀하셨습니다. 운전 교육이 끝나자 대통령께서는 제게 '체임벌레인 씨, 제가 연방준비제도이사회(FRB)를 30분이나 기다리게 했습니다. 이제 그만 가 봐야 할 것 같습니다.'라고 말하셨습니다.

저는 기계공 한 명을 대동하고 백악관을 방문했는데, 도착했을 때 그를 대통령께 소개해 드렸습니다. 그 이후에는 대통령과 그 기계공이 대화를 나눈 적이 없으니 대통령께서는 그의 이름을 단 한 번 들으셨을 뿐이었죠. 그 기계공은 워낙 숫기가 없는 젊은이여서 계속 뒤편에 있었습니다. 하지만 저희가 떠나기 전에 그분께서는 그 젊은이를 찾아 이름을 부르시고 악수를 나누시고는 워싱턴에 와 줘서 고맙다고 말씀하셨습니다. 그분은 형식적이 아닌, 진심에서 우러나오는 감사의 인사를 전하셨습니다. 저는 그것을 느낄 수 있었지요.

뉴욕으로 돌아온 뒤 며칠이 지나, 저는 루스벨트 대통령의 친필 서명이 된 사진 한 장과 함께 진심으로 고맙다는 메모를 우편으로 받았습니다. 어떻게 대통령께서 이런 것을 보낼 시간이 있으신 건지 그저 신기할 뿐이었습니다."

프랭클린 D. 루스벨트는 타인의 호의를 얻는 가장 단순하고, 가장 명확하며, 가장 중요한 방법이 상대의 이름을 기억하고 그를 중요한 사람이라고 느끼게 하는 것임을 알고 있었다. 그런데 우리 중에는 몇 명이나 그렇게 하고 있을까?

우리는 처음 만나는 사람과 얘기를 나눈 뒤에도 돌아서면 그의 이름을 잊어버리는 경우가 많다. 정치인이 배워야 할 첫 번째 교훈은 바로 이것이다.

> '유권자의 이름을 기억하는 것이 곧 정치인의 능력이다. 이름을 기억하지 못하면 그도 잊히고 만다.'

이름을 기억하는 능력은 정계뿐 아니라 사업이나 사회적인 관계에 있어서도 굉장히 중요하다. 프랑스의 황제이자 나폴레옹의 조카였던 나폴레옹 3세는 엄청난 궁정 업무에도 불구하고 만나는 모든 사람의 이름을 기억했다.

비결은 무엇이었을까? 간단하다. 이름을 제대로 못 들었을 때 그는 "정말 미안하네. 다시 한 번 이름을 말해 주겠는가?" 하고 물었다. 이름이 독특한 경우에는 "철자가 어떻게 되지?" 하고 물었다. 또한 대화 중에도 그는 일부러 몇 번이고 상대방의 이름을 불렀고 그의 특징, 표정, 전체적인 모습을 이름과 연관시켜 외우려고 애썼다.

상대가 중요한 사람일 경우에 그는 더 많은 공을 들였다. 상대가 자리를 비워 혼자 있게 될 때는 그 사람의 이름을 즉시 종이에 쓰고 그것을 뚫어져라 쳐다보며 집중해 기억에 새긴 다음 종이를 찢어 버렸다. 이런 식으로 그는 이름에 대한 청각적 인상뿐만 아니라 시각적 인상도 가지게 되었다. 이 모든 일에는 시간이

필요하다. 하지만 에머슨의 말처럼 '예절은 작은 희생들로 이루어져 있다.'

그러므로 사람들의 호감을 사고 싶다면,

원칙 3

상대방에게는 그의 이름이 사람의 입에서 나오는 가장 달콤하면서도 가장 중요한 말임을 기억하라.

4
좋은 대화 상대가 되는
쉬운 방법

　나는 최근에 브리지(카드 게임의 일종) 파티에 초대를 받았다. 나는 그 게임을 즐기지 않는데, 그 자리에 있었던 어느 금발의 부인 또한 그랬다. 그녀와 대화를 나누던 중 '아라비아의 로렌스'로 유명한 로웰 토머스Lowell Thomas가 라디오로 옮기기 전까지 내가 그의 매니저였다는 사실을 알려 주었다. 그리고 그를 도와 당시 공연 중이던 유명한 여행 만담을 준비하기 위해 수차례에 걸쳐 유럽을 다녀왔다는 사실도 이야기했다. 그랬더니 그녀가 물었다. "그럼 카네기 씨, 여행 중에 가 봤던 멋있는 곳들과 아름다운 경치에 대해 얘기해 주실 수 있으신가요?" 자리를 잡고 앉았을 때 그녀는 남편과 최근에 아프리카 여행을 다녀왔다고 이야기했다. "아프리카요?" 나는 크게 외쳤다. "정말 재미있었겠군요. 저는 늘 아프리카에 가 보고 싶었습니다만, 알제리의 수도 알제에서 고작 24시간 머문 것이 전부였습니다. 맹수나 큰 동물들이 있는 곳은 가 보셨나요? 아, 정말요? 운이 좋으시군요!

정말 부럽습니다! 아프리카에 대해 좀 더 얘기해 주십시오."

　부인의 얘기는 45분이나 계속되었다. 그녀는 내가 어디에 갔고 무엇을 봤는지에 대해 다시는 질문하지 않았다. 그녀는 내 여행 이야기를 듣고 싶었던 것이 아니라 자기 얘기에 관심을 가져줄 사람을 찾고 있었던 것이다. 자신의 모습을 뽐내고 자신이 어디를 다녀왔는지 얘기할 수 있도록 잘 들어주는 사람 말이다.

　그녀가 비정상이었던 것일까? 아니다. 대부분의 사람들은 모두 이렇게 행동한다.

　예를 들어, 최근에 나는 뉴욕의 출판업자 J. W. 그린버그가 연 만찬회에서 저명한 식물학자를 만났다. 식물학자와는 얘기를 나눠 본 적이 한 번도 없었던 터라 그에게 매력을 느낀 나는 대마초 같은 마약이나 신종 식물의 일종인 루터 버뱅크, 실내 정원에 관한 얘기와 더불어 별것 아닌 듯한 감자 하나에도 얼마나 신기한 사실들이 많이 담겨 있는지를 들으며 글자 그대로 넋을 놓고 있었다. 우리 집에도 작은 실내 정원이 하나 있었는데, 그의 이야기를 들으니 정원에 관련된 몇몇 문제들도 해결할 수 있을 것 같았다.

　이미 말했듯이 우리는 만찬회 자리에 있었고, 그곳에는 10여 명 정도의 손님이 더 있었다. 하지만 나는 모든 사교계 원칙에 어긋나게 다른 사람들에게는 신경도 쓰지 않고 그 식물학자 한 사람과 몇 시간 동안 이야기를 나누었다.

　자정이 되어 나는 모두에게 인사를 하고 자리를 떠났다. 그러자 그 식물학자는 만찬회 주최자에게 가서 나를 치켜세우는 칭찬을 늘어놓았다. 그는 내가 '가장 활기찬' 사람이고, 이런저런 칭찬을 하다가 마지막에 '매우 재미있게 대화를 잘하는 사람'이 라며 말을 마쳤다.

재미있는 대화 상대? 내가? 왜 그랬을까. 나는 거의 아무 말도 하지 않았다. 얘기를 하고 싶어도 화제를 바꾸지 않고서는 불가 능했을 것이다. 식물학에 관해서라면 펭귄 해부만큼이나 전혀 아는 바가 없기 때문이다. 내가 했던 것은 딱 한 가지, 그의 얘기 를 열심히 들어주는 것이었다. 사실 나는 그의 이야기가 정말 재 미있었기에 열심히 들었고, 그도 그것을 느꼈다. 그는 당연히 기 뻤을 것이다. 이런 식의 경청은 우리가 다른 사람에게 해 줄 수 있는 최고의 찬사 중 하나다. 《사랑의 이방인Strangers in Love》에서 잭 우드포드Jack Woodford는 '상대방의 이야기에 집중해서 귀를 기울여 주는 것은 거의 모든 사람들이 좋아할 수밖에 없는 은근 한 아부와 같다.'라고 말한 바 있다. 나는 그 식물학자의 얘기에 귀를 기울인 정도가 아니라 완전히 빠져들었다. 즉, '진심으로 찬사를 건네고 아낌없는 칭찬'을 했다.

나는 그에게 정말 매우 즐거웠고 많은 것을 배웠다고 말했다. 실제로도 많이 배웠고, 그가 알고 있는 만큼 나도 많이 알았으면 좋겠다고 그에게 이야기했고 지금도 그렇게 생각한다. 나는 그 에게 그와 함께 들판을 다녀 보고 싶다고 말했고, 지금도 그렇 다. 나는 그에게 다시 한 번 꼭 만날 수 있길 바란다고 말했으며, 지금도 같은 마음이다.

어쨌든 그는 그렇게 해서 나를 말 잘하는 사람으로 여기게 되었다. 나는 그저 그가 말하는 것을 듣기만 하고 독려했을 뿐인데 말이다.

비즈니스 상담을 성공으로 이끄는 비결은 무엇일까? 전 하버드 총장이었던 찰스 W. 엘리엇의 말에 따르면 '성공적인 사업 상담에 대한 특별한 비법은 없다. 가장 중요한 것은 당신에게 말하는 사람에게만 집중하는 것이고, 그것보다 상대방을 기분 좋게 만드는 것은 없다'라고 말했다.

이는 명백한 사실이다. 그렇지 않은가? 하버드 대학교에서 4년을 공부하지 않아도 이 점은 충분히 알아낼 수 있다. 그러나 우리는 비싼 가게를 얻고 물건을 싸게 공급받으며 창문을 꾸미고 광고에 수백 달러를 쓰는 사람들이 고객의 목소리에 귀 기울이지 않고, 고객의 말을 가로막고 반박하여 짜증나게 만들다가 끝내는 가게에서 쫓아내고 마는 사람을 고용하는 경우를 많이 본다.

J. C. 우튼의 경험을 예로 들어 보자. 그는 내가 진행하는 한 강의에서 이 얘기를 들려주었다. 그는 뉴저지 주 뉴워크의 번화가에 있는 백화점에서 양복 한 벌을 샀다. 하지만 집에 와서 보니 양복이 신통치가 않았다. 정장 상의에서 물이 빠져 와이셔츠 깃에 얼룩이 생긴 것이다.

그는 다시 그 양복을 백화점에 가지고 가서 물건을 판매한 직원에게 전후 사정을 얘기했다. 내가 지금 '얘기했다'라고 했나? 미안하다. 이건 좀 과장된 표현이다. 사실 그는 직원에게 자초지종을 설명하려고 했다. 하지만 성공하지 못했다. 직원은 그의 말을 가로막았다. "저희는 이 양복을 수천 벌 팔았지만 이런 불만 사항은 처음 듣습니다." 하고 쏘아붙였다. 이것은 직원의 말이었고 말투는 더 쌀쌀맞았다. 그 직원은 적대적인 어조로 이렇게 말했다. "거짓말 마세요. 지금 저희에게 덤터기 씌울 생각이신 것 같은데, 그리 호락호락하지 않다는 것을 제가 제대로 보여 드리죠." 이런 언쟁이 한창일 때 또 다른 판매원이 가세했다. "진한 색 양복은 처음에 조금씩 물이 빠집니다. 그건 저희가 어떻게 할 수 없습니다. 그 가격대 제품은 그렇습니다. 염색 공정상의 문제니까요."

"저도 이때부터 슬슬 열이 받더군요." 우튼 씨는 이야기를 계속했다.

"첫 번째 직원이 저의 정직성에 대해 의심을 했고, 두 번째 직원이 제가 품질이 떨어지는 상품을 구입한 것을 지적하자 저는 더 이상 참을 수 없었습니다. 그래서 옷을 집어 던지고 욕을 하려던 찰나, 백화점 지배인이 그 옆을 지나갔습니다. 지배인이라 다르긴 다르더군요. 그는 제 태도를 180도 바꿔 놓았습니다. 화가 난 고객을 만족스러운 고객으로 변화시킨 것이죠. 어떻게 했냐고요? 그는 세 가지를 했습니다.

첫째, 그는 처음부터 끝까지 아무 말도 하지 않고 제 이야기를 들었습니다. 둘째, 제가 말을 마치자 또 그 직원들이 자신들의 견해를 늘어놓으려 했는데, 그는 제 입장에서 그들에게 이야기를 하더군요. 와이셔츠 깃은 분명히 정장 때문에 얼룩졌음을 지적했고, 그 백화점에서는 고객이 100퍼센트 만족하지 않는 제품을 팔면 안 된다고 주장했습니다. 셋째, 그는 양복의 결함에 대해 몰랐던 점을 인정하고 매우 간단히 이렇게 얘기했습니다. '양복은 어떻게 해 드릴까요? 원하시는 대로 처리해 드리겠습니다.'

몇 분 전만 해도 나는 그들에게 빌어먹을 양복은 당신들이나 가져가라고 말할 생각이었지만 그에게는 이렇게 말했을 뿐이었습니다. '저는 조언을 구하고 싶은 것뿐입니다. 이 물 빠짐 현상이 일시적인 것인지 알고 싶은데요. 이런 경우 어떻게 해야 될까요?'

그는 제게 1주일 정도 더 지켜보라고 하며, '만약 그때까지도 나아지지 않으면 가져오십시오. 새 상품으로 교환해 드리겠습니다. 불편을 드려 죄송합니다.'라고 말했습니다. 저는 만족하며 매장을 빠져나왔습니다. 양복은 1주일이 지나자 괜찮아졌고, 그 백화점에 대한 제 신뢰는 완전히 회복되었습니다."

그 지배인이 백화점의 사장이 되었다고 해도 그리 놀랄 일이 아니다. 그리고 그 두 직원은 아마 평생 말단 직원으로 남아 있을 것이다. 아니다. 어쩌면 그들은 고객을 응대할 필요가 전혀 없는 포장부서로 전출될지도 모른다.

남의 이야기를 정말로 잘 들어주는 사람은 이해심을 가지고 묵묵히 듣는다. 만성적인 불평꾼이나 가장 지독한 비평가들이 킹코브라가 독을 뿜어내듯 독설을 퍼붓는 동안에도 말이다. 그리고 이런 사람들이라 해도 그렇게 이야기를 잘 들어주는 사람 앞에서는 유순해지고 누그러지기 마련이다.

예를 들어 보자. 몇 년 전, 뉴욕 전화회사는 전화 교환원들을 괴롭히는 한 포악한 소비자로 골치를 썩고 있었다. 그는 전화에 대고 고함을 지르며 전화기를 몽땅 뽑아 버리겠다고 협박했는가 하면 전화요금이 잘못 청구됐다고 요금 납부를 거부했고, 언론에도 투고하고 공공 서비스 위원회에 수많은 불만을 접수시켰음은 물론 전화회사를 상대로 몇 건의 소송도 진행했다.

마침내 이 회사의 가장 유능한 문제 해결사가 문제의 고객과의 면담을 위해 파견되었다. 이 해결사는 불평을 쏟아 내는 그 나이든 고객의 얘기를 가만히 들어주면서 "네, 맞습니다." 하고 그의 불만에 동조해 주었다. "그는 거의 세 시간 가까이 계속해서 화를 냈습니다. 저는 계속 듣기만 했고요."

이 문제 해결사는 내 강좌에서 자신의 경험을 말해 주었다.

"그러고 나서도 얼마간은 그의 얘기를 더 들었습니다. 저는 그와 네 번의 면담을 가졌고 마지막 면담이 끝날 시점에 저는 그가 막 설립한 단체의 창립 회원이 되었습니다. 그 조직은 '전화가입자보호협회'였습니다. 저는 여전히 그 단체의 회원입니다. 그리고 제가 아는 한 그 단체의 회원은 전 세계에 그와 저뿐입니다.

저는 그와 면담을 하는 내내 그가 지적하는 모든 점들을 잘 들어주고 동조했습니다. 그는 지금까지 자신을 그렇게 대해 주는 전화국 직원을 보지 못해서인지 저와 굉장히 친해졌습니다. 첫 방문 때 저는 그를 만나러 온 목적에 대해 한마디도 언급하지 않았습니다. 두 번째, 세 번째 면담 때도 그랬고요. 하지만 네 번째 면담 때 저는 문제를 완전히 해결했습니다. 그는 모든 청구 요금을 납부했고, 전화회사와의 분쟁 역사상 처음으로 공공 서비스 위원회에 접수시켰던 불만 사항을 자진해서 철회했습니다."

분명 그 고객은 자기 자신을 가혹한 착취로부터 모든 사람의 권리를 보호하는 신성한 십자군으로 여겼을 것이다. 그러나 현실에서 그가 바랐던 것은 자신이 중요한 사람이라는 존재감이었다. 처음에 그는 불평과 불만을 늘어놓음으로써 이런 기분을 느꼈다. 그러나 그가 자신을 찾아온 회사 대표자가 자신의 존재감을 인정하고 있다고 느끼자 그의 상상 속 불만들도 연기처럼 사라진 것이다.

몇 년 전의 일이다. 어느 날 아침 화가 난 고객 한 명이 줄리안 F. 데트머 씨의 사무실로 쳐들어왔다. 데트머 씨는 후에 세계 최고의 모직물 공급사가 된 데트머 모직회사의 설립자다. 그 손님에 대한 데트머 씨의 이야기를 들어 보자.

"그 고객은 저희 측에 15달러를 빚지고 있었습니다. 물론 그 손님은 부인했지만 저희는 그가 착각하고 있다는 것을 알고 있었습니다. 그래서 저희 회사의 채권부에서 그에게 지불 요청을 했지요. 저희 채권부에서 수차례 독촉장을 보내자 그는 짐을 싸서 시카고에 있는 제 사무실까지 달려와 자신은 한 푼도 갚지 않을 것이며 앞으로 저희 회사와의 거래 또한 끊겠다고 말했습니다. 저는 그가 하는 말을 인내심 있게 들었습니다. 그의 말을 가로막고 싶었지만 그렇게 하는 건 옳지 않다는 걸 알고 있었으니까요. 그래서 그가 얘기를 끝낼 때까지 놔뒀습니다. 마침내 그가 흥분을 좀 가라앉

히고 냉정을 찾은 듯했을 때 저는 조용히 말했습니다. '이런 말씀을 해 주시려고 먼 길을 와 주셔서 깊이 감사드립니다. 손님께서는 저희에게 큰 도움을 주셨습니다. 손님께서 저희 채권부 때문에 불편하셨다면 다른 선량한 고객들도 불편하셨을 테니까요. 그렇다면 큰일이지요. 손님께서 이런 사항을 말하려는 마음보다 제가 이런 얘기를 듣고자 하는 마음이 더 컸다고 생각합니다.' 그는 제가 이런 말을 할 줄은 전혀 몰랐을 것이고, 무척 실망했을 것입니다. 그는 제게 따지기 위해 시카고까지 왔는데 정작 저는 그와 싸우기는커녕 고맙다는 인사를 하니 말입니다. 저는 그에게 15달러의 빚은 지워 버리겠다고 말했습니다. 우리 회사 직원들은 수천 개의 거래를 관리하고 있지만 당신은 꼼꼼한 데다가 하나의 거래만 관리하니 우리보다 틀릴 가능성이 적지 않겠냐는 이유를 말하며 말이죠.

저는 그에게 당신의 심정을 충분히 이해하고, 제가 당신이라도 똑같이 했을 것이라고 말했습니다. 그리고 앞으로 저희 회사의 물건을 구매하지 않겠다 했으니 다른 모직회사도 추천해 드렸습니다. 예전에 그가 시카고에 오면 저희는 점심을 함께하곤 했기에, 그날도 어김없이 점심을 같이하자고 권했습니다. 그는 마지못해 응했습니다. 하지만 점심을 먹고 사무실로 돌아왔을 때 그는 예전보다 더 많은 물량을 주문했고, 화를 푼 뒤 기분 좋게 집으로 돌아갔습니다. 그리고 적어도 우리가 그에게 했던 것처럼 자기 또한 공정해지자는 마음에서 영수증을 살펴보던 그는 빠뜨린 청구서 한 장을 발견하고는 사과의 편지와 함께 15달러를 보내왔습니다. 나중에 아들을 낳자 그는 아이의 가운데 이름을 데트머라고 지었습니다. 22년 후 세상을 뜰 때까지 그는 제게 좋은 고객이자 친구로 남았습니다."

몇 년 전 가난한 네덜란드 이민자 소년이 주당 50센트를 벌기 위해 방과 후 빵집의 창문을 닦고 있었다. 지독한 가난 때문에 소년은 양동이를 들고 길거리에 나가 석탄 마차에서 떨어진 석탄 부스러기를 줍기 위해 시궁창을 뒤지고 다녀야만 했다. 에드워드 보크Edward Bok라는 그는 정규교육이라고는 6년밖에 받지 못했지만, 미국 역사상 가장 성공한 잡지 편집인이 되었다. 그에게 무슨 일이 있었던 것일까? 무척 긴 얘기이긴 하지만 그가 어떻게 시작했는지는 여기에서 짧게 얘기할 수 있다. 그의 출발점은 이 장에서 말하고 있는 원칙들을 활용하는 것이었다.

13세에 학교를 그만둔 그는 주당 6달러 25센트를 받고 웨스턴 유니언 전신회사의 사환이 되었다. 그러나 한순간도 공부를 포기할 생각을 하지 않았기에 독학을 시작했다. 그는 차비를 아끼고 점심을 굶어 가며 돈을 모아 미국 위인 전집을 샀고, 전례가 없는 일을 했다. 유명인들의 삶을 읽은 뒤 그 사람들에게 각자의 어린 시절에 대해 더 알려 달라고 요청하는 편지를 쓴 것이다.

진정으로 다른 이의 이야기를 듣는 데 뛰어난 사람이었던 그는 유명인들로 하여금 자신에 대해 이야기하도록 만들었다. 한번은 대선 주자였던 제임스 A. 가필드James A. Garfield 장군에게 어린 시절 운하에서 배 끄는 일을 했던 것이 사실이냐고 묻는 편지를 써서 그로부터 답장을 받았는가 하면, 남북전쟁 시 북군 사령관이었던 그랜트 장군에게 당시의 한 전투에 대해 질문하는 편지를 쓰기도 했다. 그러자 장군은 소년을 위해 지도를 그려 보내 주었을 뿐 아니라, 당시 열네 살이었던 소년을 저녁식사에 초대해 저녁 내내 얘기를 나눴다.

그는 에머슨에게도 편지를 써서 그 자신에 대해 얘기해 달라고 요청했다. 그렇게 웨스턴 유니온 전신회사의 급사였던 이 소년은 이내 미국의 많은 유명 인사들과 서신을 교환하게 되었다. 그와 편지를 주고받은 인물들로는 에머슨, 성직자 필립스 브룩스Phillips Brooks, 법학자 올리버 웬델 홈스(Oliver Wendell Holmes, 시인 헨리 롱펠로Henry Wadsworth Long-fellow, 에이브러햄 링컨 부인, 소설가 루이자 메이 올코트Louisa May Alcott, 남북전쟁 시 북군의 장군이었던 윌리엄 셔먼William Sherman, 정치인 제퍼슨 데이비스Jefferson Davis 등이 있었다.

그는 이들과 서신 연락을 할 뿐만 아니라 휴가 동안에는 환영받는 손님이 되어 그들의 집에 방문하기도 했다. 이런 경험은 그에게 값진 자신감을 불어넣었고, 그 유명 인사들은 그의 삶을 바꿔 놓을 꿈과 의욕을 불타오르게 했다. 그리고 다시 말하지만 이 모든 것은 여기에서 말하는 원칙을 충실히 실천했기 때문에 가능했다.

유명인들의 인터뷰 진행자로 명성을 떨친 아이작 F. 마커슨Issac F. Marcosson은 사람들이 대개 상대의 말을 주의 깊게 듣지 않기 때문에 좋은 인상을 주지 못한다고 말했다.

"사람들은 다음에 질문해야 할 것에만 너무 신경을 쓴 나머지 잘 듣지 못합니다. 하지만 유명인들은 말 잘하는 사람보다는 잘 들어주는 사람이 되겠다고 이야기합니다. 세상에는 재능 있는 사람이 많지만, 경청하는 재능을 가진 사람은 정말 드물죠."

거물급 인사들만이 잘 듣는 사람이 되길 바라는 것이 아니라 일반인들 역시 그런 사람이 되고 싶어 한다. 〈리더스 다이제스트 Reader's Digest〉지에 실린 '많은 사람이 의사를 부르는 것은 자신의 이야기를 들어줄 사람이 필요하기 때문이다.'라는 말처럼 말이다.

남북전쟁으로 인해 시국이 어지러울 당시 링컨은 일리노이 주 스프링필드에 살고 있는 옛 친구에게 '몇 가지 상의할 것이 있으니 워싱턴에 와 달라.'는 편지를 썼다. 친구가 백악관에 도착하자 링컨은 노예해방 선언을 하는 것이 타당한가에 대해 그와 몇 시간에 걸쳐 이야기했다. 또한 그런 움직임에 대한 찬반 논의를 검토하고, 신문에 실린 기사와 의견들을 읽어 주었다. 당시 한 측에선 노예해방을 하지 않는 것에 대해, 또 다른 측에선 노예해방을 하는 것에 대해 링컨을 비판하고 있었다.

몇 시간의 대화 이후 링컨은 악수를 하며 옛 친구를 돌려보냈다. 그는 친구의 의견은 묻지도 않은 채 혼자서만 계속 떠들었다. 하지만 그와 동시에 그간 복잡했던 마음이 한결 정리되는 것 같았다. "그렇게 얘기하고 나니 조금 편안해하는 것 같더군." 하고 링컨의 친구는 말했다.

링컨이 필요로 했던 것은 조언이 아니었다. 그는 자신의 짐을 덜 수 있도록 편안하게 공감해 줄 청자를 원했고, 이것이야말로 문제가 생겼을 때 사람들이 가장 필요로 하는 것이다. 대부분의 화난 고객, 불만에 가득 찬 직원이나 상처 받은 친구가 원하는 것도 이것이다.

사람들로 하여금 당신을 피하고, 등 뒤에서 비웃고, 심지어 경멸하게 만들고 싶다면 여기 그 비결이 있다. 상대방의 말을 끝까지 듣지 말고 쉴 새 없이 당신 얘기만 늘어놓아라. 만약 다른 사람이 말하는 중간에 무슨 생각이 떠오르면 그 사람의 말이 끝날 때까지 기다리지 마라. 그는 당신만큼 똑똑하지 않다. 왜 그 사람의 쓸데없는 수다를 들으며 당신의 시간을 낭비하는가? 그러니 즉시 당신의 입을 열어 그의 말을 끊어 버려라.

당신은 이런 사람을 본 적이 있는가? 불행히도 나는 본 적이 있다. 놀랍게도 그중 몇몇은 사회적으로 명망 높은 사람들이다. 그들은 지루함 그 자체다. 자기 자신에게만 빠져 있고 자기만이 제일인 줄 아는 사람들은 정말이지 우리를 지루하기 짝이 없게 만든다.

자기 자신에 대해서만 말하는 사람은 자기 자신만 생각한다. 컬럼비아 대학 총장이었던 니컬러스 머리 버틀러Nicholas Murray Butler 박사는 "자기 자신만 생각하는 사람은 교양을 쌓을 가망이 없는 사람이다. 이런 사람은 아무리 교육을 받더라도 교양이 생기지 않는다."라고 말했다.

그러므로 대화를 잘하는 사람이 되고 싶다면 남의 말을 주의 깊게 들어야 한다. 찰스 노덤 리Charles Northam Lee 여사가 말한 대로 "관심을 끌려면 먼저 관심을 가지라." 다른 사람이 기꺼이 답해 줄 수 있는 질문을 던지고, 상대방이 자신과 자신이 이룬 일에 대해 얘기하도록 이끌어라.

당신이 대화를 나누고 있는 사람은 당신이나 당신의 문제보다 자신과 자신의 희망, 자신의 문제에 수백 배나 더 관심이 있다. 기근으로 인해 중국에서 수백만 명이 죽는다는 사실보다 자신의 이 하나가 아프다는 사실을 그는 더 중요하게 여기고, 아프리카에서 지진이 수십 번 일어난다 해도 자기 목에 생긴 종기만큼의 신경도 쓰지 않는다. 그러니 앞으로 대화를 할 때는 이 점을 명심하자.

그러므로 사람들이 당신을 좋아하게 만들고 싶다면,

원칙 4

잘 듣는 사람이 되어라.
상대방이 스스로에 대해 말하도록 이끌라.

5
사람들의 관심을
끄는 방법

오이스터 베이에 있는 백악관 관저로 시어도어 루스벨트를 방문한 모든 사람은 그의 폭넓고 다양한 지식에 놀란다. 가말리엘 브래드포드Gamaliel Bradford는 '상대가 카우보이든 의용 기병대원이든 뉴욕의 정치가든 외교관이든, 루스벨트는 그에 맞춰 대화할 수 있다.'라고 쓴 적이 있다. 루스벨트는 어떻게 그렇게 할 수 있었을까? 답은 간단하다. 그는 손님이 온다는 말을 들으면 그 전날 밤 늦게까지 그 손님이 특별히 관심을 갖고 있는 분야에 대한 책을 읽었다. 모든 지도자들이 그러했듯 루스벨트 역시 '사람의 마음과 통하는 지름길은 상대가 가장 귀중하게 여기는 것에 대해 얘기하는 것'임을 알고 있었기 때문이다.

예일 대학교 문과대학 교수였던 윌리엄 라이언 펠프스William Lyon Phelps는 어린 나이에 이런 교훈을 배운 바 있다. 그는《인간의 본성Human Nature》이라는 자신의 수필에서 이렇게 썼다.

"여덟 살 때 일이다. 나는 후사토닉의 스트래트포드에 있는 리비 린슬리 숙모님 댁에서 주말을 보내고 있었다. 어느 날엔가는 저녁 무렵에 중년 남성이 찾아왔다. 그분은 숙모와 작은 언쟁을 벌이는 것 같았는데, 얘기가 끝나자 내게 말을 걸었다. 당시 보트에 상당한 관심을 갖고 있던 나는 그분과 신나게 이야기를 나누었고, 그가 돌아간 뒤 들뜬 마음으로 숙모님에게 그분 얘기를 했다. 진짜 멋있는 데다 보트에 대한 관심도 대단한 사람이라고 말이다. 그러자 숙모는 그 남자는 뉴욕에서 변호사로 일하는 사람이며 보트에 관해서는 아는 바나 관심이 전혀 없는 사람이라고 알려 주셨다.

'그런데 그 아저씨는 왜 그렇게 보트 얘기만 했을까요?'

'그야 그분이 신사라서 그렇지. 그분은 네가 보트에 관심을 갖고 있다는 것을 알고 너의 관심을 끌고 즐겁게 해 주기 위해 얘기하신 거란다. 네가 편하게 느끼도록 대해 주신 거지.'"

윌리엄 라이어 펠프스는 이렇게 덧붙였다.

"나는 숙모님의 말씀을 결코 잊을 수 없었다."

이 장을 쓰는 동안 나는 보이스카우트에서 활약하는 에드워드 L. 찰리프가 보낸 편지를 받았다. 그는 편지에서 다음과 같이 이야기했다.

"어느 날 저는 도움을 청할 일이 생겼습니다. 유럽에서 대규모

보이스카우트 잼버리 대회가 열릴 예정인데, 미국의 어느 대기업 사장에게 한 소년단원의 유럽 여행 경비를 후원해 달라고 부탁하는 일이었습니다. 마침 그분을 만나러 가기 전에 운 좋게도 나는 그가 100만 달러짜리 수표를 끊었는데 사용이 취소되어 그것을 액자에 끼워 놨다는 얘기를 들었습니다. 그래서 그를 만났을 때 저는 우선 그 수표를 보여 달라고 요청했습니다. 100만 달러짜리 수표라니! 저는 그에게 이런 큰 금액의 수표를 실제로 보고 왔다고 소년단원들에게 이야기해 주고 싶다고 말했습니다. 그러자 그는 기꺼이 그 수표를 보여 주었고, 저는 경탄하면서 어떻게 이런 어마어마한 수표를 끊게 되었는지 물어보았습니다."

당신도 보다시피 찰리프 씨는 보이스카우트나 유럽에서 열릴 잼버리 대회 혹은 자신이 원하는 바에 관한 이야기로 대화를 시작하지 않았다. 그는 상대방이 관심을 가지는 것에 대해 제일 먼저 얘기했고, 그 대화의 결과는 다음과 같았다.

"곧이어 그 사장은 말했습니다. '아, 그런데 무슨 일로 저를 찾아오신 건가요?' 그래서 저는 그에게 용건을 말했습니다. 정말 놀랍게도 그는 내가 요청한 금액을 즉각, 그것도 훨씬 더 큰 액수로 주었습니다. 저는 소년단원 한 명만 유럽으로 보내 달라고 부탁한 것이었는데 그는 다섯 명의 소년단원과 함께 저도 유럽에 보내 주었고, 그곳에서 7주 정도 머물다 오라며 1,000달러나 주었습니다. 또한 우리에게 편의를 제공하라는 편지를 유럽 지사장에게 써서 보냈고 자신이 직접 파리로 와 시내도 구경시켜 주었습니다. 그 인연으로 그는 형편이 어려운 단원들에게 일자리를 마련해 주었으며 지금까지도 저희 단체에서 열심히 활동하고 있습니다. 하지만 제가 그때 그의 관심사를 미리 파악하여 마음을 열게 하지 않았다면 그에게 접근하는 것은 열 배나 더 어려웠을 것입니다."

이것을 사업에서도 활용할 수 있을까? 그럴까? 자, 그럼 뉴욕 최고의 제빵 기업 중 한 곳인 뒤버노이 앤 선즈Duvernoy & Sons의 헨리 G. 뒤버노이Henry G. Duvernoy의 경우를 보자.

그가 뉴욕의 한 호텔에 빵을 공급하기 위해 애쓸 때의 일이다. 그는 4년간 매주 그곳의 담당자를 찾아갔고, 그가 참석하는 친목 행사에도 꼭 참석했다. 심지어 거래 성사를 위해 그 호텔에서 방을 잡아 장기 투숙한 적도 있었다. 그러나 그가 한 모든 행동은 실패했다.

뒤버노이 씨는 이렇게 말했다. "인간관계에 대해 배운 뒤 저는 전략을 바꾸기로 했습니다. 그 사람이 흥미를 느끼는 것, 그가 열정을 쏟는 것을 찾아내기로 한 거죠. 저는 그가 미국호텔영접인협회라는 호텔 직원 모임에 소속되어 있다는 것을 알았습니다. 넘치는 열정 덕분에 그는 협회 회장은 물론 국제 영접인 협회 회장까지도 맡고 있었고, 아무리 멀리서 회의가 열리더라도 반드시 참석했지요."

다음 날 제가 그를 만났을 때, 저는 영접인 협회에 대해 얘기하기 시작했습니다. 그의 반응은 놀라웠습니다. 그는 30분 이상을 흥분하며 협회에 관한 얘기를 했습니다. 그 단체는 그의 취미이자 인생의 열정을 바친 곳이라는 것을 똑똑히 알 수 있었습니다. 그는 내가 자리를 뜨기 전에 그 단체의 찬조회원으로 가입시켰습니다. 그동안 저는 빵에 대한 이야기는 전혀 하지 않았습니다. 그러나 며칠 후에, 그 호텔의 사무장이 전화를 걸어 빵의 샘플과 가격을 요청했습니다.

"'사장님께 뭘 어떻게 하신 건가요?' 사무장이 반갑게 인사하며 말했습니다. '어쨌든 사장님 마음이 당신에게 넘어간 것만은 분명합니다.' 생각해 보십시오. 저는 그 사업을 성사시키기 위해 4년이나 그를 쫓아다녔습니다. 만일 그가 어디에 관심이 있는지, 그가 어떤 것을 말하고 싶어 하는지 알지 못했다면 저는 아마 아직도 여전히 그를 쫓아다니고 있을 겁니다."

그러므로 사람들이 당신을 좋아하게 하려면,

원칙 5

상대방의 관심사에 대해 이야기하라.

6
사람들을 단번에
사로잡는 방법

나는 뉴욕의 33번가와 8번가 사이에 위치한 우체국에서 편지를 부치려고 줄을 서서 기다리고 있었다. 그런데 우체국 직원이 자신의 일을 지겨워하고 있다는 것이 눈에 들어왔다. 그는 편지 무게를 재고, 우표를 내주고, 잔돈을 거슬러 주고, 영수증을 발행하는 것 같이 단조로운 일을 몇 년째 매일같이 반복하며 보내고 있었다. 그래서 나는 속으로 이렇게 생각해 봤다. '저 사람이 나를 좋아하게 만들어야겠다. 그러려면 내가 아니라 저 사람에 대해 뭔가 근사한 얘기를 해야 할 텐데, 칭찬할 만한 게 뭐가 있을까?' 때로는 이런 질문에 답하기가 어렵고, 특히 그 대상이 처음 보는 사람일 경우엔 더욱 그렇다. 하지만 이번에는 다행히 어렵지 않았다. 그에게서 칭찬할 만한 것을 즉시 찾아냈던 것이다.

그가 편지 무게를 재는 동안 나는 진심을 담아 말했다. "저도 당신처럼 멋진 머리카락을 갖고 싶네요."

약간 놀란 것 같았지만 그의 얼굴에는 환한 미소가 번졌다. "뭘요. 지금은 예전만 못해요." 그는 겸손하게 답했다. 내가 그에게 예전에는 윤기가 더했겠지만 지금도 굉장히 멋지다고 말해주자 그는 대단히 기뻐했다. 우리는 즐겁게 몇 마디의 대화를 나누었는데 마지막에 그는 내게 이렇게 말했다. "제 머리가 멋있다는 분들이 꽤 많긴 해요."

장담컨대, 그 직원은 그날 하늘을 나는 것 같은 기분으로 점심을 먹으러 갔을 것이다. 그리고 퇴근하고 집에 돌아가 부인에게 이 얘기를 하고, 거울을 보며 '내 머리가 멋지긴 하지.' 하며 흐뭇해했을 것이다.

언젠가 이 이야기를 강연에서 했더니 한 남자가 이렇게 물었다. "그 사람에게서 뭘 바라신 건가요?" 내가 그 사람한테 뭘 바랐냐고? 아니, 내가 그 사람한테 뭘 바란 것이냐니!

우리가 경멸스러울 정도로 이기적이라면, 그래서 아무런 대가 없이 솔직한 칭찬을 건네는 정도의 작은 행복도 나누지 못한다면, 우리의 영혼이 시큼한 돌사과 크기보다 크지 않다면, 그 결과가 실패일 수밖에 없음은 지극히 당연한 일이다.

내가 그 직원에게 원하는 것이 하나 있긴 했다. 나는 가치를 따질 수 없는 무언가를 그에게서 바랐고, 얻어 냈다. 나는 그가 보상을 할 수 있는 상황이 아님에도 그에게 무언가를 주었다는 느낌, 오랜 시간이 지난 후에도 사라지지 않고 즐거운 기억으로 남을 느낌을 얻었다.

사람의 행동에 있어 영원불변의 법칙이 하나 있다. 이 법칙을 지키면 문제가 생기는 일은 결코 없을 뿐만 아니라 수많은 친구와 영원한 행복이 찾아오는 반면, 어기는 순간부터는 끊임없이 문제에 봉착하게 될 것이다. 그 법칙은 바로 이것이다. '항상 상대방에게 자신이 인정받는 존재임을 느끼게 하라.' 앞서 본 대로 존 듀이 교수는 인정받고 있음을 느끼고 싶은 욕망이야말로 인간 본성에서 가장 깊은 충동이라고 말했고, 윌리엄 제임스 교수 역시 "인간 본성에서 가장 깊은 원칙은 인정받으려는 욕구"라고 한 바 있다. 이미 지적했듯이 이 욕구는 인간과 동물을 구분하는 기준이자, 인간이 스스로 문명을 발전시키게끔 한 동력이다.

철학자들은 수천 년 동안 인간관계에 대해 숙고한 끝에 한 가지 중요한 교훈을 발견했다. 그것은 새로운 것이 아니라 역사만큼이나 오래된 것이다. 3,000년 전에 조로아스터 교는 페르시아에 있는 자신의 배화교도들에게 이 수칙을 가르쳤고, 2,500년 전 공자는 중국에서 이 수칙을 설파했다. 도교의 창시자인 노자 역시 《도덕경》을 통해 이 수칙을 추종자들에게 가르쳤고, 기원전 5세기에 석가모니는 갠지스 강 근처에서 이 수칙을 알려 주었다. 그보다 1,000년 앞서 힌두교는 경전에서, 그리고 20세기 전에는 예수가 유대의 바위산에서 이 수칙을 가르쳤다. 예수는 이 수칙을 하나의 생각으로 요약했는데, 그것은 아마 이 세상에서 가장 중요한 규칙일 것이다.

'남에게 대접받고 싶은 대로 남을 대접하라.'

당신은 주변 사람들에게 인정받기를 원한다. 그들이 당신의 진가를 알아주기를 원하고, 작은 세상에서나마 인정받고 싶어 한다. 하찮고 입에 발린 아부가 아니라 진심 어린 칭찬을 듣고자 한다. 당신은 친구나 동료가 찰스 슈워브의 표현처럼 당신을 진심으로 인정해 주고 아낌없이 칭찬해 주기를 바란다. 우리는 모두 이것을 원한다. 그러니 이 황금률처럼 우리가 남에게 대접하고자 하는 대로 남에게 베풀자. 어떻게? 언제? 어디서? 대답은 이렇다. 항상. 어디서나.

예를 들어 보겠다. 나는 라디오시티 빌딩의 안내 직원에게 헨리 서베인의 사무실 위치를 물어본 적이 있다. 단정한 유니폼 차림의 직원은 안내 서비스를 하는 자신의 방식에 대해 자부심을 느끼고 있었다. 그는 분명하고 또렷하게 말했다. "헨리 서베인 씨는 (잠깐 멈추고), 18층, (잠시 멈추고) 1816호입니다."

나는 서둘러 엘리베이터 쪽으로 가다가 멈추고 다시 돌아와 말했다. "제 질문에 대답하는 방식이 굉장히 훌륭하다고 칭찬하고 싶네요. 답변이 매우 깔끔하고 분명했습니다. 이렇게 예술적인 수준으로 대답하는 걸 듣기란 쉽지 않은데 말입니다."

기쁨에 넘쳐 그는 내게 왜 중간에 잠깐씩 멈추고, 왜 각 부분을 그렇게 이야기하는지에 대해 설명해 주었다. 내가 던진 몇 마디가 그를 으쓱하게 만든 것이다. 18층을 향해 올라가면서 나는 그날 오후, 인류 행복의 총량에 약간이나마 보탬이 된 듯한 느낌이 들었다.

프랑스 대사나 미국의 사교 클럽인 엘크스 클럽의 축제위원회 위원장 정도의 인물이 되어야만 칭찬의 철학을 실천할 수 있는 것은 아니다. 우리는 거의 매일 칭찬으로 마법을 부릴 수 있기 때문이다.

가령 감자튀김을 주문했는데 으깬 감자 요리가 나왔다면 종업원에게 이렇게 말해 보자. "번거롭게 해서 죄송하지만, 저는 감자튀김을 주문한 것 같은데요." 그러면 종업원도 "죄송합니다. 바꿔 드리겠습니다." 하고 기꺼이 음식을 바꿔 줄 것이다. 당신이 종업원을 존중해 주었기 때문이다.

상대방을 배려하는 몇 마디의 말, 예를 들어 "번거롭게 해 드려 죄송하지만…….", "실례지만 이것 좀…….", "이렇게 해 주실 수 없을까요?", "실례가 되지 않는다면…….", "고맙습니다."와 같은 것들은 무미건조하게 돌아가는 삶의 톱니바퀴에 기름과 같은 역할을 할 뿐만 아니라 제대로 교육받은 사람임을 나타내는 표시의 역할도 한다.

또 다른 예를 들어 보자. 혹시 홀 케인Hall Caine의 소설 《크리스천The Christian》이나 《재판관The Deemster》, 《맨 섬의 사람들The Manxman》을 읽어 본 적이 있는가? 수백만이 넘는 사람들이 읽은 작품을 썼던 그는 대장장이의 아들이었다. 8년간의 정규교육이 그가 받은 교육의 전부였지만, 세상을 떠날 때 그는 작가로서 가장 많은 돈을 번 사람이었다.

홀 케인은 소네트와 발라드를 좋아해 단테 게이브리얼 로세티Dante Gabriel Rossetti의 시는 모두 외울 정도였다. 심지어 그는 로세티의 예술을 찬양하는 글을 썼고 그 글의 사본을 로세티에게 보냈다. 로세티는 기뻐했다. 그녀는 아마 이렇게 생각했을 것이다. '내 능력을 이렇게 높이 평가하는 청년이라면 틀림없이 영특하겠군.'

그래서 그녀는 그 대장장이의 아들을 런던으로 초대해 자신의 비서로 고용했다. 이것은 홀 케인의 삶에 있어 큰 전환점이 되었다. 새로운 일자리에서 당대의 유명 문인들을 만날 수 있었기 때문이다. 그들의 충고와 격려가 그를 작가의 길로 이끌었고, 마침내 그는 작가로서 이름을 남기게 되었다.

맨 섬에 있는 그의 집 그리바 캐슬은 전 세계 각지에서 찾아오는 사람들의 메카가 되었고 그가 남긴 유산은 250만 달러에 달했다. 만일 그가 유명 인사를 찬양하는 글을 쓰지 않았다면 그가 이름도 없는 가난뱅이로 삶을 마쳤을지 누가 알겠는가?

진정한 마음에서 우러나오는 칭찬은 이처럼 거대한 힘을 가지고 있다. 로세티는 자신을 중요한 사람이라고 여겼다. 이것은 전혀 이상한 일이 아니다. 거의 모든 사람은 자신을 중요하다고, 그것도 매우 중요하다고 여기기 때문이다.

이 점은 모든 국가들의 경우도 마찬가지다. 당신은 자신이 일본인보다 우월하다고 생각하는가? 하지만 일본인들은 자신들이 당신보다 훨씬 우월하다고 생각한다. 예를 들어 보수적인 성향의 일본인들은 일본 여성이 백인 남성과 춤추는 것을 목격하면 심하게 화를 낸다.

당신은 자신이 인도의 힌두교도보다 뛰어나다고 생각하는가? 그것은 당신 마음이다. 하지만 수백만 명의 힌두교도는 당신보다 자신들이 더 우월하다고 생각하기 때문에 이교도의 그림자가 드리워진 것만으로도 충분히 더럽혀진 음식을 집기 위해 자신의 자세를 낮춤으로써 스스로를 더럽히지 않을 것이다.

당신은 자신이 에스키모보다 뛰어나다고 생각하는가? 다시 한 번 말하지만 어떻게 생각하건 당신 마음이다. 하지만 당신은 에스키모가 당신에 대해 어떻게 생각하는지 알고 싶지 않은가? 에스키모 사이에도 부랑자들이 있는데 그들은 일하기를 거부하는, 사회에 무익한 사람들이다. 에스키모들은 그 부랑자들을 '백인'이라고 부른다. 이는 그들 사이에서 가장 모욕적인 말이다.

모든 국가는 저마다 타국에 비해 우월하다고 느낀다. 이것이 애국심과 전쟁을 낳는다. 또 하나의 불변의 진실을 말하자면, 당신이 만나는 거의 모든 사람은 결국 당신보다 자신이 우월하다고 느낀다는 것이다. 그러므로 그런 사람의 마음을 얻는 확실한 방법은 그가 자신만의 작은 세계에서만큼은 중요한 인물임을 인정해 주고 당신의 그런 생각을 은근히 내비쳐 상대방이 알게 하는 것이다. 에머슨의 말을 명심하라.

"내가 만난 모든 사람은 나보다 나은 점들을 갖고 있다. 때문에 나는 모든 사람에게서 배운다."

안타까운 부분은, 내세울 것 하나 없는 사람들이 자신의 열등감을 어떻게든 무마시키기 위해 오히려 더 자주 큰소리로 떵떵거리고 소란을 피우며 어깨에 힘을 준다는 것이다. 이런 모습은 상대방을 불쾌하게 하고 혐오감을 일으킨다. "인간이여, 교만한 인간이여, 그 짧은 인생 속에 살며 허황된 것에 빠져 있다니 저 하늘의 천사도 울 지경이로구나."라고 셰익스피어가 말했듯이 말이다.

이제 카네기 코스를 수강한 사업가가 지금 말한 원칙들을 사업에 적용하여 성공한 세 가지 사례를 들려주겠다. 첫 번째는 코네티컷 주에서 변호사로 활동하고 있는 사람의 이야기다. 여기서는 편의상 R 씨라고 부르겠다.

이 강좌를 수강한 지 얼마 되지 않았을 때, 그는 차를 몰고 아내와 함께 처가 식구들을 만나기 위해 롱아일랜드에 갔다. 아내는 그를 연세가 있는 숙모와 이야기하게 남겨 놓고는 혼자 사촌들을 만나러 나가 버렸다. 그는 강의 시간에 배운 칭찬의 법칙을 어떻게 실천했는지 나중에 발표해야 했기 때문에 그 숙모님께 그 법칙을 적용해 보기로 마음먹었다. 그는 자신이 진심 어린 찬사를 할 만한 것을 찾기 위해 집 안을 둘러보았다.

"숙모님. 이 집은 1890년에 지어진 것 같네요. 맞나요?" 그가 물었다.

"그렇지. 딱 그해에 지어졌지."

"이 집을 보고 있으니 제가 태어난 집이 생각나네요. 아름답고, 튼튼하게 지어진 데다 방도 많은 집이었어요. 숙모님도 아시다시피 요새 그렇게 지어진 집은 찾기 어렵잖아요."

그녀는 그의 말에 맞장구를 치며, "그래, 맞아. 요즘 젊은 사람들은 아름다운 집은 안중에도 없고 조그만 아파트 한 채나 냉장

고만 바라지. 그러고는 차나 끌고 여기저기 쏘다닐 줄만 안다니까."라고 말했다. 그리고 행복한 옛 기억에 잠겨 떨리는 목소리로 말을 이었다. "이건 꿈에 그리던 집이야. 이 집은 사랑으로 지어졌어. 이 집을 짓기까지 남편과 내가 얼마나 오랜 시간 동안 꿈꿔 왔는지 모른다네. 우리는 설계사도 따로 두지 않고 이 모든 걸 직접 설계했지."

말을 마친 뒤 그녀는 그에게 집 안 구석구석을 구경시켜 주었다. 그녀가 여행을 다니는 동안 하나씩 모아서 평생 간직해 온 멋진 보물인 페이즐리 숄, 영국 전통 찻잔 세트, 영국 웨지우드 사에서 만든 도자기, 프랑스식 침대와 의자, 이탈리아 그림, 한때 프랑스 성을 장식했던 실크 커튼 등이 집을 꾸미고 있었다. 그것들을 보며 그는 마음에서 우러나오는 감탄을 아끼지 않았다. R 씨는 계속 우리에게 자신의 이야기를 들려주었다.

"집을 보여 주신 뒤 숙모님은 저를 차고로 데려갔습니다. 거기에는 거의 새 차나 다름없는 패커드 차량 한 대가 있었습니다."

"남편은 죽기 직전에 이 차를 샀지." 그녀는 부드럽게 말했다. "나는 그 사람이 가고 나서 이 차를 타 본 적이 없어. 자네는 물건 보는 눈이 탁월한 것 같으니, 내 이 차를 자네에게 주겠네."

"하지만 숙모님. 저한테 너무 과분합니다. 물론 숙모님의 마음은 감사하지만, 저는 숙모님 피가 섞인 친척도 아니고, 새 차도 가지고 있는걸요. 게다가 숙모님의 친척들 중 많은 분들이 이 차를 갖고 싶어 하실 거구요."

"친척!" 그녀가 크게 소리쳤다. "그래, 맞아 내게 친척이 있긴 하지. 이 차를 갖고 싶어서 내가 하루라도 빨리 죽기를 목 빠지게 기다리는 친척이 있고말고. 하지만 그 아이들이 차를 갖게 할 수는 없어."

"정 그게 싫으시면 중고차 거래상한테 파시는 방법도 있겠죠." 그가 말하자 그녀는 "뭘 판다고!" 하며 울부짖었다. "자네는 내가 이 차를 팔 것이라고 생각하는 겐가? 이 늙은이가 생판 모르는 남이 이 차를 끌고 다니는 걸 봐줄 것 같은가? 그것도 남편이 내게 선물한 차를? 차를 판다는 건 꿈도 못 꿀 일이야. 나는 이걸 자네에게 주겠네. 아름다운 물건에 대해 칭찬할 줄 아는 자네에게 말일세."

그는 그 선물을 거절하려 애썼지만, 숙모의 기분을 건드리면서까지 그럴 수는 없었다.

그 나이 든 부인은 자신의 페이즐리 숄과 프랑스 골동품 그리고 오래된 추억만을 간직한 채 홀로 쓸쓸히 대저택을 지키며 누군가가 자그마한 관심을 가져 주길 간절히 바라고 있었다.

그녀에게도 젊고 아름다우며 남자들의 사랑을 받았던 시기가 있었다. 그러다가 사랑으로 온기가 넘치는 집을 지었고 그 집을 아름답게 꾸미기 위해 유럽 전역의 많은 물건을 수집했다. 그러나 이제 나이 들어 외롭게 혼자 지내는 그녀는 인간적인 온기와 작지만 진심 어린 찬사를 간절히 원했다. 하지만 어느 누구 하나 그것을 주지 않았다. 그러다가 사막에서 만난 샘처럼 그것을 찾게 되자 그녀는 그에 대한 감사의 표시로 패커드 차를 선물하는 것이 조금도 아깝지 않았다.

또 다른 경우를 보자. 뉴욕 주의 라이에 있는 루이스 앤 발렌타인 조경회사의 임원인 도널드 M. 맥머흔 씨는 이런 일화를 소개했다.

"친구를 사귀고 사람들에게 영향력을 행사하는 법에 대한 강좌를 들은 뒤 얼마 지나지 않아 저는 유명 법률가의 저택 조경 공사를 진행하게 됐습니다. 집주인은 밖으로 나와 제게 철쭉과 진달래를 심는 것에 대해 이러저러한 몇 가지 사항들을 얘기했습니다. 나는 그에게 말했습니다. '판사님, 멋진 취미를 가지고 계시는군요. 개들이 정말 멋있어서 감탄하는 중이었습니다. 메디슨 스퀘어 가든에서 매년 열리는 개 품평회에서 대상도 많이 타셨다면서요?' 그는 '네.' 하고 답한 뒤에 '개 덕분에 즐거운 일이 많았죠. 사육장을 한번 구경해 보시겠습니까?'라고 물었습니다.

그는 자신의 애완견을 구경시켜 주고 개들의 수상 얘기를 했는가 하면, 심지어 개 혈통서를 가져와 어떤 혈통이길래 그런 멋지고 영리한 개들이 태어나게 됐는지를 설명해 주는 데 거의 1시간가량을 보냈습니다. 그러고 나서 그는 제 쪽으로 돌아서서 '혹시 아이가 있소?' 하고 물었습니다. '네. 아들이 있습니다.'라고 하자 '그럼 그 애가 강아지를 좋아하겠지요?' 하고 또 묻더군요. 제가 "네. 무척 좋아하지요."라고 답하자 그는 말했습니다.

"잘됐군. 내가 한 마리 드리겠소."

그는 강아지에게 먹이 주는 법을 알려 주다가 멈칫하더니, "말로 하면 잊어버리실지도 모르니 적어 드리겠소." 하고는 집 안으로 들어가 개 혈통과 먹이 주는 법에 대해 쓰고서는 100달러는 됨직한 강아지를 한 마리 들고 와 내게 주었습니다. 게다가 그는 자신의 귀중한 시간 중에서 1시간 15분이라는 긴 시간을 제게 할애했습니다. 이 모든 것이 그의 취미와 수상 경력에 대해 제가 진심으로 경탄한 결과였습니다."

코닥Kodak 사의 조지 이스트만George Eastman은 활동사진을 가능하게 한 투명 필름을 발명한 덕분에 수억 달러에 달하는 어마어마한 재산을 모으며 세상에서 가장 유명한 사업가 중 한 사람으로 명성을 떨쳤다. 그러나 그토록 엄청난 성공을 거둔 그 역시 당신이나 나처럼 다른 이들로부터 인정받기를 원했다.

한 예를 들어 보자. 오래전에 이스트만은 로체스터 지역에 이스트만 음악학교와 자신의 어머니를 기리기 위한 킬번 홀 연주회장을 짓고 있었다. 뉴욕에 있던 슈피리어 의자회사의 사장 제임스 애덤슨은 그 건물 연주회장에 의자를 납품하고 싶었고, 건축가에게 연락해 마침내 이스트만과 만날 약속을 얻어 냈다. 애덤슨이 도착했을 때 그 건축가는 "이번 거래를 성사시키고 싶은 사장님의 마음은 압니다. 하지만 제가 지금 확실히 말씀드릴 수 있는 것은 만약에 조지 이스트만 씨를 만나서 5분을 넘기시면 거래를 따낼 가망성은 거의 없다는 것입니다. 이스트만 씨는 규율에 대해서 엄격하신 데다 매우 바쁘신 분이거든요. 그러니 용건만 간단히 말씀하시고 빨리 나오도록 하십시오."라고 말했다.

애덤슨 씨는 건축가의 말대로 하려고 마음먹었다.

그가 안내받은 방에 들어갔을 때 이스트만은 책상 위에 한가득 쌓인 서류들을 검토하고 있었다. 이윽고 그는 고개를 들어 안경을 벗고는 건축가와 애덤슨이 있는 쪽으로 오면서 이렇게 말했다. "안녕하세요, 두 분께서는 무슨 일로 저를 찾아오셨습니까?"

건축가는 이스트만에게 자신과 애덤슨을 소개했고, 애덤슨은 이렇게 말했다. "저희는 회장님을 기다리는 동안 이 사무실을 둘러보고 감탄했습니다. 제가 만약 이런 곳에서 일할 수 있다면 얼마나 좋을까 하고 말입니다. 회장님께서도 아시다시피 저는 실내 장식용 목재 사업을 하고 있습니다만, 이렇게 아름다운 사무실은 처음 봅니다."

조지 이스트만 회장이 대답했다. "제가 거의 잊고 살았던 것을 상기시켜 주시는군요. 사무실이 참 아름답지요? 제가 처음 여기를 지었을 때는 저도 이곳을 무척 좋아했습니다. 하지만 머릿속에 온통 업무만 가득하다 보니 어떤 때는 몇 주씩이나 사무실이 눈에 들어오지 않게 되었네요."

애덤슨은 방 한쪽으로 걸어가 벽의 판자를 문질러 보고는 "영국산 떡갈나무군요. 아닙니까? 이탈리아산 떡갈나무와는 나뭇결에 있어서 약간 차이가 있지요."라고 말했다.

"맞습니다." 이스트만 회장이 답했다. "영국에서 수입해 온 떡갈나무입니다. 고급 목재만 취급하는 내 친구가 골라 줬지요."

그러고 나서 그는 방의 비례와 색감 그리고 수공예 목각과 더불어 자신이 계획하고 고안해 만든 다른 것들을 보여 주며 방을 구경시켜 주었다.

방을 돌아다니며 목공예품을 살펴보다가 창가에 이르러 멈춰 선 이스트만은 조용하고 차분한 목소리로 자신이 인류를 돕기 위해 구상하고 있는 시설들에 대한 이야기를 꺼냈다. 그는 로체스터 대학, 종합병원, 동종요법병원, 양로원, 소아병원 등을 구상하고 있었다. 애덤슨은 인류의 고통 경감을 위해 자신의 재산을 사용하는 그의 이상적인 태도에 대해 진심을 담아 경의를 표했다. 그러자 이스트만은 유리 상자를 열어 그가 난생처음으로 가지게 된 카메라를 꺼냈다. 어느 영국인으로부터 산 발명품이었다.

애덤슨은 그에게 사업 초창기에 겪은 난관을 어떻게 헤쳐 나갈 수 있었는지 물었다. 그러자 이스트만은 유년 시절에 겪었던 가난에 대한 이야기를 들려주었다. 이스트만은 일당 50센트를 받는 보험회사 직원으로 일하고 홀어머니는 하숙집을 꾸리며 살았다. 그럼에도 가난의 공포가 밤낮으로 쫓아다니자 결국 그는 어머니가 하숙집 일로 고생하실 필요가 없을 만큼 많은 돈을 벌기로 결심했다. 애덤슨은 몇 가지 질문을 더 던졌고, 이스트만의 사진 건판 실험 이야기를 경청하며 그의 이야기에 집중했다. 그는 하루 종일 사무실에서 일한 얘기, 실험 중 화학 반응이 일어나는 사이에 잠깐 눈을 붙여 가며 밤새워 실험했던 얘기, 어떤 날은 72시간 내내 옷도 갈아입지 않은 채 실험하고 잠자고를 반복했던 얘기를 애덤슨에게 들려줬다.

애덤슨은 10시 15분에 이스트만 회장의 방에 들어갔고, 그에 앞서 5분 이상을 소요해서는 안 된다는 주의 사항도 들었다. 그러나 1시간이 가고, 2시간이 지났음에도 그들은 이야기를 계속 이어 나갔다.

이윽고 이스트만은 애덤슨을 돌아보고서는 이렇게 말했다. "지난번 일본에 갔을 때 제가 의자를 몇 개 사 와서 우리 집 베란다에 두었는데, 햇빛을 너무 받았는지 그만 페인트칠이 벗겨지고 말았더군요. 그래서 시내에 나가 페인트를 사 와서는 제가 직접 칠했습니다. 제 페인트질 솜씨를 한번 구경해 보시겠습니까? 좋습니다. 우리 집에 가서 같이 점심식사도 하면서 보여드리겠습니다."

점심식사 후 그는 애덤슨에게 일본에서 사 왔다는, 개당 1달러 50센트밖에 하지 않는 의자를 보여 주었다. 사업으로 수억 달러를 벌었지만 자신이 직접 페인트칠을 했다는 사실 때문에 이스트만은 그 의자를 매우 자랑스러워했다.

연주회장 의자 주문액은 9만 달러에 달했다. 누가 그 계약을 따냈을까? 제임스 애덤슨? 아니면 애덤슨의 다른 경쟁자? 그날 이후 이스트만 회장이 세상을 뜰 때까지 그 두 사람은 절친한 친구 사이가 되었다.

이런 '칭찬'이라는 마법의 돌을 가정에서부터 사용해 보는 것은 어떨까? 나는 칭찬의 마법이 가장 필요하면서도 부족한 곳이 가정이라고 생각한다. 당신의 배우자에게는 분명 장점이 있을 것이다. 최소한 장점이 있다는 생각은 했을 테니 결혼한 것 아니겠는가. 그런데 배우자의 그러한 점에 대해 마지막으로 칭찬한 것은 언제인가? 그로부터 지금까지 얼마나 시간이 흘렀는가?

몇 년 전 뉴브런즈윅에 있는 미라미치 강 상류에서 낚시를 할 때의 일이다. 나는 캐나다의 깊은 숲 속 야영 캠프장에 고립되어 있었다. 읽을 수 있는 것이라고는 철 지난 지방 신문뿐이어서 나는 신문의 구석구석까지 샅샅이 다 읽었다. 그중에는 칼럼니스트인 도로시 딕스Dorothy Dix가 쓴 글도 있었는데, 너무나 감명 깊어 나는 그 글을 신문에서 오려 내서 아직도 보관하고 있다. 그녀는 사람들이 항상 신부에게만 이런저런 충고를 하곤 하는데, 그건 이제 지겨우니 누군가가 신랑을 불러 놓고 몇 가지 현명한 충고를 해 줘야 한다고 말했다.

입을 맞추면 아부를 잘하게 된다는 아일랜드의 블라니 스톤에 입을 맞추기 전에는 절대로 결혼할 생각을 하지 말라. 결혼 전까지는 여성에 대한 칭찬이 각자의 기호에 달린 문제지만, 결혼 후 칭찬은 필수적이자 개인의 안녕에도 필요한 요건이다. 결혼은 정직함이 활개 칠 수 있는 곳이 아니라, 술수를 펼쳐야 하는 전장과도 같다.

만약 당신이 매일같이 즐겁게 지내고 싶다면 아내의 살림 솜씨에 대해 불만을 표하거나 시어머니와 비교하는 일은 하지 말라. 오히려 그와 반대로 그녀의 가정적인 모습을 늘 칭찬하고 비너스의 아름다움과 미네르바의 지혜, 그리고 메리 앤의 쾌활함을 모두 합친 유일한 여성과 결혼한 자신이 얼마나 축복받은 사람인지 공개적으로 밝혀라. 때로는 스테이크가 고무처럼 질기고 빵이 숯덩이처럼 타도 불평하지 말라. 다만 '이보다는 항상 훨씬 나은데 오늘 같은 날도 있네.' 하는 정도만 언급하라. 그러면 아내는 당신의 이상적인 아내가 되기 위해 부엌에서 자신을 불태울 정도로 열심히 일할 것이다.

하지만 아내가 의심할 수 있으니 너무 갑자기 위의 글대로 시작하지는 않는 것이 좋겠다. 대신 오늘 밤이나 내일 밤에 아내에게 꽃다발 혹은 사탕이 담긴 상자를 건네라.

입으로만 "그래, 그렇게 해야지."라고 말하지 말고 실천에 옮겨라! 거기에 덧붙여 미소와 따뜻한 한마디도 함께 건네라. 만약 더 많은 아내와 남편이 이렇게 한다면 여섯 쌍 중 한 쌍이 이혼하는 슬픈 현실은 더 이상 계속되지 않을 것이다.

여자로 하여금 당신과 사랑에 빠지게 하고 싶은가? 자, 여기 그 효과가 분명할 비밀이 있다. 내가 생각해 낸 것은 아니고, 단지 도로시 딕스의 생각을 빌린 것뿐이다. 그녀는 스물세 명의 여성들에게 마음의 상처를 주고 그들의 재산을 가로채고 사기 결혼까지 일삼은 사람과 인터뷰를 한 적이 있다(이 인터뷰는 교도소에서 이뤄졌음을 미리 밝혀야겠다). 그 사기꾼에게 여자의 마음을 사로잡은 비결이 무엇이냐고 묻자 그는 "다른 기술은 아무것도 없고, 그저 그 여자에 대해서만 이야기했다."라고 말했다.

그리고 이와 같은 기술은 남자에게도 효과적이다. 대영제국을 통치한 가장 영리한 사람 중 한 명인 디즈레일리는 다음과 같이 말했다.

"상대방에게 그 사람에 대해서만 이야기해 보라. 그럼 그는 몇 시간이든 그 이야기를 듣고 있을 것이다."

그러므로 사람들이 당신을 좋아하게 만들려면,

원칙 6

**상대방이 인정받고 있음을 느끼게 하라.
그리고 진심으로 인정하라.**

지금까지 당신은 이 책의 상당 부분을 읽었다. 이제 책을 덮고, 담배를 끄고, 이 칭찬의 법칙을 가장 가까이에 있는 사람에게 적용해 보라. 그리고 어떤 마법 같은 효과가 생기는지 지켜보라.

||||||||||||||||||||||||| Section 2 요약정리 |||||||||||||||||||||||||

타인의 호감을 얻는 여섯 가지 비결

1. 다른 사람들에게 진정한 관심을 기울여라.

2. 웃어라.

3. 상대방에게는 그의 이름이 사람의 입에서 나오는 가장 달콤하면서도 가장 중요한 말임을 기억하라.

4. 잘 듣는 사람이 되어라. 상대방이 스스로에 대해 말하도록 이끌어라.

5. 상대방의 관심사에 대해 이야기하라.

6. 상대방이 인정받고 있음을 느끼게 하라. 그리고 진심으로 인정하라.

상대방을 설득하는 열두 가지 비결

1
논쟁으로는
결코 이길 수 없다

제1차 세계대전이 끝난 지 얼마 되지 않았을 즈음에 런던에서 보낸 어느 날 밤, 나는 귀중한 교훈 하나를 배웠다. 그때 나는 로스 스미스 경의 매니저로 일하고 있었다. 전쟁 당시 로스 경은 팔레스타인에서 활약한 우수한 비행조종사였고 종전 후에는 30일 만에 지구 반 바퀴를 비행하여 사람들을 놀라게 했다. 당시 이 일은 유례없이 놀라운 위업이었기에 온 세상에 큰 반향을 일으켰다. 호주 정부에서는 그에게 5만 달러의 상금을 주었고, 영국 왕실에서는 훈공 작위를 수여했다. 한동안 그는 '대영제국의 린드버그'로 불리며 영국 내에서 화제의 인물이 되었다.

어느 날 저녁, 나는 로스 경을 위해 열린 연회에 참석했다. 저녁식사 중 내 옆에 앉은 한 남자가 '일을 벌이는 것은 인간이라 할지라도 그 일을 결정짓는 것은 신이다.'라는 인용을 섞어 가며 재미있는 이야기를 했다.

그 재담꾼은 자기가 인용한 내용이 성경에 나와 있다고 말했는데, 나는 그의 말이 틀린 것임을 알고 있었다. 게다가 나는 정확한 출처를 알고 있었고 그에 대해서는 의심의 여지가 없었다. 그래서 내가 알고 있음을 인정받고 잘난 척도 할 겸 누가 청하지도 않았는데 그의 잘못을 지적하는 우를 범하고 말았다. 하지만 그는 자신의 주장을 굽히지 않았다. "뭐라고요? 셰익스피어의 작품에 나오는 말이라고요? 말도 안 돼요! 그건 분명히 성경에 나온 말입니다."

내 우측에는 그 재담꾼이, 좌측에는 내 오래된 벗인 프랭크 가몬드가 앉아 있었다. 프랭크는 오랜 세월 동안 셰익스피어 연구에 매진해 왔었기에 그 재담꾼과 나는 그에게 그 출처가 어디인지 물어보기로 했다. 그러자 그는 탁자 아래로 내 발을 툭 건드리고는 말했다. "이런 데일, 자네가 틀렸네. 저분 말씀이 옳아. 그 구절은 성경에 나온 것이라네."

그날 밤 집에 돌아오는 길에 나는 그 친구에게 "프랭크, 자네도 그 말이 셰익스피어가 한 이야기임을 알고 있지 않은가?"라고 물었다.

"그래, 물론 알고 있지." 그는 답했다. "〈햄릿〉 5막 2장에 나오지. 하지만 우리는 즐거운 자리에 초대받은 손님이 아닌가. 그런데 군이 그가 잘못했다고 지적할 이유가 뭔가? 그렇게 하면 그가 당신을 좋아할 것 같은가? 그의 체면 살리는 일을 좀 하는 게 어때서? 그는 자네 의견을 물은 적이 없고 또 듣고 싶어 하지도 않았네. 그런데 왜 그 사람과 논쟁하려 하는 건가? 날카로운 대립은 항상 피하도록 하게나."

'날카로운 대립은 피하라.' 이 말을 해 준 그 친구는 이제 죽고 없다. 하지만 내게 가르쳐 준 그의 교훈은 여전히 살아 있다.

나는 버릇처럼 논쟁을 하던 사람이었기 때문에 그의 말은 내게 꼭 필요한 충고였다. 어려서부터 나는 하늘 아래 있는 모든 것에 대해 형과 논쟁을 벌였고, 대학에 진학했을 때는 논리학과 토론법을 배워 토론 대회에 나가기도 했다. 보통 토론 하면 미주리 지역의 사람들을 떠올리곤 하는데, 나 역시 미주리 출신이라 그 증거를 보여 줘야만 속이 후련했다.

후에 나는 뉴욕에서 논쟁 및 토론법 강의를 했다. 그리고 이제는 부끄러운 이야기지만 한때는 이 주제에 관한 책을 쓸 계획도 있었다. 하지만 그 일이 있은 뒤부터 나는 다수의 토론을 경청하거나 비판하고 그것에 참여하기도 하며 논쟁의 결과를 지켜보게 되었다. 이 모든 것을 종합해 본 결과, 세상에서 유일한 '논쟁에서 이기는 가장 좋은 방법'을 알아냈다. 그것은 바로 방울뱀이나 지진을 피하듯이 논쟁도 피하는 것이다.

논쟁은 십중팔구 참여자로 하여금 자신의 의견을 전보다 더 확신하게 만드는 결과만을 초래한다. 사람은 논쟁에서 이길 수 없다. 논쟁에서 지면 당연히 지는 것이고, 만약 이긴다고 해도 그 역시 지는 것이기 때문이다. 왜 그런 것일까? 자, 당신이 상대방의 허점을 찾아 그가 틀렸음을 입증해서 이겼다고 치자. 그래서 뭐가 어쨌다는 것인가? 물론 당신이야 기분이 좋겠지만, 상대방은 어떻겠는가? 당신은 상대방으로 하여금 열등감을 느끼게 했고 자존심도 상하게 했으니, 그는 당신의 승리에 분개할 것이다.

　자신의 의지에 반해 승복한 사람은 여전히 자신의 생각을 바꾸
지 않는다.

펜 상호생명보험사는 영업사원들에게 다음과 같은 한 가지
명확한 기준을 제시하며 그것을 지키게 한다.

'논쟁하지 말라!'

진정한 판매 기술은 논쟁이 아닐뿐더러, 그것과는 거리가 멀
어도 한참 멀다. 사람의 마음은 결코 그런 식으로 바꿀 수 없기
때문이다.

예를 들어 보자. 예전에 굉장히 호전적인 성격의 아일랜드인
패트릭 J. 오헤어 씨가 내 강좌를 들으러 왔다. 그는 제대로 된 교
육을 받은 경험이 거의 없었지만 논쟁을 굉장히 좋아했다. 운전
기사 경력이 있었던 그는 당시 트럭을 판매하는 일을 하고 있었
는데, 큰 성과를 거두지 못하자 나를 찾아온 것이다. 몇 가지 질
문을 통해 나는 그가 판매 거래를 트려는 고객과 끝없이 논쟁하
고 다투는 사람임을 파악했다. 만약 트럭을 사려는 고객이 그가
판매하려는 트럭에 대해 안 좋은 이야기를 하면 그는 화가 머리
끝까지 치밀어 흥분하며 멱살잡이를 했다. 당시 그는 논쟁에서
자주 이겼다. 나중에 그가 내게 말했던 것처럼 말이다. "저는 '이

정도면 저 녀석 콧대가 납작해졌겠지.'라고 말하며 고객의 사무실을 걸어 나오곤 했습니다. 물론 본때야 제대로 보여 준 것이 사실이긴 했지만, 결과적으로 저는 한 대의 트럭도 팔지 못했습니다."

그랬던 오헤어 씨는 이제는 뉴욕의 화이트 모터 사의 최우수 판매사원이 되었다. 어떻게 된 일일까? 여기 그가 말한 것을 옮겨 보겠다.

"요즘 고객 사무실에 들어갔을 때 고객이 '어디에서 오셨다고요? 화이트 트럭이요? 거기는 정말 별로예요. 누가 거저 줘도 거기 차는 안 탑니다. 전 A사의 트럭을 살 거예요.'라고 하면 저는 이렇게 말합니다. '고객님, 물론 A사의 트럭은 훌륭하니 그 회사 트럭을 사시면 절대 후회는 하지 않으실 겁니다. 정말 훌륭한 회사에서 만들고 역시나 훌륭한 사원들이 판매하는 차니까요.' 그러면 상대방은 아무 말도 못합니다. 논쟁의 여지가 없으니까요. 고객이 A사가 최고라고 말하고, 제가 고객님 말이 맞다고 호응하면 고객은 말을 멈출 수밖에 없게 됩니다. 제가 이미 동의했는데 계속해서 'A사는 최고'라고 할 수는 없는 노릇이니까요. 그러고 나면 자연스럽게 그에 대한 이야기는 접고, 저는 화이트 트럭의 장점을 말하기 시작합니다.

전에는 그런 얘기를 들으면 붉으락푸르락해져 화를 내곤 했습니다. A사의 단점을 주장하는 이야기를 펼쳐 놓았죠. 하지만 그렇게 논쟁할수록 고객은 점점 경쟁사 제품을 더 좋아하게 되었습니다. 지금 와서 그때를 돌아보면 어떻게 그런 식으로 물건을 팔 수 있었는지 저 스스로도 의문이 듭니다. 저는 다툼과 논쟁으로 제 삶의 긴 시간을 헛되이 보냈습니다. 하지만 이제는 입을 다물고 지냅니다. 그 편이 더 득이 되니까요."

현명한 벤저민 프랭클린은 이렇게 말하곤 했다.

"당신이 논쟁하고 괴롭히고 반박한다면 이길 때도 있을 것이다. 그러나 그것은 공허한 승리에 불과하다. 그렇게 함으로써 당신은 결코 상대방의 호의를 이끌어 낼 수는 없기 때문이다."

당신 자신에 대해 판단해 보라. 당신은 겉으로 드러나는 학문적 혹은 이론적 승리를 원하는가? 아니면 상대방의 호의를 원하는가? 둘 중 하나를 택해야 한다. 이 둘을 동시에 얻기란 불가능하기 때문이다.

한번은 〈보스턴 트랜스크립트Boston Transcript〉지에 다음과 같이 의미심장한 구절이 실린 적이 있다.

> 죽을 때까지 자기가 옳다고 우기던 사람,
> 윌리엄 제이가 여기 묻히다.
> 일생 동안 그는 옳았다. 완벽히 옳았다.
> 하지만 옳건 그르건 죽으니 그만.

당신은 논쟁에서 옳을 수 있고, 한평생 계속 그럴 수도 있다. 하지만 상대방의 마음을 바꾸기 위해 벌인 논쟁이라면, 당신이 옳았든 틀렸든 그것이 소용없는 일임은 마찬가지다.

우드로 윌슨 대통령 시절에 재무부 장관을 지낸 윌리엄 G. 매카두William G. McAdoo는 정계에서 수많은 사람들을 접해 본 결과 '무식한 사람을 논쟁으로 이기는 것은 불가능하다'는 것을 깨달 았다고 말한 적이 있다.

'무식한 사람?' 매카두는 조금 조심스럽게 표현한 것 같다. 내 경험에 비추어 이야기하자면, 지능지수에 상관없이 언쟁을 통해서는 어느 누구의 마음도 돌릴 수 없다.

예를 들어 보자. 소득세 상담원인 프레드릭 S. 파슨스 씨는 정부의 세무 사정관과 1시간가량 논쟁을 벌이고 있었다. 9,000달러가 달려 있는 사안이었다. 파슨스 씨는 그 9,000달러는 현실적으로 회수가 불가능한 악성 채권이기 때문에 세금 징수가 불가능하다고 주장했다. "악성 채권이라니요. 그럴 리가요!" 세무 사정관이 대꾸했다.

"그 사정관은 냉정하고 거만한 데다 고집까지 셌습니다." 파슨스 씨가 강좌에 참석해서 해 준 이야기를 들어 보자. "이유를 대고 사실을 제시해도 모두 헛수고였습니다. 논쟁이 길어지면 길어질수록 그는 더 고집을 부렸지요. 그래서 저는 논쟁을 피해 화제를 전환했고 그를 칭찬하기로 마음먹었습니다. 그래서 '저는 이 일이 당신이 내려야 하는 진짜 중요하고 어려운 결정에 비하면 사소한 문제라고 생각합니다. 저도 조세 공부를 했던 적이 있습니다. 하지만 제 지식이야 책에서만 얻은 것에 불과한 반면, 당신은 일선에서 경험을 통해 조세 지식을 얻고 계십니다. 저는 가끔 제가 세무사정관으로 일했더라면 얼마나 좋았을까 하고 생각하곤 합니다. 그랬다면 많은 것을 배울 수 있었을 테니까요.’ 하며 진심을 담아 이야기했습니다. 그러자 그는 의자에 등을 기대고 편히 앉더니, 자신이 적발한 교묘한 부정행위 등 자기 업무에 관한 이야기를 꽤 오래 들려줬습니다. 그러면서 말투가 점점 우호적으로 변하더니 자신의 아이 이야기까지 해 줬지요. 그는 돌아가면서 제 사안에 대해 좀 더 살펴보고 며칠 안으로 결론을 내리겠다고 말했습니다. 그로부터 3일 후에 회사로 전화한 그는 제가 신고한 대로 세금 환급을 진행하기로 했다고 알려 주더군요.”

이 세금사정관은 인간이 갖고 있는 가장 흔한 취약점을 잘 보여 주고 있다. 그는 자신이 중요한 인물이라는 기분을 느끼고 싶었던 것이다. 그래서 파슨스 씨와 논쟁을 지속하는 한, 그는 자신의 권위를 큰 소리로 주장하며 내세울 수밖에 없었다. 그러나 자신의 중요성을 인정받고 있다고 느낀 뒤 논쟁이 중단되고 자부심을 펼칠 수 있게 되자 그 조사관은 호의적이고 친절한 사람으로 되돌아온 것이다.

나폴레옹의 집사장을 지낸 앙리 B. 콩스탕Henri B. Constant은 나폴레옹의 부인 조세핀과 종종 당구를 쳤다. 그는《나폴레옹의 사생활 회고록Recollections of the Private Life of Napoleon》의 1권 73쪽에서 이렇게 말했다.

“내 실력이 조금 더 좋았지만 나는 항상 그녀에게 승리를 양보했다. 그러면 황후는 무척 기뻐했다.”

콩스탕에게서 영원히 변치 않는 교훈을 배우자. 사소한 다툼이 발생하면 고객이나 연인, 아내나 남편이 이기게 해 주자. 부처님은 "미움은 결코 미움으로 해결되지 않는다. 사랑만이 미움을 잠재운다."라고 말씀하셨다. 오해 역시 논쟁으로 풀리지 않는다. 대신 상대의 마음을 헤아려 그에 맞게 대응할 때, 상대를 위로할 때, 그리고 상대의 시각에서 보고자 할 때에만 풀리게 되어 있다.

링컨은 언젠가 동료와 한창 심한 논쟁을 벌이는 젊은 장교를 질책한 적이 있다. "자기 자신에게 최선을 다하려는 사람은 사사로운 논쟁 따위에 시간을 낭비하지 않는 법이네. 그리고 논쟁을 하고 나면 결국 성격에 해가 되고 자제력을 잃기 마련이지. 둘 다 옳다면 자네가 양보하게. 자네가 옳다고 해도 사소한 일에 대해서는 양보하게. 개와 싸워서 물릴 바에야 개가 먼저 지나가게 해 주는 편이 훨씬 낫지 않겠나. 물린 후에 그 개를 죽인다 해도 상처는 남을 테니 말일세."

원칙 1
논쟁에서 이기는 유일한 방법은 그것을 피하는 것뿐이다.

2
적을 만드는
확실한 방법과 대안

시어도어 루스벨트는 대통령이었을 당시, 자신의 생각 중 75 퍼센트가 옳다면 그것은 자신의 최고 기대치에 도달하는 것이라고 고백한 바 있다.

20세기 가장 위대한 인물 중 한 사람의 최고치가 이 정도라면 당신과 나처럼 평범한 사람의 경우는 어떻겠는가? 당신 생각의 55퍼센트만이라도 옳다고 확신할 수 있으면 당신은 월스트리트에 가서 하루에 수백만 달러를 벌 수 있을 뿐 아니라 그 돈으로 요트도 사고 예쁜 여자와 결혼도 할 수 있을 것이다. 그러나 55 퍼센트도 확신할 수 없다면 어떻게 당신이 다른 사람의 잘못을 지적할 수 있겠나?

군이 말로 하지 않더라도 당신은 표정이나 억양, 제스처로 상대에게 그가 틀렸다는 의미를 전달할 수 있다. 그런데 상대가 당신의 의견에 과연 동의하겠는가? 절대로 그런 일은 없다. 그런 경우 상대는 자신의 생각을 바꾸기는커녕 당신에게 반박하게 될 것이다. 당신이 그 사람의 지능, 판단력, 자부심, 자존심에 직격탄을 날렸기 때문이다. 플라톤이나 칸트의 모든 논리를 마구 제시한다 해도 당신은 이미 그의 기분을 상하게 했기 때문에 그의 의견을 바꿀 수 없다.

절대로 "당신에게 이러이러한 것을 증명해 보이겠습니다."라는 말로 이야기를 시작하지 말라. 이 말은 정말 해서는 안 된다. 이 말은 곧 "나는 당신보다 똑똑하니 내가 한두 가지 일러 주는 것을 듣고 마음을 고쳐먹으시오."라고 말하는 것과 같기 때문이다.

이건 도전이나 마찬가지다. 즉, 이런 말은 대립을 일으켜 당신이 이야기를 시작하기도 전에 상대로 하여금 당신에 대한 반감을 가지고, 당신과 싸우려 들게 만들 것이다. 아무리 가장 친절한 태도로 대한다 해도 상대의 마음을 바꾸는 것은 어려운 일이다. 그런데 왜 일을 더 어렵게 만드는가? 왜 스스로를 궁지에 빠뜨리려 하는가?

무언가를 증명하고 싶다면 아무도 알아채지 못하도록, 교묘하고 능숙하게 함으로써 어느 누구도 당신이 무엇을 하고 있는지 알지 못하게 하라.

영국의 시인이자 비평가 알렉산더 포프Alexander Pope는 말했다.

"가르치지 않는 듯이 가르쳐라. 또한 상대가 잠시 잊고 있었던 것을 생각나게 하는 것처럼 제안하라."

역시 영국의 외교관이자 정치가였던 필립 체스터필드Philip Chester-field 경은 아들에게 이런 충고를 남겼다.

> "할 수 있다면 다른 사람보다도 더 현명해져라. 그러나 네가 더 현명하다고 상대에게 말하지는 말아라."

나는 이제 내가 20년 전에 믿었던 사실들의 대부분을 믿지 않는다. 구구단 정도나 예외라 할 수 있을까. 하지만 아인슈타인을 읽고 나서는 그마저도 의심스러워졌다. 20년이 더 지난 후에는 내가 이 책에 썼던 내용도 믿지 않게 될지 모르겠다. 예전에 확신했던 모든 것들에 대해 지금은 확신이 가지 않는다. 소크라테스는 아테네에서 자신의 제자들에게 끊임없이 이렇게 말했다.

> "내가 아는 것은 오직 하나, 나는 아무것도 알지 못한다는 것뿐이다."

글쎄, 내가 소크라테스보다 현명해지기를 바랄 수는 없는 노릇이다. 그래서 나는 다른 이들의 생각이 틀렸다는 말은 하지 않는다. 덕분에 나는 이것이 훨씬 도움이 된다는 사실을 깨달았다.

만약 어떤 사람이 당신이 생각하기에 틀린 말을 했다면, 실제로 그 말이 틀렸음을 확실히 안다고 하더라도 이런 식으로 말을 시작하는 것이 더 좋지 않을까? "그런데 잠시만요. 제 생각은 조금 다릅니다만 제가 틀릴 수도 있겠지요. 자주 틀리곤 하거든요.

만일 제가 틀린 이야기를 한다면 바로잡아 주십시오. 그럼 사실을 좀 더 살펴보는 게 어떨까요."

'내가 틀릴 수도 있다.', '자주 틀리곤 한다.', '사실을 살펴보자.' 등과 같은 말 속에는 불가사의한 마력이 있다. 이 세상의 어떤 사람이더라도 그 말에 반대하지는 않을 것이다.

이는 과학자들의 방식이다. 나는 예전에 스티븐슨이라는 사람을 인터뷰했던 적이 있다. 그는 6년간 오로지 고기와 물로 버티기도 하면서 무려 11년 이상을 북극 지역에서 활동한 유명 과학자이자 탐험가였다. 그는 내게 자신이 했던 실험에 대해 설명해 줬고, 나는 그에게 무엇을 증명하기 위해 그 실험을 하는지 물었다. 그때 그가 했던 대답을 나는 결코 잊을 수 없다. "과학자는 결코 어떤 것도 증명하려 하지 않습니다. 다만 사실을 밝히고자 할 뿐입니다."

당신은 과학적인 사고를 하고 싶지 않은가? 당신의 과학적 사고를 막는 사람은 아무도 없다. 당신 자신만 제외하면 말이다.

자신이 틀렸음을 받아들인다면 문제에 휘말리지 않게 될 것이다. 그러면 모든 논쟁은 끝나고, 상대방 역시 당신처럼 공정하고 대범하며 편견 없는 자세를 취하려고 할 것이며, 더불어 자신도 틀릴 수 있다는 점을 인정하게 될 것이다.

누군가가 틀렸음을 확실히 안다고 해서 그것을 거리낌 없이, 무뚝뚝하게 지적하면 어떤 일이 벌어지겠는가? 이와 관련된 구체적인 사례를 살펴보기로 하자.

뉴욕의 젊은 변호사 S 씨는 최근 미연방 대법원에서 굉장히 중요한 사건(루스트가르텐 대플리트 코퍼레이션 사건, 280 U. S. 320)의 변론을 맡게 되었다. 거액의 돈과 법률상의 쟁점이 달려 있는 중요한 사건이었다.

논쟁 중에 대법원 판사 한 명이 S 씨에게 질문했다. "해사법 법정 기한이 6년 아닙니까?"

S 씨는 멈춰서 판사를 잠시 쳐다보고는 무뚝뚝하게 대답했다. "판사님, 해사법에는 법정 기한이란 것이 없습니다."

카네기 강좌에 참여한 S 씨는 당시의 상황을 이렇게 설명했다. "갑자기 법정에 침묵이 감돌더니, 그 방 안 온도가 0도까지 내려가는 것 같았습니다. 분명 제 말이 옳았고, 판사님 말씀이 틀렸습니다. 그래서 저는 있는 그대로 말한 것뿐이었습니다. 하지만 판사는 제게 우호적이지 않았습니다. 저는 아직까지도 제가 법률상으로 옳았다고 생각합니다. 그리고 저는 어느 때보다 훌륭한 변론을 했습니다. 하지만 저는 상대를 설득하지 못했습니다. 박식하고 사회적 명예도 있는 분에게 틀렸다고 말하는 큰 실수를 범했기 때문입니다."

논리적인 사람은 거의 없다. 우리 중 대다수가 선입견이나 편견을 가지고 산다. 게다가 우리는 미리 형성된 생각이나 질투심, 의심, 두려움, 시기, 자존심으로 인해 제대로 사고하기가 어렵다. 그리고 대다수의 사람들은 종교나 헤어스타일, 공산주의, 혹은 클라크 게이블 같은 영화배우에 대한 자신의 생각을 바꾸고 싶어 하지 않는다. 따라서 누군가의 잘못을 지적하고 싶어지면 매일 아침 식전에 무릎을 꿇고 경건한 마음으로 다음의 구절을 읽기 바란다. 제임스 하비 로빈슨James Harvey Robinson 교수의 지혜가 담긴 《정신의 형성The Mind in the Making》이라는 책에 나온 글이다.

우리는 때로 아무런 저항이나 감정의 동요 없이 마음을 바꾸기도 한다. 하지만 남으로부터 자신이 틀렸다는 이야기를 들으면 분개하며 자신의 견해를 더욱 확고히 다진다. 자신의 믿음을 형성하는 데 있어서는 믿을 수 없을 정도로 무덤덤하다가도, 누군가 그 믿음을 빼앗으려 하면 그 신념에 대해 전에 없던 집착을 보인다. 우리가 소중하게 여기는 것은 분명 그 신념 자체가 아니라 위협받는 자신의 자존감이다. '내 것'이라는 간단한 말이 인간사에 있어서는 가장 중요한 단어이기 때문에 이 말을 잘 생각해 보는 것이 지혜의 출발이라 하겠다.

'내' 식사, '내' 개, '내' 집, '내' 조국, '내' 종교 등 어느 경우나 이 위력은 마찬가지다. 우리는 자신의 시계가 가리키는 시간이 빠르거나 늦거나, 혹은 차가 낡았다는 지적에만 화를 내는 것이 아니라 화성에 운하가 있는지, 에픽테토스(Epictetus)라는 단어를 어떻게 발음하는지, 해열진통제인 살리신이 과연 의학적으로 효과가 있는지, 아카드 왕조의 시조라 알려진 사르곤 1세가 살았던 시기는 언제인지 등과 같은 것에 대해 우리가 알고 있는 사실이 틀렸다는 말을 들을 때도 화를 낸다. 우리는 습관적으로 옳은 것이라고 생각했던 것들을 계속해서 믿고 싶어 한다. 그리고 이렇게 믿어 왔던 것들에 대한 의문이 제기되면 화를 낼 뿐만 아니라 기존의 생각을 지키기 위해 온갖 이유를 갖다 붙인다. 그 결과 소위 논증이라고 일컫는 것은 우리가 이미 믿고 있는 것을 계속 유지하기 위해 논리를 찾는 것에 불과하다고 할 수 있다.

언젠가 나는 집 장식을 위해 인테리어 업자에게 커튼을 주문한 적이 있다. 그런데 영수증을 받았을 때 청구 금액이 너무 커서 깜짝 놀랐다.

며칠 후 한 친구가 집에 왔다가 그 커튼을 보았다. 내가 그 커튼 값을 얘기하자 그녀는 득의양양한 태도로 "뭐라고? 엄청 바가지 쓴 것 같네."라고 말했다.

사실이었을까? 그렇다. 그녀는 사실을 알려 주었다. 하지만 사람은 자신의 판단과는 반대되는 진실을 듣는 것을 좋아하지 않는다. 나도 사람인지라 나 자신을 방어하느라 애썼다. 결국 싼 것은 품질 면에서나 미적 취향에 있어서 기대에 못 미칠 수밖에 없다는 등등을 지적하면서 말이다.

다음 날 우리 집에 들른 또 다른 친구 하나는 그 커튼을 입이 마르도록 칭찬하면서, 형편만 된다면 자신의 집에도 이런 정교한 작품을 활용하고 싶다고 말했다. 그런 말을 듣자 내 반응은 어제와 정반대가 되었다. 나는 친구에게 말했다. "그래. 사실 나도 이 커튼을 장만할 만큼 여유롭지는 않아. 너무 비싸게 줘서 아무래도 괜히 산 것 같거든."

뭔가 잘못했을 때 자신에게는 그 사실을 인정할 수 있다. 만약 남이 그것을 지적하더라도 부드럽고 은근한 방법으로 말해 준다면 우리는 타인에게도 잘못을 인정할 수 있을 것이고, 때로는 자신의 솔직함과 관대함을 자랑스럽게 여길 수도 있다. 그러나 누군가가 우리 입안에 도저히 삼키기 힘든 사실을 밀어 넣으며 삼키라 한다면…….

남북전쟁 당시 미국에서 가장 유명한 편집장이었던 호레이스 그릴리Horace Greeley는 링컨의 정책을 지독하게 반대했다. 논쟁, 조롱, 비난을 거듭하면 링컨이 자신의 의견에 동의할 것이라 생각한 그는 몇 달, 몇 해 동안 지속적으로 링컨을 겨냥하여 신랄한 공격을 거듭했다. 실제로 그는 링컨이 부스에게 저격당한 날 밤에도 그를 비방하는 잔인하고 혹독한 조롱 조의 공격성 글을 썼다.

하지만 이 모든 행동들이 링컨의 생각을 바꿔 그릴리의 생각에 동의하게 만들었는가? 전혀 그렇지 않았다. 조롱과 비난으로는 결코 사람의 마음을 바꿀 수 없다.

사람 다루는 법과 자기 관리, 인성 계발에 대한 훌륭한 조언을 얻고 싶다면 벤저민 프랭클린의 자서전을 읽어 보기 바란다. 이 책은 가장 멋진 전기문일 뿐만 아니라 미국 문학의 고전이기도 하다. 이 자서전에서 프랭클린은 자신이 어떻게 쓸데없이 논쟁하는 습관을 이겨 냈는지, 또 어떻게 미국에서 가장 유능하고 상냥하며 외교적 수완이 뛰어난 사람으로 변모할 수 있었는지에 대해 자세히 이야기한다.

프랭클린이 실수를 연발하는 청년이었던 시절의 일이다.

어느 날 나이 든 퀘이커교도 친구가 그를 한쪽으로 데리고 가더니 그의 아픈 곳을 찌르는 몇 가지 진실을 지적하며 이렇게 말했다.

"벤, 자네는 구제불능이야. 자네의 의견은 자네와 다른 견해를 가진 모든 사람에게 큰 타격을 주고 있네. 그 상처가 너무 커서 이젠 어느 누구도 자네 생각을 듣고 싶어 하지 않는다네. 자네 친구들은 자네가 없을 때 더 즐겁다고 하더군. 자네는 너무 박식해서 누구도 자네에게 말을 걸려 하질 않고 있지. 사실 말하려고 애써 봐야 불편하고 힘들어지니 말을 걸려는 이가 없는 걸세. 자네가 박식하다고는 하지만 알면 얼마나 많이 알겠나. 이런 상황이 지속된다면 자네가 지금 알고 있는 것 이상으로 더 많이 알게 될 것 같진 않네."

벤저민 프랭클린의 뛰어난 장점 중 하나는 이런 통렬한 비판을 받아들이는 태도다. 그는 이 말이 사실이라는 것을 알 정도로 그릇이 크고 현명한 인물이었다. 또한 이대로 계속했다가는 실패와 사회의 나락으로 떨어지는 일만 남을 것이라는 사실도 깨달았다. 그래서 그는 즉시 자신의 거만하고 독선적인 태도를 바꾸기 시작했다.

프랭클린은 말했다. "나는 사람들의 감정에 직접적으로 반하는 행동과 내 자신의 감정을 직접적으로 주장하는 것을 삼가겠다는 규칙을 세웠다. 심지어 나는 고정된 의견을 나타내는 단어나 표현, 예를 들어 '확실히', '의심할 여지없이'와 같은 말을 자제하고, 그 대신 '제가 생각하기에', '제가 이해하기로는', '제가 추정컨대' 또는 '현재로 봐서는'과 같은 말을 사용했다. 내가 생각하기에 틀린 주장을 하는 누군가가 있더라도 대놓고 퉁명스럽게 반박하거나 그가 잘못되었음을 즉시 입증함으로써 즐거움을 찾으려 하지도 않았다. 그 대신 어떤 특별한 경우나 상황에 따라서는 그의 말이 옳을 수 있지만 이번 경우는 좀 달라 보인다거나 혹은 그렇게 보이는 것 같다며 이야기를 시작했다. 이런 태도의 변화가 가져오는 효과는 금세 나타났다. 내가 의견을 조심스럽게 제시하니 상대는 더 쉽게 그것을 받아들였고 충돌 또한 줄어들었다. 내가 잘못되었다는 사실을 알게 되었을 때도 예전과 달리 덜 치욕스러웠고, 운 좋게 내가 옳은 경우에는 상대 역시 쉽게 자신의 실수를 인정하게 되었을 뿐 아니라 함께 즐거워할 수 있었다.

사실 처음에는 이 방식을 따르기 위해 내 본래 성격을 억눌러야 했지만, 시간이 지나면서 점차 쉽고 편해졌다. 덕분에 지난 50년간 내가 독선적으로 말하는 것을 본 사람은 없을 것이다. 내가 제안하는 새로운 제도나 새 개정안이 많은 시민의 지지를 얻었던 것 그리고 내가 의회의 일원이 되어 영향력을 행사할 수 있었던 것은 이 습관이 완전히 자리 잡았기 때문이 아니었나 싶다. 나는 언변이 뛰어난 연설가도 아닌 데다가 단어 선택에서도 머뭇거리고 표현 또한 정확하지 못함에도 대개는 내 주장을 잘 관철할 수 있었기 때문이다."

벤저민 프랭클린의 이 방식을 사업상에 적용해 보면 어떨까? 여기에 두 가지 사례가 있다.

뉴욕 리버티 스트리트 114번가에 사는 F. J. 마호니 씨는 정유

회사에 특수 장비를 판매하고 있다. 한번은 롱아일랜드에 사는 주요 고객으로부터 주문이 들어와, 설계도를 만들고 그의 승인을 받은 뒤 장비 제작 단계에 들어갔다. 그때 문제가 생겼다. 그 고객이 자신의 주문에 대해 친구들과 상의를 했는데, 친구들이 그에게 엄청난 실수를 하고 있다고 지적한 것이다. 여기는 너무 넓고, 여긴 너무 좁으며, 여기는 이것이 잘못됐고, 저기는 저것이 잘못됐다는 등의 지적이 쏟아지자, 그 고객은 화가 치솟아 마호니 씨에게 전화를 걸어 장비를 인수할 수 없다고 통보하기에 이르렀다. 당시 상황에 대해 마호니 씨는 이렇게 이야기했다.

"저는 매우 세심하게 제작 설계도를 확인했고 저희가 옳다는 것을 확신할 수 있었습니다. 게다가 그 고객과 친구들이 잘 모르면서 이런저런 지적을 하고 있다는 것도 눈치챘죠. 하지만 고객에게 그것을 사실대로 이야기하는 것은 분명 위험 부담이 큰 일이라는 생각도 들었습니다. 그래서 저는 롱아일랜드에 있는 그의 사무실을 찾았습니다. 사무실에 들어섰더니 그 고객은 자리에서 벌떡 일어나 제게 성큼성큼 다가오며 모욕적인 말들을 속사포처럼 내뱉더군요. 얼마나 흥분했는지 그는 말하던 중에 주먹을 흔들어 대기도 했습니다. 그렇게 한참 동안 저와 장비에 대한 비난을 퍼붓더니 '자, 이제 어떻게 할 작정이요?'라며 말을 끝내더군요.

저는 매우 차분하게, 그가 말하는 대로 해 주겠다고 말했습니다. '당신이 이 모든 설비에 대한 대금을 치르실 분이니 분명 원하는 대로 하실 수 있습니다. 그렇지만 누군가는 그 책임을 질

수밖에 없습니다. 만약 당신이 옳다는 생각이 들면 저희 측에 설계도를 돌려주십시오. 이미 2,000달러라는 돈이 시공에 들어가긴 했지만, 그 손실은 당신을 위해 저희가 기꺼이 감수하겠습니다. 하지만 꼭 말씀 드리고 싶은 것이 있습니다. 당신이 주장하는 대로 제작할 경우에는 그에 따르는 책임 또한 당신이 져야 합니다. 반면 저희는 저희 설계가 맞다는 생각에 변함이 없으므로, 만일 이대로 일을 진행할 경우 모든 책임은 저희 쪽에서 지겠습니다.'

그쯤 되자 그는 좀 진정이 되었는지 '좋습니다. 그대로 진행하세요. 하지만 문제가 생기면 모든 책임을 지셔야 합니다.'라고 하더군요.

결국 저희 판단이 옳았기에 제작은 성공적으로 끝났습니다. 그리고 그는 이번 시즌에도 전과 비슷한 주문을 두 건이나 더 내기로 약속했지요.

솔직히 그가 저를 모욕하고 제 얼굴에 주먹을 휘두르며 일을 제대로 알기나 하는 사람이냐고 말할 때는 저 역시 따지고 반박하고 싶었지만, 그 충동을 참기 위해 있는 힘껏 제 자제력을 동원해야 했습니다. 그렇게 참으니 보람이 있었습니다. 만일 제가 그 고객에게 틀렸다고 말하며 논쟁하기 시작했다면 아마 법적 소송까지 이어졌을 것이고, 감정은 서로 상하는 데다 금전적 손실도 생겼을 것이며, 귀중한 고객을 잃는 사태까지 가야 했을 것입니다. 그 덕분에 저는 상대방에게 틀렸다고 말하는 것은 결코 득이 되지 않는다는 것을 확실히 깨닫게 되었습니다.”

그럼 이번에 또 다른 예를 들어 보겠다. 지금 내가 전하고 있는 사례들은 수많은 사람이 겪은 경험들의 전형에 해당하는 것임을 기억하기 바란다.

R. V. 크로울리 씨는 뉴욕에 위치한 가드너 W. 목재회사의 판매사원이다. 그는 다년간 인정사정없는 목재검사관들에게 그들의 판단이 잘못됐음을 지적해 왔음을 고백했다. 그들과의 논쟁에서 그는 대부분을 이겼지만, 그로써 득이 되는 것은 하나도 없었다. 그의 말을 빌리자면 '목재검사관들은 마치 야구 심판 같아서 한 번 결정했다 하면 번복이라는 게 없기 때문'이었다.

크로울리 씨는 비록 자신은 논쟁에서 이기지만, 회사는 그로 인해 수천 달러의 손실을 입고 있음을 깨달았다. 그래서 카네기 코스를 수강하는 중에 그는 작전을 바꿔 논쟁을 그만두기로 결심했다. 과연 어떤 결과가 나왔을까? 수업 시간에 그가 발표한 내용을 들어 보자.

"어느 날엔가 아침 일찍 회사 전화벨이 울렸습니다. 거래처 직원이 건 전화였는데, 그는 매우 화가 난 데다 짜증까지 섞인 목소리로 저희가 보낸 차 한 대 분량의 목재가 모두 불량 판정을 받는 바람에 진행 중이었던 하역 작업을 중단했으니 즉각 회수해 가라고 통보하더군요. 그 차량에 있던 목재의 4분의 1 가량이 하역된 상황에서 목재검사관이 55퍼센트의 불량률이라고 통보했기 때문에 인수를 거부하기에 이른 것입니다.

즉시 공장으로 달려가며 저는 이 상황을 잘 처리할 수 있는 최고의 방법이 무엇인지 침착하게 생각해 봤습니다. 보통의 상황이라면 등급 판정 기준을 열거하고 목재검사관이었을 때의 경험과 지식을 바탕으로 담당 검사관에게 이 목재의 실제 등급은 높게 책정되어야 하고 그가 검사 규정을 잘못 알고 있다고 설득하려 했을 겁니다. 그러나 저는 이 수업 시간에 배운 규칙을 적용해 보기로 마음먹었습니다.

공장에 도착해 보니 구매 담당자와 목재검사관은 이미 독을 품고 한바탕 논쟁을 벌일 준비를 하고 있다는 것을 알 수 있었습니다. 나는 하역 중인 차량 쪽으로 걸어가서 어떻게 그가 판정하는지 볼 수 있도록 계속 하역 작업을 진행해 달라고 요청했습니다. 검사관에게는 그가 하던 대로 합격품과 불합격품을 나누고, 합격품은 따로 쌓아 달라고 부탁했고요.

그가 작업하는 것을 얼마간 보고 나니 그가 실제로 기준을 너무 엄격하게 적용하는 데다가 규정도 잘못 해석하고 있다는 판단이 들었습니다. 문제가 됐던 목재는 백송이었는데, 그 검사관은 단단한 목재에 대해서는 잘 알고 있었지만 백송에 대해서는 그렇지 않았고 경험 또한 부족했습니다. 우연치 않게 백송은 제 전문분야이기도 했지요.

그렇다면 저는 그가 내리는 품질 판정에 이의를 제기했을까요? 전혀 아니었습니다. 그저 계속 지켜보다가 조금씩 그 목재는 왜 불량으로 판정받았는가 하는 식의 질문을 던졌을 뿐입니다. 판정이 잘못되었다는 내색은 전혀 하지 않았고, 제가 질문하는 이유는 오로지 앞으로 거래처에서 원하는 품질 좋은 목재를 제공하기 위해서임을 강조했습니다.

정말 친절하고 협조적인 자세로 질문하고, 그들의 기준에 미달되는 목재를 걸러 내는 것은 당연하다고 계속 이야기했더니 검사관의 태도도 곧 누그러지고, 우리 사이의 긴장된 분위기도 풀리기 시작하더군요. 그러고 나서 이따금씩 중간중간에 제가 조심스럽게 몇 마디 꺼내자 그 검사관도 자신이 불량이라고 판정한 목재가 실제로는 기준에 부합할 수 있고, 자신들의 기준을 충족시키는 목재는 훨씬 높은 등급의 것이겠다는 생각이 드는 것 같았습니다. 하지만 저는 제가 그런 이야기를 화두로 삼으려는 것을 그가 전혀 눈치채지 못하게끔 주의를 기울였지요.

그의 태도는 조금씩 바뀌기 시작했습니다. 그리고 결국 그는 자신이 백송에 대한 경험은 없다는 것을 인정하고, 하역되는 목재 하나하나에 대한 제 의견을 묻기 시작했습니다. 저는 왜 그 목재가 그들의 등급에 합당한 것인지를 설명하는 한편, 그렇지 않은 경우에는 굳이 저희 목재를 취급하지 않아도 된다고 거듭 강조했습니다. 마침내 그는 자신이 불량 판정을 내릴 때마다 뭔가 꺼림칙한 느낌이 들었던 이유를 알게 됐습니다. 더 높은 등급의 목재를 주문했어야 했는데 그러지 못한 자신들의 실수를 깨닫게 된 것이죠.

그는 제가 그곳을 떠난 뒤 전 목재를 재점검하고서는 전체 합격 판정을 내렸습니다. 납품한 목재 전부에 대한 대금을 저희가 결제받은 것은 물론이고요. 상대가 틀렸음을 지적하는 것을 참는 요령을 발휘했더니 이번 거래에서 회사는 적지 않은 금액의 돈을 아낄 수 있었습니다.

그리고 더 나아가서는 돈으로 값을 매길 수 없이 소중한 우호적인 관계도 얻었고요."

지금 내가 이야기하고 있는 것은 전혀 새로운 사실이 아니다. 무려 20세기 전에 예수는 이렇게 말했다.

'너와 다투는 사람과 서둘러 화해하라.'(마태복음 5:25)

이는 다시 말해 당신의 고객, 당신의 남편, 당신의 적과 논쟁하지 말라는 것이다. 상대방에게 그가 틀렸다고 말하거나 그를 화나게 만들지 말고, 그저 약간의 외교적인 수단을 발휘하라.

기원전 22세기, 이집트의 아크토이 왕은 그의 아들에게 몇 가지 현명한 충고를 해 주었다. 4,000년 전 어느 오후, 그는 술을 마시다가 "다른 이의 감정을 상하게 하지 않는다면, 네가 바라는 대로 될 것이다."라고 말했다. 그의 충고는 오늘날에도 매우 필요한 것에 해당한다.

그러므로 다른 사람을 설득하고 싶다면,

원칙 2

상대의 의견을 존중하고, 그의 잘못을 지적하지 말라.

3
잘못은
솔직히 인정하라

　지리적으로 봤을 때 내가 사는 곳은 뉴욕 중심부다. 하지만 우리 집에서 걸어서 1분도 채 걸리지 않는 곳에는 원시림이 펼쳐져 있다. 봄이면 그곳에서는 딸기 덤불이 하얀 꽃을 피우고, 다람쥐가 보금자리에서 어린 새끼를 키운다. 뒤쪽에는 쥐꼬리 망초가 꽤나 자라 있다. 사람의 손이 거의 닿지 않는 이곳은 '숲 공원'으로 불리는데, 이름 그대로 숲이라 할 수 있다. 아마도 여기는 콜럼버스가 아메리카 대륙을 발견했을 당시의 모습과 거의 같을 것이다.

　나는 이 숲을 보스턴 불도그인 렉스와 자주 산책한다. 렉스가 사람을 좋아하는 데다 공원을 다니면서 사람들과 마주친 일이 거의 없었기 때문에 나는 렉스에게 목줄이나 입마개 등을 채우지 않고 데리고 다녔다.

　그러던 어느 날, 공원에서 기마경찰을 만났다. 그는 거들먹거리고 싶어 안달이 난 사람 같았다. "공원에서 개가 목줄이나 입마개 없이 돌아다니게 내버려 두시면 어떻게 합니까? 법규 위반인 걸 모르십니까?"

"네, 물론 알고 있습니다만, 여기에서는 제 개가 아무에게도 별다른 해를 끼칠 일이 없다고 생각했습니다." 나는 부드러운 어조로 대답했다.

"해를 끼치지 않을 거라고 '생각'하셨다고요? 법은 선생님이 생각하시는 것과는 아무런 상관이 없습니다. 저 개는 다람쥐를 죽이거나 어린아이를 물 수도 있습니다. 이번 한 번은 눈감아 드리겠습니다만, 다음번에 이런 식으로 목줄이나 입마개 없이 개를 이곳에 데리고 오시면 그때는 저와 함께 가셔야 합니다."

나는 잘 알았다고 순순히 답했고, 그 이후 서너 번은 그 약속을 따랐다. 하지만 렉스는 입마개 씌우는 것을 싫어했고 나 역시 마음에 들지 않았다. 그래서 우리는 약속을 어기고 몰래 산책을 나가기 시작했다. 한동안은 아무 일이 없었는데, 결국 어느 날엔가는 그에게 다시 들키고 말았다. 어느 날 오후 렉스와 나는 언덕 꼭대기까지 달리기 시합을 했는데, 불행히도 나는 암갈색 말을 타고 있는 그 경찰을 보고 말았다. 렉스는 그 경찰을 향해 돌진하고 있었다.

나는 이제 꼼짝없이 벌금을 물게 될 것임을 깨달았다. 그래서 그 경찰관이 입을 열 때까지 기다리지 않고 선수를 치며 "경찰관님, 제가 법을 위반했습니다. 알리바이도 없고 변명의 여지도 없습니다. 지난주에 경찰관님께서는 제게 입마개도 씌우지 않은 개를 이곳에 데리고 오면 벌금을 물리겠다고 미리 경고를 하셨는데, 이렇게 되어 버렸네요."라고 말했다.

그러자 그 경찰관은 부드러운 어조로 이렇게 답했다.

"글쎄요, 지금처럼 주변에 아무도 없을 때라면 이렇게 작은 개는 뛰어놀게 하고 싶은 유혹을 느낄 만도 하겠습니다."

"네, 그렇습니다." 나는 답했다. "하지만 위반은 위반이죠."

"그런데 이 정도로 작은 개라면 사람에게 해를 입힐 것 같지는 않습니다." 경찰관이 반박했다.

"네, 하지만 다람쥐를 죽일지도 모르니까요." 내가 답했다.

그러자 그는 내게 이렇게 말했다. "제 생각에 선생님께서는 너무 심각하게 생각하시는 것 같습니다. 그럼 이렇게 하시는 건 어떨까요? 선생님께서는 이제 개를 저 언덕 너머 제가 볼 수 없는 곳에서 놀게 하시면 됩니다. 그러면 우리는 모든 걸 다 모른 척하고 넘길 수 있습니다."

그 경찰도 인간인지라 자신이 인정받고 있다는 느낌을 원했다. 그래서 내가 자책을 하고 나서자 자신의 자부심을 충족시키는 유일한 방법, 즉 내게 아량을 베풀며 관용적인 태도를 택할 수밖에 없었다. 하지만 만약 그때 내가 나를 옹호하려 애썼다면 어떻게 되었을까? 글쎄, 아마 경찰관과 싸워 본 적이 있는 사람이라면 알 것이다.

나는 경찰을 상대로 논쟁을 벌이는 대신 그가 전적으로 옳고 내가 완전히 틀렸다는 사실을 재빨리, 솔직하게, 진심으로 인정했다. 이 일은 내가 그의 입장을 이해하고 그가 내 입장을 이해함으로써 순조롭게 마무리되었다. 체스터필드 경이라도 1주일

전에 내게 법규를 위반하면 안 된다고 위협했던 이 기마경찰보다 더 자비로울 수는 없었을 것이다.

어차피 내가 비판받아야 할 상황이라면 다른 사람이 나를 깎아내리기 전에 스스로 자책하는 편이 낫지 않을까? 다른 사람의 입에서 나오는 모욕을 견디는 것보다 자기비판을 듣는 편이 더 쉽지 않을까? 다른 사람이 생각하거나 말하고 싶어 하는, 나에 대한 비난의 말은 상대가 입을 열기 전에 당신 스스로가 먼저 말해 버려라. 그들이 말할 기회를 얻기 전에 그들에게 먼저 털어놓아라. 그 이후는 순풍을 맞이하는 돛과 같아질 것이다. 이렇게 되면 상대는 한없이 관대해진 태도로 당신의 실수를 사소한 것으로 만들 가능성이 매우 높아진다. 기마경찰이 나와 렉스에게 그랬던 것처럼 말이다.

상업 미술가인 페르디난드 E. 워런 씨는 이 기술로 심술 맞고 질책이 잦은 미술품 구매자의 호의를 끌어낸 적이 있다. 그의 이야기를 들어 보자.

"광고나 인쇄 용도로 쓰일 그림은 정밀하고 정확하게 그리는 것이 중요합니다. 어떤 미술 편집자들은 자신이 의뢰한 것을 즉각적으로 제작해 달라고 요구하기도 하는데, 그런 경우에는 작은 실수들이 발생하기 쉽습니다. 제가 잘 아는 편집장 한 명은 사소한 트집을 잡기 좋아합니다. 저는 종종 불쾌한 마음으로 그의 사무실을 나오곤 했는데, 그건 그의 비난을 받아서가 아니라 그가 비판하는 방식 때문이었습니다. 최근에 저는 그 편집장에게 한 작품을 급히 제작해서 보냈는데, 그는 제게 전화를 하더니 당장 달려오라고 했습니다. 뭔가 잘못되었다는 것이죠. 도착해 보니 제가 예상하고 염려했던 대로였습니다. 비판할 거리가 생긴 그는 득의양양해 있었고, 하나하나 꼬치꼬치 따지기 시작했습니다. 그때 '내가 배웠던 자기비판의 기술을 지금 적용해 봐야겠다.'라는 생각이 들더군요. 그래서 이렇게 이야기했습니다.

'아무개 씨. 당신 말이 사실이라면 제가 실수한 것이니 저는 변명의 여지가 없습니다. 오랜 시간 동안 같이 일했으니 이제는 좋은 그림을 드릴 때가 된 것 같기도 한데 이 정도밖에 되지 않으니 정말 부끄럽고 면목이 없습니다.'

그러자 그는 저를 옹호해 주기 시작했습니다. '당신 말이 맞긴 합니다만, 그렇다고 이게 그렇게 중대한 실수는 아닙니다. 다만……' 저는 그의 말을 막고 다시 말했습니다. '어떤 실수든 나중에 큰 손실을 입힐 수 있고, 또 사람을 짜증나게 하는 법이지요.'

그는 내 말 중간에 끼어들려 했지만 저는 그렇게 내버려 두지 않았습니다. 저는 정말 굉장한 시간을 보내고 있었기 때문입니다. 생애 처음으로 제 자신을 비판하고 있었는데도 기분은 좋았습니다. 저는 계속해서 말했습니다. '제가 더 주의를 기울였어야 했습니다. 일거리도 많이 주시는데, 당연히 제가 최고의 결과물을 드리는 것이 당연합니다. 그러니 이 그림은 완전히 처음부터 다시 그려 오겠습니다.'

그러자 그가 강하게 저지했습니다. '아뇨, 아닙니다. 그런 수고까지 끼칠 생각은 없습니다.' 그는 제 작품을 칭찬하고 약간의 변화만 주었으면 좋겠다고 했습니다. 그리고 이런 사소한 실수로 회사에 금전적 손실이 있을 리는 없다고 확인시켜 줬습니다. 무엇보다 굉장히 미세한 실수이고 약간의 세부 손질이 필요한 정도일 뿐이니 전혀 걱정할 필요가 없다고 말하더군요.

저 자신에 대한 강한 비판 덕분인지 그는 저와 싸울 마음이 싹 달아나 버린 것 같았습니다. 그는 이야기는 이 정도로 하고 점심이나 함께하자고 하더군요. 그는 저와 헤어지기 전에 수표 한 장과 새로운 다른 일을 의뢰했습니다."

어떤 바보든지 자기 실수에 대한 변명은 할 줄 알고, 실제로 많은 바보들이 그렇게 한다. 하지만 자신의 실수를 인정하는 것은 자신을 다른 사람들에 비해 부각시켜 줄 뿐 아니라 스스로 생각할 때에도 고귀함과 뿌듯함이 느껴져 좋은 기분이 들게 한다. 역사 속에서 이와 관련된 한 가지 예를 찾자면 로버트 E. 리 장군에 관한 이야기라 할 수 있다. 게티즈버그 전투에서 피켓 장군의 돌격 작전이 실패했을 때, 리 장군은 그 책임이 전적으로 자신에게 있다고 비판하고 나섰다.

피켓 장군의 돌격 작전은 서양에서 유례없이 가장 훌륭하고 멋진 공격이었다. 피켓 장군 자체도 굉장히 멋진 사람이었다. 그는 어깨까지 닿는 긴 적갈색 머리를 길게 늘어뜨려 묶고 있었고, 나폴레옹이 이탈리아 원정 시에 그랬던 것처럼 그도 거의 매일 열렬한 사랑의 편지를 썼다. 비극적이었던 7월의 어느 오후, 피켓 장군의 충직한 부대는 그가 모자를 오른쪽으로 멋지게 살짝 비껴쓴 채 북군 전선을 향해 기세등등하게 진격하자 환호성을 질렀다. 병사들은 대열을 이루었고 깃발은 펄럭이며 총검은 태양 아래 빛나고 있었다. 실로 굉장히 멋지고 숨 막히는 광경이었다. "용감하다. 정말 멋지다." 남군을 주시하고 있던 북군 병사들 사이에서 감탄이 흘러나왔다.

피켓 장군의 군대는 과수원과 옥수수밭, 초원과 골짜기를 어려움 없이 휩쓸고 지나갔다. 진격하는 내내 북군의 대포가 대열에 커다란 구멍을 만들었지만 그들은 조금도 굴하지 않고 계속 나아가며 진격을 멈추지 않았다.

그런데 매복해 있던 북군 보병대가 묘지 능선의 석벽 뒤에서 나타나더니 무방비 상태의 피켓 부대에게 기습적으로 무차별 사격을 가했다. 폭발하는 화산처럼 순식간에 화염에 휩싸인 능선은 대학살의 현장이 되고 말았다. 몇 분 후 피켓의 연대 지휘관들은 한 명을 제외하고 모두 쓰러져 버렸고, 5,000명 병사 중 5분의 4에 해당되는 수가 전사했다. 최후의 돌격을 이끈 아미스테드 장군은 돌진하여 석벽을 뛰어넘고 그의 검 끝에 달린 모자를 흔들며 소리쳤다.

"전원, 착검하고 앞으로 돌격하라!"

그들은 돌격했다. 석벽을 뛰어넘어 적을 찌르고 개머리판으로 적의 머리를 부수며 묘지 능선 남쪽에 남군의 깃발을 꽂았다. 그러나 승리는 아주 잠시뿐이었다. 비록 짧은 시간이었지만 이 순간은 남부 연방사상 가장 위대한 순간으로 기록되었다.

피켓의 돌격은 눈부시고 용감했지만, 종말의 시작에 불과했다. 리 장군은 북군 방어선을 더 이상 무너뜨릴 수 없었고, 그도 그것을 알고 있었다. 남군에게는 뼈아픈 패배의 순간이 아닐 수 없었다.

　너무 슬프고 충격을 받은 리 장군은 남부 연방의 대통령이었던 제퍼슨 데이비스에게 사의를 전하며 '젊고 유능한 인재'를 임명해 달라고 부탁했다. 만약 리 장군이 작전 참패에 대한 책임을 남에게 전가하려고 마음먹었다면 수없이 많은 사람들을 지목할 수 있었을 것이다. 연대 지휘관 중 일부는 그의 명령을 따르지 않았고, 기마부대는 너무 늦게 도착하는 바람에 보병부대의 공격을 제대로 지원하지 못했기 때문이다. 여기서는 이게 문제가 되었고 저기서는 저게 말썽을 피웠다.

　그러나 고매한 성품의 리 장군은 다른 사람을 탓하지 않았다. 피 흘리는 병사들이 남부군 전선으로 간신히 돌아오자 그는 홀로 말을 타고 나가 다음과 같은 숭고한 말로 자신을 탓하며 그들을 맞이했다. "이 모든 것은 내 책임이다. 이 전투에서 패배한 것은 나이고, 나 혼자일 뿐이다."

　역사상 이렇게 자신의 패배를 인정할 정도로 용기와 인품이 뛰어난 장군은 거의 없었다.

　엘버트 허버드는 온 나라에 돌풍을 일으킨 창의적인 작가였다. 그의 신랄한 글은 독자들의 엄청난 분노를 불러일으키기도 했지만, 그는 사람 다루는 기술이 매우 탁월했기에 적이었던 사람도 친구로 만들 때가 많았다. 예를 들어, 그의 글을 읽고 너무나 화가 난 독자 하나가 '당신 글에서 이런저런 부분은 동의할 수 없다.'고 하며 이것저것을 지적하고 비난하는 편지를 보낸 적이 있다. 그러자 허버드는 그에게 이렇게 답장을 보냈다.

다시 생각해 보니 저 역시 당신처럼 그 점에 대해 전적으로 동의하기는 힘들 것 같습니다. 제가 어제 쓴 모든 글이 오늘도 마음에 드는 것은 아니기 때문입니다. 이 주제에 대한 당신의 생각을 알려 주셔서 감사합니다. 다음에 기회가 닿아 이 근처에 놀러 오신다면 저희 집에도 한번 들러 주십시오. 둘이 함께 이 주제에 대해 낱낱이 파헤쳐 볼 수 있을 것 같습니다. 멀리서 박수를 보내며 이만 줄이겠습니다.

엘버트 허버드 올림

당신이라면 그 독자에게 뭐라고 말했겠는가?

당신이 옳은 경우라면, 부드럽고 은근한 방식으로 상대방이 당신 생각에 동의하게 만들어 보자. 반대로 틀린 경우라면(사실 솔직히 말해 이런 경우가 놀라울 정도로 훨씬 많겠지만) 빠르고 분명하게 실수를 인정하자. 이런 기술을 쓰면 놀라운 결과가 일어날 뿐만 아니라, 믿을지 모르겠지만 당황스러운 상황에서 자신의 실수를 옹호하려 할 때보다 훨씬 더 즐거울 것이다. '싸우면 충분히 얻지 못하나, 양보하면 기대 이상의 것을 얻는다.'라는 옛말을 명심하자.

그러므로 다른 사람을 설득하고 싶다면,

잘못을 했을 때는 빨리,
그리고 분명하게 그것을 인정하라.

4
상대를 이해시키는
경청

누군가에게 화가 났을 때 이 얘기 저 얘기 다 쏟아붓고 나면 확실히 당신의 기분은 한결 나아질 것이다. 하지만 상대방은 어떻겠는가? 그 사람도 당신처럼 기분이 좋을까? 과연 호전적인 말투와 적대적인 태도가 당신의 의견을 따르게 하는 데 보탬이 될까? 우드로 윌슨은 이렇게 말했다.

"당신이 두 주먹을 불끈 쥔 채 제게 온다면 분명 저는 당신보다 두 배 더 빠르게 쳐야겠다고 마음먹을 것입니다. 하지만 당신이 제게 와서 '자, 우리 한 번 상의해 봅시다. 서로 의견이 왜 다른지, 그 차이에 대해 얘기해 볼까요.'라고 말한다면 우리는 의견 차는 크지 않지만 공통분모가 많기 때문에 화합하기 위한 인내와 솔직함, 의지만 있다면 얼마든지 그렇게 할 수 있다는 것을 알게 될 것입니다."

우드로 윌슨이 한 이 말의 진가를 존 D. 록펠러 2세John D. Rockefeller Jr.보다 더 잘 알아본 사람은 없을 것이다. 1915년 당시 록펠러는 콜로라도에서 가장 멸시받는 인물이었다. 미국 산업 사상 가장 심각한 파업이 2년간 콜로라도 주를 뒤흔들었다. 독이 올라 적대적으로 변한 광부들은 콜로라도 석유와 강철회사 쪽에 임금 인상을 촉구했다. 이 회사는 록펠러 소유였다. 그들이 회사 기물을 파손하자 병력까지 동원되었고, 유혈 사태가 벌어졌다. 파업을 하던 광부들은 총에 맞는 지경에까지 이르렀다.

들끓는 증오로 유혈 사태가 벌어지는 가운데 록펠러는 파업 참가자들을 설득하고자 했다. 그리고 그는 성공했다. 어떻게 한 것일까? 여기에 그 일화를 소개하겠다.

사람들을 사귀는 데 몇 주를 할애한 록펠러는 어느 날 파업 노동자 대표자들 앞에서 연설을 했다. 그 연설은 내용 면에서도 처음부터 끝까지 걸작이었고, 그 결과 또한 놀라웠다. 록펠러에게 덮쳐 오던 강한 증오의 파도를 잠재운 데다 수많은 추종자까지 만들어 냈기 때문이다. 그는 연설에서 사실을 밝혔지만 그 태도가 매우 우호적이었기 때문에 파업 참가자들은 그토록 강하게 밀어붙이던 임금 인상에 대한 언급은 한마디도 하지 않은 채 작업장으로 돌아갔다.

그 유명한 연설의 시작은 아래에 나와 있다. 얼마나 우호적인 느낌이 가득한지 주목해 보자. 명심해야 할 것은 당시 록펠러의 연설을 들었던 사람들은 불과 그보다 며칠 전까지만 해도 그의 목을 사과나무에 매달려고 한 사람들이었다는 점이다. 그럼에도 그는 흡사 의료선교단체의 사람들에게 하듯 온화하고 따뜻한 태도로 연설했다. 그의 연설은 '이 자리에 선 것을 자랑스럽게 생각한다.' '여러분의 가정에 방문하여' '여러분의 아이와 아내를 만나보고 나니' '우리는 낯선 사람이 아닌 친구로서 마주하고 있는 것' '우리는 여기서 처음 보는 사람처럼 있는 것은 아니다. 다만 친구로 만나', '여러분의 호의와 배려 덕분에 상호 우정의 정신과 우리 공동의 이익이 있고', '저는 여러분의 호의와 배려 덕분에 이 자리에 설 수 있게 되었다.' 등의 구절로 가득하다.

그는 "오늘은 제 삶에서 매우 특별한 날입니다."라는 말로 연설을 시작했다.

"처음으로 저는 이 훌륭한 회사의 종업원 대표 여러분과 임원들, 그리고 감독들과 자리를 함께하는 행운을 얻었습니다. 저는 이 자리에 선 것을 자랑스럽게 생각하고 제 삶이 다하는 날까지 이 자리를 기억할 것입니다. 만일 이 모임이 2주 전에 열렸다면 저는 여러분 대부분을 알지 못했을 것입니다. 지난주에는 남부 석탄 지대의 모든 캠프를 둘러보고, 출장 중인 분들을 제외한 실질적인 전체 대표 여러분과 직접 대화하며 여러분의 집도 방문해 부인과 자녀들을 만나는 기회를 가졌습니다. 그랬기에 우리는 지금 서로 낯설지 않은 친구로 마주하고 있는 것입니다. 이런 상호 우의의 정신으로 공통 관심사를 함께 의논하게 된 것에 저는 큰 기쁨을 느낍니다. 오늘 이 모임은 회사 임원과 대표 여러분들의 모임이고, 저는 불행히 그 어느 쪽에도 속하지 않지만 여러분의 호의와 배려 덕분에 이 자리에 설 수 있게 되었습니다.

하지만 한편으로 저는 주주들과 이사들을 대표한다는 의미에서 여러분과 긴밀하게 연관되어 있다고 느낍니다."

이것이야말로 적을 친구로 만드는 훌륭한 기술의 멋진 본보기가 아닐까?

만약 록펠러가 전혀 다른 전략, 즉 광부들과 언쟁을 벌이고 충격적인 사실을 그들의 바로 눈앞에서 퍼부으며 그들의 잘못을 비판했다는 어조를 내비쳤다고 가정해 보자. 그리고 온갖 논리적 수단을 동원해 그들이 잘못했음을 입증했다면 그다음에 과연 어떤 일이 벌어졌겠는가? 분명히 더 큰 화, 증오, 저항이 생겨났을 것이다.

누군가가 당신에 대한 반감과 증오를 마음에 품고 있다면 당신은 세상의 모든 논리를 갖다 대도 그를 설득할 수 없다. 야단치는 부모님, 권위적인 상사와 남편, 잔소리하는 아내는 사람이란 마음을 바꾸고 싶어 하지 않는 존재임을 깨달아야만 한다. 사람들을 강제로 이끌거나 억지로 강요한다고 해서 우리의 뜻에 따르게 할 수는 없다. 그러나 우리가 더없이 친절하고 우호적으로 대하면 그들의 의견을 바꿀 확률은 높아진다.

실제로 링컨은 거의 100년 전에 이런 말을 했다.

'꿀 한 방울이 쓸개즙 한 통보다 더 많은 파리를 잡는다.'라는 오래된 격언에는 진리가 들어 있다. 사람도 마찬가지다. 상대방을 자신의 뜻대로 설득하고 싶다면 먼저 당신이 그의 진정한 친구임을 확신시켜라. 그 안에 사람의 마음을 잡는 꿀 한 방울이 있다. 그렇게 한다면 당신이 어떤 말을 하든 그는 매우 쉽게 납득할 것이다.

사업가들은 파업 참가자들에게 우호적으로 대하는 것이 이득이라는 것을 몸소 배운다. 예를 들어 화이트 모터 사의 공장 근로자 2,500명이 임금 인상과 유니온 숍(채용된 뒤 일정 기간 안에 조합에 가입하지 않는 신규 직원이나, 조합원 자격을 상실한 직원이 해고되는 협정-옮긴이)을 요구하며 파업을 단행했을 때, 사장이 었던 로버트 F. 블랙은 그들에게 모욕 또는 위협을 가하거나 격분하지 않았으며 독재와 공산주의에 대한 이야기를 떠들어 대지도 않았다. 사실 그는 파업 참가자들을 칭찬했다. 그는 클리블랜드 신문에 '근로자들의 평화적 파업 돌입'에 대해 찬사를 넣어 광고를 냈다. 파업 중에 시간이 남는 근로자들을 본 그는 수십 개의 야구방망이와 야구 글러브를 사다 주며 공터에서 야구를 하도록 권유했는가 하면, 볼링을 좋아하는 사람들을 위해서는 볼링장을 임대해 주기도 했다.

우호적인 태도가 늘 그러하듯, 그의 이러한 행동들도 우호적인 태도로 되돌아왔다. 파업 노동자들은 빗자루, 삽, 쓰레기차를 빌려 와서 공장 주변에 버려진 성냥개비, 신문, 쓰레기, 담배꽁초를 주웠다. 상상해 보라. 근로자들이 임금 인상과 노조 승인을 위해 파업하는 와중에 자신이 일하는 공장 주변을 치우는 모습을 말이다. 그때까지의 길고 긴 미국 파업사상 이는 한 번도 없었던 사건이었다. 그 파업은 어떠한 반감이나 상처 없이 1주일만에 평화적인 타협을 통해 끝났다.

신과 같은 외모를 갖추고 구약성서의 여호와 같은 어조로 말하던 대니얼 웹스터는 가장 변론을 잘하는 변호사 중 하나로 평가받는 인물이다. 그러나 그는 다음과 같은 우호적인 언변으로 자신의 강력한 변론을 시작했다. "배심원 여러분께서는 이러한 점을 고려해 주시기 바랍니다." "이런 점은 아마도 생각해 볼 가치가 있을 것입니다." "이상의 사실에 대해서는 여러분도 주목해 보실 것이라 믿습니다만." "여러분께서는 인간 본성에 대한 깊은 지식을 갖고 계시므로 이 사실이 가지는 중요성을 쉽게 아시리라 생각합니다."

그는 배심원들에게 고압적이거나 그들을 몰아붙이는 태도를 취하지 않았고, 자신의 의견을 강요하려 하지도 않았다. 그가 유명해진 데는 그의 부드러운 말투, 차분하고 우호적인 접근방식이 한몫했다.

물론 당신에게는 파업을 잠재우거나 배심원단에게 변론해야 하는 일이 생기지 않을지도 모른다. 하지만 집세를 깎는 일은 생길 수 있지 않을까? 그때도 이렇게 우호적으로 접근하는 방식이 도움이 될까? 다음의 예를 살펴보자.

엔지니어인 O. L. 스트라우브 씨는 집세를 깎고 싶었다. 그러나 그는 집주인이 냉정한 사람이라는 것을 알고 있었다. 스트라우브 씨는 카네기 코스에서 자신의 경험에 대해 이렇게 이야기했다. "저는 그 주인에게 임대 기간이 만료되면 바로 집을 비우겠다고 알리는 편지를 썼습니다. 사실 저는 이사 갈 마음이 없었습니다. 집세만 좀 낮춰 주면 계속 살고 싶었지요. 하지만 가망은 없어 보였습니다. 다른 세입자들도 세를 깎아 보려 했지만 모두 실패했고, 모두가 그 집주인을 상대하기란 정말 어렵다고 말했으니까요. 하지만 저는 속으로 '내가 사람 상대하는 법을 배우고 있으니 한번 배운 대로 해 보고, 어떻게 되는지 지켜보자.' 하고 생각했습니다.

제 편지를 받은 집주인과 그의 비서가 저를 만나러 왔습니다. 저는 문 앞에서부터 찰리 슈워브 식의 인사법으로 그를 맞이했습니다. 저는 호의와 열기로 다소 들떠 있었습니다. 높은 임대료에 대한 이야기는 꺼내지도 않았고, 대신 제가 그 집을 얼마나 좋아하는지 말하기 시작했습니다. 저는 정말 '진심으로 찬사를 하고 아낌없이 칭찬했습니다.' 저는 그가 이 건물을 운영하는 방식에 대해서도 감탄했지요. 그리고 나서 1년 더 살고 싶지만 능력이 안 된다고 털어놨습니다. 그는 세입자에게 환영받은 경험이 없어 어떻게 해야 할지 모르는 것 같았습니다.

그러던 중 드디어 그가 제게 고민을 털어놓았습니다. 세입자들이 불만에만 가득 차 있다는 것이었습니다. 어떤 세입자는 자신에게 무려 14통의 편지를 보냈는데, 그중에는 그를 모욕하는 것임이 명백한 것도 있었다더군요. 또 다른 세입자는 위층에 사는 세입자의 코골이를 해결해 주지 않으면 임대 계약을 파기하겠다고 위협했답니다. 그런 이야기들을 하고 나서 '당신처럼 만족스러워하는 세입자가 있다는 것이 얼마나 위안이 되는지 모르겠습니다.'라고 하더니, 그는 제가 말도 꺼내지 않았는데 먼저 임대료를 조금 내려 주겠다고 했습니다. 저는 좀 더 깎아 주기를 바랐기 때문에 제가 지불할 수 있는 정확한 금액을 말했고, 그는 두말없이 제 의견을 받아들였습니다.

그는 자리를 떠나면서 저를 돌아보고는 이렇게 물었습니다. '집 안 장식 중에 제가 해 드릴 만한 것이 있나요?'

만약 다른 세입자들이 했던 방식으로 임대료를 깎으려 들었다면 저 역시 그들과 똑같은 실패를 맛보았을 것입니다. 제가 성공할 수 있었던 것은 우호적이고 공감하며 감탄하는 방식 덕분이었습니다."

이에 대한 또 다른 예를 살펴보자. 이번에는 사교계의 유명인사로서 모래사장이 펼쳐진 롱아일랜드의 가든 시티에 사는 도로시 데이 부인의 이야기이다.

"저는 최근에 제 친구 몇몇과 오찬을 함께했습니다. 매우 중요한 모임이었던 터라 저는 모든 것이 매끄럽게 진행되도록 많은 신경을 썼습니다. 그 레스토랑의 수석 웨이터였던 에밀은 그런 일에 유능해서 항상 저를 도와주었는데, 그날만큼은 저를 실망시켰습니다. 에밀은 자신 대신 다른 웨이터 한 명만을 달랑 보내 제 시중을 들게 했고, 결국 오찬 모임은 대실패였습니다. 그 웨이터는 1등급 서비스가 뭔지 전혀 모르는 사람이었습니다. 그는 가장 먼저 챙겨야 할 주빈을 걸핏하면 마지막으로 챙겼고, 아주 큰 접시에 약간의 샐러리만을 가져오기도 했습니다. 가져온 고기는 질겼고 감자는 느끼했습니다. 정말 최악이었죠. 화가 머리 끝까지 치민 저는 그 끔찍한 순간에도 미소를 잃지 않기 위해 안간힘을 썼지만, 속으로는 계속 '에밀이 올 때까지만 참자. 이 모든 사실을 꼭 따지고야 말겠어.'라고 생각했습니다.

이 일이 벌어진 건 수요일이었는데, 저는 그다음 날 밤에 인간 관계론 강의를 들었습니다. 강좌를 듣고 나서, 저는 에밀을 질책하려던 것이 얼마나 부질없는 짓인지 깨달았습니다. 그런 질책은 기분을 망치고 반감만 갖게 할 뿐 아니라, 앞으로 저를 돕고자 하는 마음도 싹 사라지게 했을 테니까요. 저는 그의 입장에서 한번 생각해 보기로 했습니다. 그는 재료를 사지 않았고 요리를 하지도 않았습니다. 다른 웨이터들 중에 좀 무능한 친구가 있는 것이야 그로서도 어쩔 수 없는 일이었겠죠. 내가 질책하려는 게 너무 성급한 일 혹은 너무 심한 일은 아닌가 하는 생각이 들었습니다. 그래서 저는 비난 대신 우호적인 방법을 쓰기로 했습니다. 그를 칭찬하는 것으로 시작하기로 마음먹은 거죠. 이런 접근법은 굉장히 멋진 결과와 연결되었습니다. 그다음 날 저는 에밀을 만났습니다. 그는 이미 자신을 방어하려는 기세더군요. 하지만 저는 '에밀, 제가 손님을 접대할 때 당신이 저를 도와주면 정말 큰 힘이 된다는 걸 말하고 싶어요. 당신은 뉴욕 최고의 수석 웨이터잖아요. 물론 당신이 재료를 사거나 요리하지 않았다는 것도 충분히 잘 알고 있어요. 수요일에 있었던 일은 아마 당신도 어쩔 수 없는 상황이었으리라 생각해요.'라고 말했지요.

그러자 에밀은 얼굴에 드리워진 먹구름이 사라지더니 웃으며 이렇게 말했습니다. '사실 부인, 문제는 제가 아닌 요리사 쪽에서 일어났어요.' 그래서 제가 말했죠. '에밀, 제가 다른 모임을 계획하고 있는데 그에 대해서 당신 조언을 좀 듣고 싶어요. 다음번

에도 그 요리사를 계속 쓰는 것이 좋을까요?' '물론입니다, 부인. 그런 일은 두 번 다시 없을 겁니다.'

그다음 주에 저는 다른 오찬 자리를 마련했고, 에밀과 저는 함께 메뉴를 정했습니다. 저는 그에게 지난번 실수에 대해서는 한마디도 하지 않았습니다. 저희가 도착했을 때 식탁은 화려하고 아름다운 장미로 장식되어 있었죠. 그날 에밀은 끝까지 자리를 지켰고, 메리 여왕을 모시는 자리라 해도 그보다 더 잘할 수는 없을 정도로 많은 신경을 써 줬습니다. 음식과 서비스도 완벽했습니다. 메인 요리가 나올 때는 한 명이 아닌 네 명의 웨이터가 서빙을 했습니다. 그리고 요리 위에 마지막으로 달콤한 민트를 뿌리는 것은 에밀이 직접 해 줬습니다.

모임을 마치고 떠나면서 그날의 주빈이 제게 물었습니다. '저 수석 웨이터에게 어떻게 하신 거죠? 저는 이렇게 훌륭한 서비스와 접대는 처음 받아 봤답니다.' 그녀의 말이 맞았습니다. 우호적인 접근과 진심 어린 찬사라는 방법을 사용한 것이니까요."

아주 오래전, 맨발로 미주리 북서부 지역에 있는 숲을 지나 시골 학교에 다니던 소년 시절, 나는 태양과 바람에 관한 우화를 읽었다. 그들은 누구 힘이 더 센지 겨루었다. 바람은 "내가 더 세다는 걸 보여 주지. 저기 저 코트를 입고 걸어가는 노인이 보이지? 장담컨대 내가 너보다 더 빨리 저 사람 코트를 벗길 수 있어."

그리하여 태양은 구름 뒤에 숨고 바람은 돌풍을 일으켰다. 하지만 바람이 강해질수록 노인은 입고 있는 코트를 더 꽁꽁 싸맸다. 결국 바람은 잠잠해졌고 내기를 포기했다. 뒤를 이어서 구름 뒤에서 모습을 드러낸 태양이 노인에게 활짝 웃어 보이자, 곧바로 노인은 이마에 맺힌 땀을 닦고 코트를 벗었다. 태양은 바람에게 '온화함과 다정함은 분노와 힘보다 항상 강하다.'라고 일러 주었다.

너무 멀리 있어서 가 볼 수 있을 것이라고는 꿈도 못 꿨던 교육과 문화의 역사적 중심지 보스턴에서는 내가 그 이야기를 읽던 어린 시절에도 그 속에 담긴 진리가 실제로 입증되고 있었다. 이것은 의사인 B 박사에 관한 이야기로, 이 일이 있고 30년 후 나의 수강생이 되었던 그는 우리에게 그 일화를 들려주었다.

당시 보스턴의 신문사들은 허위 의료 광고, 예를 들면 낙태 전문가나 남성 질환을 치료한다는 돌팔이 의사들의 광고로 떠들썩했다. 사실 그들이 '남성성의 상실'이라든가 다른 무서운 이야기로 순진한 사람들에게 겁을 주며 그들의 돈을 뜯어내는 끔찍한 경우는 수도 없이 많았다. 그들이 하는 치료라는 것은 결국 피해자들에게 끊임없이 병에 대한 공포만 심어 주는 것이었을 뿐, 실제적인 의학적 치료는 전혀 이루어지지 않았다. 낙태 전문가는 의료 사고로 많은 환자의 목숨을 앗아 갔지만 그로 인해 유죄 판결을 받는 일은 거의 없었다. 그들은 대개 약간의 벌금을 낸다거나 정치적인 영향력을 이용해 아무 탈 없이 법망을 빠져나갈 뿐이었다.

악화일로의 상황이 되자 보스턴에 사는 선량한 시민들은 분개하고 일어났다. 성직자들은 설교단을 두드려 가며 신문을 강하게 비판했고, 이런 불건전한 광고가 중단될 수 있게 도와 달라고 전능하신 신에게 기도했다. 시민단체, 기업, 여성단체, 교회,

청년단체도 언론을 강하게 비판하며 퇴치 운동에 나섰지만 허사였다. 주 의회에서도 이 몰상식한 광고가 불법임을 명시하는 법안을 통과시키고자 치열한 논쟁을 벌였지만 뇌물과 정치력 행사로 인해 그 노력은 번번이 실패로 돌아갔다. 당시 B 박사는 보스턴 열성 기독인 모임인 모범시민위원회의 위원장이었고, 할 수 있는 모든 것을 다했지만 아무런 성과를 거두지 못했다. 의료 관련 범죄를 상대로 하는 싸움에 희망은 보이지 않았다.

그러던 어느 날 밤 자정이 지난 시각, B 박사는 여태껏 보스턴 시민들이 생각해 보지도 못한 것을 시도했다. 친절, 공감, 찬사를 활용함으로써 신문사가 그런 광고를 더 이상 게재하지 않게끔 해 보기로 한 것이다. 그는 〈보스턴 헤럴드〉지의 편집장에게 편지를 보내 자신이 얼마나 그 신문을 좋아하는지 말했다. 기사 소재가 명료한 데다 선정적이지 않고, 특히 사설란이 훌륭해 늘 애독하고 있음은 물론 가족들이 다 같이 읽을 수 있는 정말 훌륭한 신문으로 생각한다고도 했다. 또한 자신의 생각에 〈보스턴 헤럴드〉지는 뉴잉글랜드 주에서 최고의 신문이자 미국 내 훌륭한 신문의 하나라고 극찬했다. 그리고 말을 이었다.

"그런데 어린 딸이 있는 제 친구 하나가 제게 이런 말을 하더군요. 어느 날 밤 딸아이가 그 신문에 실린 낙태 전문가의 광고를 읽더니 무슨 뜻이냐고 묻더랍니다. 그때 친구는 어떻게 답을 해야 할지 몰라 무척 당황했다고 하더군요. 〈보스턴 헤럴드〉는 보스턴 내 상류층에게 배달되는 신문인데, 이런 일이 제 친구의 집에서 일어났다면 아마 다른 많은 가정에서도 이런 상황이 발생하고 있다고 봐야 하지 않을까요? 선생님에게도 어린 따님이 있다면 이런 광고를 보게 두실 건가요? 그리고 따님이 그 광고의 내용에 대해 물어 온다면 어떻게 설명하시겠습니까?

저는 〈보스턴 헤럴드〉처럼 흠 잡을 데 없이 훌륭한 신문이, 아버지로 하여금 딸이 신문을 가져오는 것조차 두렵게 만드는 내용을 게재하는 것에 대해 매우 안타까울 뿐입니다. 아마 수천 명의 구독자들이 저와 같은 심정이 아닐까요?"

이틀 후 〈보스턴 헤럴드〉의 편집장이 B 박사에게 답장을 보냈다. B 박사는 서류함에 넣어 30년간 보관했던 그 답장을 수업 시간에 내게 주었다. 지금 이 글을 쓰는 내 앞에, 1904년 10월 13일자로 보내진 그 편지가 놓여 있다.

매사추세츠 주 보스턴 A. H. B. 박사님 앞

B 박사님께

이번 달 11일에 제게 보내 주신 박사님의 편지에 대해 깊은 감사를 드립니다. 제가 편집장이 된 이래 계속해서 고심하던 조치를 취하기로 결심하는 데 박사님의 그 편지가 가장 큰 영향을 미쳤기 때문입니다.

이번 주 월요일부터 저희 신문은 신문지상에서 혐오스러운 내용의 광고를 가능한 한 모두 없애기로 결정했습니다. 허위 의료 광고나 낙태용 세척기 광고, 혹은 이와 비슷한 광고는 모두 사라질 것입니다. 또한 이번에 당장 그렇게 하기 어려운 다른 모든 의료 광고에 대해서는 독자들에게 불쾌감을 주는 일이 절대 없도록 철저히 검열할 예정입니다.

이런 점에서 도움을 주신 박사님은 물론 박사님께서 보내 주신 편지에 진심으로 다시 한 번 감사드립니다. 이만 줄이겠습니다.

W. E. 하스켈 편집장 올림

수많은 우화를 지어 낸 이솝은 크로이소스 궁에서 기원전 600년경 크로이소스 왕정하의 그리스에서 궁정 노예로 살았다. 하지만 그가 가르친 인간 본성에 대한 진리는 2,400년 전의 아테네뿐만 아니라 지금의 보스턴과 버밍햄에서도 통하고 있다. 태양은 바람보다 빨리 코트를 벗게 만들 수 있다. 친절함과 우호적인 접근, 찬사는 고함과 분노보다 훨씬 쉽게 사람의 마음을 돌릴 수 있다. 링컨이 한 말을 명심하자. '꿀 한 방울이 쓸개즙 한 통보다 훨씬 더 많은 파리를 잡는다.' 당신이 생각한 대로 상대방을 설득하고 싶다면 이 규칙을 적용하는 것을 잊지 말라.

그러므로 상대를 설득하고 싶다면,

원칙 4

우호적으로 시작하라.

5
소크라테스의 비밀

사람들과 대화할 때는 절대로 당신과 반대되는 부분부터 이야기하지 말고, 당신이 상대방의 의견에 동의한다는 것부터 강조하고 또 강조하라. 또한 가능하면 상대방에게 우리가 서로 같은 목표를 향해 나아가고 있으며, 유일한 차이점은 목표가 아닌 방법일 뿐임을 주지시켜야 한다.

상대방이 처음부터 "네."라고 말할 수 있도록 대화를 이끌어라. 가능한 한 그 상대가 "아니오."라고 말하는 경우는 만들지 말라. 오버스트리트 교수는 자신의 저서 《인간 행동에 영향을 미치는 법》에서 이런 이야기를 하고 있다.

"아니오."라는 부정적인 반응은 가장 극복하기 어려운 장애물이다. 일단 "아니오."라고 말한 사람은 자존심 때문에 그 입장을 굽히지 않으려 한다. 나중에 그는 자신의 "아니오."가 잘못된 것이라고 생각할 수도 있지만, 너무나 소중한 자존심 때문에 한 번 말한 사실을 고수할 것이다. 일단 입 밖으로 나온 말에 대해서는 끝까지 책임져야 하는지라, 사람이 처음부터 긍정적인 방향을 잡을 수 있도록 이끄는 것이 중요하다. (뛰어난 연설가는) 처음부터 몇 차례나 "네."라는 반응을 끌어낸다. 그렇게 해서 그는 듣는 사람들의 심리를 긍정적인 방향으로 움직이게 만드는 것이다. 그것은 마치 당구공의 움직임과 비슷해서, 처음에 공을 한쪽 방향으로 쳐 보내고 나면 그것의 방향을 바꾸는 데 힘이 필요하고, 더구나 반대 방향으로 움직이게 하려면 엄청난 힘이 든다.

이런 경우의 심리적인 패턴은 꽤 명백하다. 누군가가 "아니오."라고 말하고 또 그렇게 생각한다면, 그는 단순히 그 세 글자를 말하는 것 이상의 일을 한 것이다. 그의 분비기관, 신경, 근육의 전 유기체는 한데 모여 거부 상태를 만들어 낸다. 그러면 가끔은 눈에 띄지만 대부분의 경우는 눈에 보이지 않을 정도로 미미하게 신체적으로 위축되거나 그러한 조짐을 보인다. 즉, 그의 신경과 근육의 전체 체계에 수용에 대한 경계경보가 울리는 것이다.

그러나 그와 반대의 경우, 즉 "네."라고 답하는 경우에는 이런 긴장이 일어나지 않는다. 몸 전체의 조직은 전향적이고 수용적이며 개방적인 태도를 취한다. 따라서 처음에 긍정적인 반응을 많이 이끌어 낼수록 우리의 궁극적인 제안이 상대의 관심을 얻는 데 성공할 확률은 높아진다.

긍정적인 반응을 유도하는 전략은 아주 단순한 방법이지만 지극히 사소한 것으로 여겨져 무시되는 경우가 너무 많다. 어찌 보면 사람들은 처음부터 다른 이들과 다른 의견을 제시하면 그들에게 자신이 대단한 존재로 보일 것이라고 착각하곤 한다. 급진주의자는 보수적인 동료들과 함께 있으면 이내 상대방을 화나게 한다. 그런데 그렇게 해서 그가 얻는 것은 무엇인가? 만일 상대를 화나게 하는 것 자체가 즐거운 일이기 때문에 그렇게 하는 것이라면 이해할 수도 있겠으나, 상대를 설득하는 것이 목적이었다면 그는 심리적으로 무지한 사람이라는 것을 드러낼 뿐이다.

학생이나 고객, 어린이, 남편, 아내 등 상대가 누구더라도 그로 하여금 처음에 일단 "아니오."라는 말을 하게 했다면, 그 부정적인 대답을 다시 "네."로 되돌리는 데는 그야말로 천사의 지혜와 인내가 필요할 것이다.

뉴욕에 위치한 그린위치 저축은행의 직원 제임스 에버슨 씨는 하마터면 놓칠 뻔했던 잠재고객을 이 '네.' 기술의 사용으로 잡을 수 있었다. 그의 이야기를 들어 보자.

"계좌 개설을 위해 은행에 오신 어떤 분에게 그에 필요한 서류 양식을 드리고 작성을 부탁드렸습니다. 그분은 양식서의 몇 가지 질문에 대해서는 기꺼이 답하셨지만, 다른 몇몇에 대해서는 대답하는 것을 완강히 거부했습니다. 제가 인간관계 강의를 듣기 전이었다면 아마도 그분께 자신의 정보를 제공하지 않으면 계좌 개설이 불가능하다고 말했을 것입니다. 부끄러운 이야기지만, 예전에는 그렇게 일을 처리했으니까요. 사실 그렇게 최후통첩을 하고 나면 기분은 한결 좋아졌습니다. 은행에 왔으면 은행의 규칙이나 규정을 무시할 수 없음을 고객에게 보여 주는 것이었으니까요. 하지만 그런 행동은 분명히 저희 은행을 이용하고자 찾아온 고객에게 그들이 환영받거나 존중받는 고객이라는 느낌은 주지 못했을 것이 분명합니다.

그래서 저는 그날 아침에 조금 양식 있게 행동해 보기로 마음먹었습니다. 즉, 은행이 고객에게 원하는 것이 아니라 고객이 은행에게 원하는 것에 대해 말하기로 한 것이죠. 그리고 무엇보다 고객이 처음부터 '네.'라는 답변을 하게 만들기로 했습니다. 그래서 저는 우선 그분의 말에 동의하면서, 그가 답변을 거부한 정보가 사실 절대적으로 필요한 것은 아니라고 말했습니다.

그러고는 이렇게 말했습니다. '그런데 만약 고객님께서 사망하셨을 경우, 저희 은행에 고객님의 예금이 예치되어 있다면 법적 절차에 따라 다음 상속자에게 예금이 전달되어야 하지 않나요?' 그러자 그는 '네, 그렇습니다. 당연하죠.' 하고 답했습니다.

그래서 제가 '그러시면 고객님의 사망 시 다음 상속인이 누구인지 그 이름을 알려 주시는 것이 좋지 않을까요? 고객님께서 원하시는 대로 실수나 지체 없는 상속을 저희가 도와드릴 수 있도록 말입니다.' 그러자 그는 다시 '네.' 하고 답했습니다.

그 젊은 남성은 은행이 아닌 자신을 위해서 정보를 요구한다는 사실을 알고는 태도가 부드러워졌습니다. 은행에서 나가기 전에 그는 자신에 대한 모든 정보를 제공해 줬을 뿐만 아니라 제 권유로 어머니를 수혜자로 하는 신탁 구좌를 개설했습니다. 그리고 어머니에 관한 정보도 기꺼이 알려 주었지요. '네.'라는 대답을 이끌어 낸 뒤부터, 그가 자신이 문제 삼은 일에 대해서는 잊고 제가 제안한 사항을 기꺼이 따르려 한다는 것을 알 수 있었습니다."

이번에는 웨스팅하우스 사의 판매사원 조셉 앨리슨 씨의 이야기다.

"제 담당 구역에는 저희 회사가 꼭 거래하고 싶어 하는 고객이 있었습니다. 제 전임자는 무려 10년간 그 고객에게 공을 들였지만 결국은 아무것도 판매하지 못했지요. 저도 그 구역의 담당자가 된 뒤부터는 그 고객을 열심히 쫓아다녔지만 3년간은 아무런 성과가 없었습니다. 전화하고 방문한 지 13년이 되어서야 우리는 마침내 그 고객에게 모터 몇 대를 판매할 수 있었죠. 그 모터들의 성능이 입증되기만 한다면 수백 대를 더 팔 수 있을 것 같다는 것이 제 예상이었습니다.

저는 모터의 성능을 자신하고 있었기 때문에 그로부터 3주 후쯤 기세 좋게 그를 찾아갔습니다. 그러나 그 기세는 그리 오래가지 못했습니다. 저를 맞이한 엔지니어가 '앨리슨 씨, 아무래도 당신 회사 모터를 더 구매하는 건 힘들 것 같네요.'라고 말했기 때문입니다. 제가 놀라서 '아니, 왜요?' 하고 묻자 '모터가 너무 쉽게 과열되거든요. 도저히 만질 수가 없어요.'라고 그는 답했습니다. 오랜 경험을 통해 저는 그 상황에서 논쟁을 해 봐야 좋을 것이 없음을 알고 있었습니다. 그래서 저는 '네.'라는 답을 이끌어 낼 생각을 하기 시작했습니다.

'아, 그렇군요, 스미스 씨. 저도 당신 말에 100퍼센트 동의합니다. 너무 쉽게 과열되는 모터는 더 이상 구매하지 말아야죠. 전

국 전기제조업 협회의 규정에 명시된 표준치보다 더 뜨거워지는 제품을 구매해서는 안 됩니다. 그렇죠?'

그는 제 말에 동의했습니다. 그렇게 첫 번째 '네.'를 얻어 냈죠.

'전국 전기제조업 협회 규정에서는 정격 모터 온도가 실내 온도보다 40도 이상 높으면 안 된다고 정해 놓고 있습니다. 맞습니까?' 그는 동의했습니다. '네, 맞는 말씀입니다. 하지만 당신 회사의 모터는 그보다 훨씬 더 뜨겁습니다.' 그와 논쟁하지 않고 공장의 실내 온도가 몇 도쯤 되는지 질문하니 그는 '약 24도쯤 됩니다.'라고 답하더군요.

그래서 저는 답했습니다. '공장 실내 온도가 24도인데 그보다 40도가 높다면 모터는 64도쯤 되겠군요. 64도나 되는 뜨거운 물이 나오는데 그것에 손을 대면 데지 않을까요?' 그는 또다시 그렇다고 동의했습니다. '그렇다면 모터에 손이 닿지 않도록 조심하는 것이 좋지 않을까요?' 제가 묻자 그는 '그래요. 당신 말이 맞네요.' 하고 제 말을 받아들였습니다.

우리는 한동안 대화를 나누었고, 그는 잠시 후 비서를 부르더니 그다음 달에 약 3만 5,000달러에 달하는 상품을 주문하도록 지시했습니다.

수년의 시간과 수많은 비용을 날린 뒤에야 저는 논쟁이 아무런 쓸모가 없고, 그보다는 다른 사람의 입장에서 바라보고 상대가 '네.'라고 답하게 하는 것이 더 이득이 됨은 물론 재미까지 있다는 것을 알게 되었습니다."

'아테네의 잔소리꾼' 소크라테스는 맨발로 다니고 나이 40세가 되어 머리가 벗겨지고 나서야 19세의 부인과 결혼했지만 명석한 인물이었다. 그는 역사상 손에 꼽을 정도로 소수의 사람들만 이룬 일을 해냈다. 즉, 인간의 사고방식을 통째로 바꿔 놓은 것이다. 죽은 지 2,300년이 지난 지금도 그는 언쟁을 일삼는 이세상에 영향을 미친 위인들 중 가장 현명하게 설득을 잘했던 사람 중 한 명으로 손꼽히며 존경받고 있다.

그는 어떤 방법을 사용한 것일까? 그는 사람들의 잘못을 지적했을까? 아니다. 소크라테스는 그보다 더 노련했다. 오늘날 '소크라테스식 문답법'이라고 불리는 그의 기술은 '네.'라는 답변을 이끌어 내는 데 기초하고 있다. 그는 상대가 동의할 수밖에 없는 질문을 던졌고, 상대의 동의가 충분히 쌓일 때까지 하나씩 질문해 나갔으며, 상대가 조금 전까지 극구 반대하던 결론에 자신도 모르게 도달했다는 것을 알게 될 때까지 계속해서 질문했다.

만일 상대방에게 틀렸다고 지적하고 싶어 안달이 나는 때가 온다면 맨발의 늙은 소크라테스를 떠올리자. 그리고 상대에게 부드럽게 질문하자. 물론 '네.'라고 동의할 수밖에 없는 질문 말이다.

중국인들은 아주 오래된, 변치 않는 동방의 지혜를 담은 격언을 알고 있다. 양식 있는 중국인들은 인간 본성 연구에 5,000년의 시간을 들인 결과 엄청난 지혜와 통찰력을 얻었고, 그들은 이렇게 말했다.

'사뿐히 걷는 사람이 더 멀리 간다.'

그러므로 다른 사람을 설득하고 싶다면,

원칙 5

상대가 기꺼이 '네.'라고 답할 수 있게 만들라.

6
불만을 해소하는
안전밸브

상대방을 설득하려고 할 때, 대부분의 사람들은 자기 혼자서만 말한다. 특히나 판매사원들은 이런 치명적인 실수를 잘 저지르곤 한다. 하지만 상대방이 말하게 만들어야 한다. 상대는 당신보다 자신의 사업이나 문제에 대해 훨씬 더 많이 알고 있다. 그러니 그에게 질문하고 그가 당신에게 많은 것들을 말하게끔 유도하라.

그의 말에 당신이 동의하기 어렵다면 분명 그의 말을 끊고 끼어들고 싶은 유혹을 느낄 것이다. 하지만 그래서는 안 된다. 그것은 굉장히 위험한 행동이기 때문이다. 입 밖으로 표현해 달라고 아우성치는 생각들이 마음속에 여전히 남아 있는 한 그는 결코 당신에게 집중하지 않을 것이다. 그러니 마음을 열고 참을성 있게, 진지한 태도로 경청하며, 상대방이 자신의 많은 생각들을 이야기하도록 이끌어라.

이런 방법이 사업에도 적용 가능한지 살펴보자. 여기 이 방법대로 할 수밖에 없었던 남자의 이야기를 소개하겠다.

몇 해 전 미국 내 최대 자동차회사 중 한 곳에서 1년 치의 자동차 시트용 직물을 구매하는 협상이 진행되고 있었다. 세 곳의 이름 있는 직물제조사가 견본을 제출했고, 자동차회사의 중역들은 그것들을 면밀히 검토한 뒤 각 업체에 계약을 위한 마지막 발표 기회를 줄 테니 지정된 날짜에 발표자를 보내라고 통보했다.

그중 한 업체의 발표를 맡은 G. B. R 씨는 심각한 수준의 후두염을 앓고 있는 상태로 그곳에 도착했다. R 씨는 당시의 일을 수업 시간에 직접 말해 주었다.

"중역들 앞에서 발표할 차례가 되자 목소리가 나오지 않더군요. 속삭이는 것도 못할 정도였습니다. 방에 들어가니 직물 담당 엔지니어, 구매 담당자, 판매 담당자 그리고 회사 사장님이 앉아 있었습니다. 저는 목소리를 내려고 안간힘을 썼지만 쉿소리밖에 나지 않았습니다.

저는 종이에 '여러분, 제가 목소리가 나오지 않아 말씀을 드릴 수가 없습니다.'라고 적은 뒤 그것을 테이블에 둘러앉아 있는 그들에게 보여 줬습니다. 그러자 그 회사 사장님이 '그럼 제가 대신 말씀드리죠.' 하더니 저 대신 발표를 시작했습니다. 그는 저희의 직물 견본을 보여 주며 장점을 설명했고, 곧 저희 회사 상품에 대한 활기찬 토의가 이뤄졌습니다. 그 사장님은 제 역할을 맡아 주셨기 때문에 토의가 이뤄지는 동안에도 제 입장에서 말씀해 주셨습니다. 제가 한 일이라고는 미소를 짓거나 끄덕이거나 제스처를 취하는 것뿐이었습니다.

이런 특이한 회의의 결과 저는 계약을 성사시킬 수 있었습니다. 50만 야드에 달하는 분량이었기에 계약금만도 160만 달러였습니다. 그것은 지금까지 제가 따냈던 것 중 가장 큰 규모의 계약이었습니다.

만일 목소리가 나왔다면 저는 계약을 따내지 못했을 것입니다. 저는 비즈니스라는 것에 대해 너무나 잘못 생각하고 있었기 때문입니다. 하지만 그런 우연한 계기로 조용히 있게 되면서 저는 다른 사람이 말하게 하는 것이 때로는 큰 득이 된다는 것을 배웠습니다."

필라델피아 전기회사의 조셉 S. 웹 씨 역시 이와 똑같은 깨달음을 얻었다. 그가 부유한 네덜란드 농부들이 사는 펜실베이니아의 시골 지역을 시찰 다니던 때의 일이다.

"왜 저 사람들은 전기를 쓰지 않죠?" 그는 관리가 잘된 어느 농장을 지나가다가 그 지역 담당자에게 질문했다. "구두쇠라서 그렇습니다. 당신도 저 사람들한테 뭘 팔기는 힘들 겁니다." 그 담당자는 신물 난다는 투로 답했다. "게다가 저 사람들은 회사 입장에서 골치 아픈 존재죠. 저도 전기를 넣기 위해 시도했지만 가망이 없었어요." 정말 그럴 수도 있었다. 하지만 웹 씨는 자신도 한번 시도해 봐야겠다고 결심한 뒤 그 농가의 문을 두드렸다. 문이 아주 조금 열리더니 나이 든 드러켄브로드 부인이 그 틈으로 밖을 내다보았다. 웹 씨는 그 이후의 이야기를 우리에게 들려주었다.

"부인은 제가 전기회사 직원인 것을 알아차리고 제 눈앞에서

문을 쾅 닫아 버렸습니다. 제가 다시 두드리자 부인은 문을 열고는 우리 회사가 도둑이니 날강도니 하는 이야기를 하더군요.

그래서 제가 말했습니다. '드러켄브로드 부인, 번거롭게 해 드려 죄송하지만 저희는 전기를 사용하시라고 말하러 온 게 아니라 달걀을 좀 사고 싶어서 온 겁니다.' 부인은 문을 좀 더 열더니 우리를 의심의 눈초리로 쳐다보았습니다. '제가 보니까 부인께서는 좋은 도미니크 종 닭을 가지고 계신 것 같습니다. 신선한 달걀 한 꾸러미를 사고 싶은데요.' 하고 말하자 그녀는 문을 좀 더 활짝 열고 '도미니크 종 닭인 건 어떻게 안 거요?' 하고 궁금한 듯 물었습니다.

제가 '저도 닭을 기르고 있습니다만 이렇게 좋은 도미니크 종은 처음 봅니다.'라고 하자 부인은 '그럼 당신 닭이 낳는 달걀을 먹으면 되겠구려.' 하고 여전히 의심스럽다는 듯 되물었습니다.

'제가 기르는 닭은 레그혼 종이라 흰 달걀만 낳아서요. 부인도 직접 요리를 하셔서 아시겠지만 흰 달걀이 케이크 만들 때는 노란 달걀과 상대가 안 되지 않습니까. 게다가 제 아내는 케이크 만드는 데 워낙 자신 있어 하는 사람이라서요.'

이쯤 되자 드러켄브로드 부인은 훨씬 우호적인 태도로 현관 앞까지 나와 있었습니다. 그 사이에도 저는 부지런히 주변을 살피다가 농장에 굉장히 좋은 설비가 마련되어 있는 것을 알아챘습니다.

저는 계속 말을 이어 나갔습니다. '사실 남편 분께서 기르시는 암소보다 부인이 기르는 닭에서 나오는 수입이 더 많으실 것 같

네요.'

부인은 이 말을 매우 마음에 들어 했습니다. 분명히 그랬습니다. 그녀는 그 이야기를 너무나 하고 싶어 했지만 바보 같은 그녀의 남편은 그 사실을 전혀 인정하지 않으려 했던 것 같았습니다.

그녀는 자신의 닭장을 보여 주기 위해 저희를 안내했습니다. 그곳을 보던 중에 저는 그녀가 직접 고안해 만든 작은 기계 장치들을 발견했고, 그것에 진심으로 찬사를 보내고 칭찬을 아끼지 않았으며, 좋은 사료와 적정 온도에 대해서도 추천해 드렸습니다. 몇 가지는 그녀에게 여쭤 보기도 했지요. 그렇게 부인과 저는 서로의 경험을 나누는 사이가 되었습니다.

이내 부인은 이웃들 중에 닭장에 전등을 달아 두면 훨씬 수입이 좋아진다고 말하는 사람들이 있다면서 그 말이 사실인지, 자신도 그렇게 하면 이득이 될지에 대해 제 솔직한 의견을 들려 달라고 하더군요.

2주 후, 드러켄브로드 부인의 도미니크 종 닭은 밝은 전등불 아래서 꼬꼬댁거리며 맛있게 모이를 쪼아 먹고 있었습니다. 부인은 제게 전기 설치를 주문했고, 이전보다 더 많은 달걀을 얻게 되었습니다. 그러나 제 이야기의 요점은 바로 지금부터입니다. 제가 만약 처음에 그 부인이 스스로 이야기를 꺼내게끔 유도하지 못했다면 저는 펜실베이니아 주의 그 네덜란드 출신 농가에 전기를 팔지 못했을 것입니다. 그 사람들에게는 뭐든 팔기가 어렵기 때문입니다. 따라서 그들이 사게끔 만들어야 합니다."

최근 〈뉴욕 해럴드 트리뷴〉지의 금융 면에는 '특별한 능력과 경력이 있는 사람을 구한다'는 대형 광고가 실렸다. 그 회사에 지원서를 보낸 찰스 T. 큐벨리스 씨는 며칠 뒤 면접을 보러 오라는 통지를 받았다. 면접을 보기에 앞서 그는 월스트리트를 돌아다니며 그 회사 설립자에 관한 정보를 샅샅이 수집하러 다녔다. 그리고 면접 중에 이렇게 말했다.

"이 회사처럼 엄청난 성과를 거둔 기업의 일원이 된다면 제게 큰 영광이 될 것입니다. 사장님께서는 28년 전에 사무실과 속기사 한 명만을 둔 채 사업을 시작하신 걸로 알고 있는데, 그 이야기가 정말인가요?"

성공한 사람들 상당수는 자신이 초기에 힘들게 고생한 시절을 회상하길 좋아한다. 이 사장도 예외는 아니었다. 그는 자신이 현금 450달러와 기발한 아이디어만 가지고 어떻게 사업을 시작했는지에 대해서 한참 이야기했다. 또한 좌절과 조롱을 견뎌 낸 이야기, 일요일과 다른 휴일은 물론 하루에 12~16시간 일하며 모든 난관을 넘어선 이야기와 함께 현재는 월스트리트의 거물급 인사들이 여러 정보와 방향을 묻기 위해 자신을 찾아온다는 자랑까지 늘어놓았다. 그는 그런 역사를 무척 자랑스러워했다. 그는 그럴 만한 자격이 있었고, 그 이야기를 하는 동안 너무나 뿌듯해했다. 마지막으로 그는 큐벨리스 씨의 경력에 대해 간단히 묻고는 부사장을 불러 이렇게 말했다. "이 사람이야말로 우리가 찾던 사람이네."

큐벨리스 씨는 자신이 지원한 회사 사장의 업적을 조사하기 위해 노력했고, 상대와 상대의 문제에 대해서도 관심을 보였으며, 상대방이 더 많은 이야기를 하도록 만들어서 호감 가는 인상을 만들었다.

내 친구들이라 해도 내가 잘된 이야기를 듣기보다는 자신이 성공한 일에 대해 이야기하고 싶은 것이 사실이다. 프랑스의 철학자 로슈푸코Rochefoucauld는 "적을 만들려면 친구를 넘어서고, 친구를 만들려면 그가 당신을 넘어서게 하라."라고 말한 바 있다. 왜 그럴까? 친구가 우리를 넘어서면 친구는 자신의 중요성을 확인하지만 우리가 친구를 넘어서면 친구는 열등감과 시기, 질투의 감정을 갖게 되기 때문이다.

독일 속담 중에는 'Die reinste Freude ist die Schadenfreude.'라는 것이 있는데, 이를 우리말로 옮기면 '우리는 우리가 질투하는 사람들이 곤경에 처한 것을 볼 때 가장 큰 기쁨을 느낀다.' 또는 '진짜 기쁨은 다른 사람이 어려움에 부딪쳤을 때 느끼는 기쁨이다.' 정도가 될 것이다. 그렇다. 당신 친구 중 누군가도 당신이 승리의 기쁨에 차 있을 때보다 문제에 부딪쳤을 때 더 만족할 것이다.

그러니 상대방에게는 우리의 성공을 최소한도로 보여 주자. 겸손해지자. 이것이야말로 언제나 좋은 성과를 가져온다. 미국의 작가 어빈 코브Irvin Cobb는 이 기술을 구사하는 데 매우 탁월한 사람이었다. 한번은 변호사가 증인석에 있는 그에게 이렇게 물었다. "제가 알기로 코브 씨께서는 미국 내 가장 유명한 작가이십니다. 맞습니까?" 그러자 그는 "저는 제 분에 넘치도록 운이 좋은 사람이었죠."라고 답했다.

우리는 겸손, 또 겸손해야 한다. 당신과 나는 대단한 사람들이 아니기 때문이다. 지금부터 100년 뒤면 우리 모두는 죽고 완전히 잊힐 것이다. 그 짧은 인생에서 자신의 사소한 성취나 자랑을 늘어놓으며 남을 귀찮게 할 수는 없지 않은가. 그러니 그 대신 상대방이 말하게 하자. 생각해 보면 당신이 자랑으로 내세울 만한 것도 많지 않다. 당신이 바보가 되는 것을 막아 주는 것이 무엇인지 아는가? 별것 아니다. 갑상선 내에 들어 있는 소량의 요오드다. 의사가 당신의 갑상선을 열어 약간의 요오드만 제거해 내면 누구든 바보가 될 것이다. 골목 구석에 있는 약국에서도 5센트면 구할 수 있는 그 적은 양의 요오드가 당신과 정신병원 사이에 있는 전부다. 5센트어치의 요오드, 이것은 결코 자랑할 만한 것이 아니지 않은가?

그러므로 상대를 설득하고 싶다면,

원칙 6

나보다 상대가 더 많이 이야기하게 하라.

7
협력을 이끌어 내는 방법

당신은 다른 사람이 은쟁반에 담아 건네 줘서 쉽게 얻은 아이디어보다는 당신 스스로 발견한 아이디어를 더 신뢰하지 않는가? 만약 그렇다면, 당신의 의견을 다른 사람의 목구멍에 억지로 밀어 넣으려는 생각은 잘못된 것이 아닐까? 그보다는 당신이 몇 가지 제안만 하고 상대방으로 하여금 스스로 결론에 도달하게 하는 것이 더 현명한 방법 아닐까?

한 가지 예를 들어 보겠다. 내 수강생이자 필라델피아에 사는 아돌프 젤츠 씨의 이야기다.

젤츠 씨는 어느 날 갑자기 의욕이 없고 체계조차 잡히지 않은 자동차 영업사원들에게 사기를 불어넣어야 할 필요성을 느꼈다. 그는 판매회의를 소집해 직원들에게 저마다 바라는 바를 정확하게 말해 달라고 요청했고, 그들이 말한 요구 사항들을 칠판에 옮겨 적었다. 그러고 나서 이렇게 말했다. "저는 여러분께서 바라는 이 모든 사항을 들어 드리겠습니다. 자, 그럼 이제는 제가 여러분께 기대할 만한 것에 대해 말씀해 주시기 바랍니다."

이 질문에 대한 답변은 신속하게 나왔다. 충성, 정직, 솔선수범, 낙관주의, 팀워크, 하루 8시간 열정적인 자세로 근무하는 것 등을 그들은 빠르게 답했고, 심지어 하루 14시간을 일하겠다는 사람도 있었다. 그 회의는 새로운 용기와 자극을 제공하는 결과로 이어졌다. 젤츠 씨는 내게 그 이후 판매 실적이 놀라울 정도로 급증했다고 말했다.

"그 직원들은 저와 일종의 도덕적 거래를 한 것입니다." 그는 이렇게 말했다. "제가 맡은 바를 해내는 만큼 그들 역시 자신들의 몫을 해내기로 결심한 것입니다. 그들이 절실하게 필요로 했던 활력소는 곧 자신들이 바라고 원하는 바에 대해 이야기를 나누는 것이었습니다."

타인의 강요로 물건을 사거나, 일을 하라는 명령을 듣는 것을 좋아하는 사람은 없다. 우리는 자신의 의사로 물건을 사거나 자신의 생각에 따라 행동하는 것을 더 좋아한다. 우리는 우리 자신이 원하고 바라고, 생각하는 것에 대해 말하고 싶어 한다.

일례로 유진 웨슨 씨의 경우를 살펴보자.

이 진실을 깨닫기 전에 그가 놓친 수수료 수입은 수만 달러가 넘을 것이다. 웨슨 씨는 디자인 제작 스튜디오에서 만든 스케치를 스타일리스트나 직물 제조업자에게 판매하는 일을 했다. 그는 3년 동안 매주 한 번씩 뉴욕의 유명 스타일리스트 중 한 명을 찾아갔다. 웨슨 씨는 말했다. "그 사람은 한 번도 제 방문을 거절한 적이 없습니다. 그렇지만 물건을 사는 일 또한 없었죠. 그는 항상 제 스케치를 면밀히 검토하고는 '안 되겠는데요, 웰슨 씨. 오늘 보여 주신 것은 저희하고 잘 어울리지 않는 것 같습니다.'라고 말했습니다."

거의 150번에 달하는 실패 끝에 그는 자신이 너무 판에 박힌 생각을 갖고 있었다는 것을 깨달았다. 그래서 매주 하루 저녁을 인간 행동에 영향을 미치는 방법을 공부하는 데 할애하기로 결심했다.

자신이 배운 새로운 접근 방식을 시도해 보고 싶어진 그는 어느 날, 아직 완성되지 않은 스케치 여섯 개 정도를 들고 그 고객의 사무실로 찾아가 이렇게 말했다. "선생님께 부탁드릴 일이 있습니다. 여기 미완성 스케치가 있는데 이것을 어떤 식으로 완성해야 선생님께 제공할 만한 것이 될지 말씀해 주시면 감사하겠습니다."

그 고객은 한동안 말없이 스케치만 보더니 이렇게 말했다. "웨슨 씨, 스케치는 여기 두고 가셨다가 며칠 뒤에 다시 오세요."

웨슨 씨는 사흘 뒤에 그 고객을 다시 찾아가 그의 제안을 들은 뒤 자신이 두고 왔던 스케치를 들고 스튜디오로 돌아왔다. 그리고 고객이 말한 대로 스케치를 마무리하게 했다. 결과는 어땠을까? 모든 스케치가 팔렸다.

이 일은 9개월 전에 일어난 일이다. 이 일이 있은 뒤 그 고객은 자신의 생각이 반영된 스케치 수십 점을 더 주문했다. 그 모든 제품을 판매한 결과 웨슨 씨는 1,600만 달러 이상의 수수료를 벌어들였다. 그는 말했다.

"이제 저는 몇 년간 그 고객에게 물건을 팔지 못한 이유를 깨달았습니다. 저는 제가 생각하기에 그 고객이 구매해야만 하는 제품을 사라고 했던 것이죠. 지금의 저는 그때와 정반대입니다. 저는 그에게 그의 생각을 들려 달라고 부탁하고, 그 고객은 자신이 디자인을 만들고 있다고 느낍니다. 실제로도 그렇고요. 저는 이제 그에게 물건을 팔 필요가 없습니다. 그가 사고 있으니까요."

시어도어 루스벨트가 뉴욕 주지사이던 시절, 그는 비범한 재주를 선보였다. 정계 지도자들과 우호적인 관계를 유지하면서도 그들이 끔찍이도 싫어하는 개혁을 단행한 것이다. 여기에 그때 그가 활용했던 방법이 있다.

중요한 자리에 인사 임명이 필요한 경우 그는 정계 지도자들로부터 추천을 받았다. 루스벨트의 말에 따르면 "그들은 우선 자기 정당에서 '신경을 써 줘야 하는' 인물들을 추천하곤 했다. 그러면 나는 그들에게 그 사람을 임명하는 것은 그다지 정치를 잘한다고는 할 수 없는 일 같고, 대중이 받아들이지도 않을 것 같다고 말했다.

그러고 나면 그들은 꾸준히 자기 당의 당직자들 중 자신에게 유리하지도 불리하지도 않은 인물들을 거론했다. 그러면 나는 그 사람들은 대중의 기대에 부응하지 못할 것 같으니 그 직책에 맞는 사람을 찾아 줄 수 없겠냐고 부탁했다. 그들이 세 번째로 추천하는 인물은 좋은 인재이긴 하지만 그 자리에 적합한 인물은 아니었다. 그래서 나는 그들에게 정말 고맙다고 인사하면서 한 번만 더 알아봐 달라고 요청했다. 그들이 네 번째로 추천해 주는 인물이야말로 받아들일 만한 사람이었다. 그들은 내가 직접 골랐을 사람의 이름을 거론했다. 나는 그들에게 감사의 인사를 전하고 그 사람을 임명하며, 이번 임명은 모두 그 사람들 덕분이라고 말했다. 그러고는 내가 여러분을 기쁘게 했으니 반대로 이제 여러분이 나를 기쁘게 해 줄 순서라고 이야기했다."

실제로 그들은 공무원법이나 프랜차이즈 과세 법률과 같은 개혁을 지지함으로써 그에게 보답했다. 명심하라. 루스벨트는 상대방의 이야기를 듣기 위해 상당 부분 물러났고 그들의 조언을 존중하는 태도를 취했다는 것을 말이다. 중요 인사를 임명할 때 루스벨트는 그 지도자들이 후보를 지명하고 그 모든 것이 자신들이 한 일이라는 생각이 들게 만들었다.

롱아일랜드에서 자동차 중개업을 하는 한 사람은 어느 스코틀랜드인 부부에게 중고차를 팔 때 이 방법을 활용했다. 이 중개인은 그 부부에게 많은 차를 보여 주고 또 보여 줬지만 부부는 매번 이 차는 마음이 들지 않고, 저 차는 상태가 안 좋다는 이유를 들었고, 너무 비싸다는 것도 항상 문제였다. 상황이 이렇게 되자 카네기 코스를 수강 중이었던 그는 동료 수강생들에게 조언을 구했다.

우리는 그에게 '샌디(스코틀랜드인을 뜻하는 별명)'에게 차를 팔려 하지 말고 '샌디'가 차를 사게 만들라고 말해 주었다. 즉, '샌디'에게 무엇을 사야 하는지 말하기보다는 '샌디'로 하여금 어떤 것을 사겠다고 말하게끔 만들 라는 뜻이었다.

이 말이 꽤 그럴 듯하게 들렸던 그는 며칠 뒤 한 고객이 자신의 중고차를 팔고 새 차를 사겠다고 찾아왔을 때 그 조언을 따르기로 했다. 그는 그 고객이 가지고 온 중고차가 분명 '샌디'의 마음에 들 것이라고 생각하고서는 수화기를 들어 '샌디'에게 전화를 걸었고, 괜찮으면 잠깐 와서 자신에게 조언을 좀 해 줄 수 없겠느냐고 물었다.

'샌디'가 도착했을 때 그는 다음과 같이 말했다. "고객님께서 워낙 빈틈없는 분이시고 차의 가치를 아는 분이시니, 혹시 이 차를 살펴보고 타 보신 뒤에 제가 얼마 정도에 사면 좋을지 말씀해 주시겠습니까?"

그러자 '샌디'는 크게 웃어 보였다. 자신의 의견이 제대로 평가받고, 능력 또한 제대로 인정받았기 때문이다. 그는 차를 타고 자메이카에서 포레스트 힐까지 퀸즈 거리를 다녀온 뒤 말했다. "300달러 정도에 거래하면 될 것 같군요."

"제가 그 값에 차를 거래한다면 고객님께서 그 차를 사실 의향이 있으신가요?" 하고 그 중개인이 물었다. 300달러에? 물론이다. 그것은 그가 매긴 감정가이니까. 그리고 거래는 그 즉시 성사되었다.

한 엑스선 장비 제조업자도 이와 같은 심리를 활용해 브룩클린에서 가장 큰 병원에 자신의 장비를 파는 데 성공했다. 이 병원은 신관을 증축하면서 국내에서 가장 뛰어난 엑스선 장비를 갖출 계획이었다. 엑스선 파트의 총책임자인 L 박사는 자기 회사 제품들의 자랑을 늘어놓는 영업사원들에 둘러싸여 매일같이 정신이 없었다.

그런데 그중 사람 다루는 법에 굉장히 능숙했던 한 제조업자는 L 박사에게 아래와 같은 내용의 편지를 보냈다.

'저희 공장은 최근에 새로운 엑스선 장비를 제작, 완성했습니다. 그 신제품의 첫 번째 상품이 이제 막 저희 회사에 도착했습니다. 아직 장비는 완벽하지 않고, 저희도 그 점을 알고 있기 때문에 좀 더 개선시키고 싶습니다. 박사님께서 제품을 살펴보신 뒤 개선점을 알려 주신다면 저희로서는 더없이 감사하겠습니다. 박사님께서는 바쁘실 터이니 언제고 편한 시간을 정해 주시면 저희 쪽에서 차로 모시러 가겠습니다.'

수업에 나온 L 박사는 그때의 일을 말해 주었다. "저는 그 편지를 받고 적잖이 놀랐습니다. 놀란 동시에 기분도 좋았죠. 그전까지는 어떤 엑스선 장비 제조업체로부터 한 번도 그런 요청을 받은 적이 없었으니까요. 그 편지는 제가 인정받는 사람이라는 느낌이 들게 했습니다. 사실 그 주에는 매일 저녁 스케줄이 꽉 차 있었지만 저는 그 편지를 받은 뒤 약속 하나를 취소했습니다. 그리고 장비를 살펴봤는데, 보면 볼수록 마음에 들더군요. 제게 그 장비를 팔려고 애쓴 사람은 하나도 없었습니다. 하지만 저는 뛰어난 성능이 마음에 들어 병원을 위해 그 장비를 들여놓겠다고 생각했고, 결국 그렇게 했습니다."

에드워드 M. 하우스 대령은 우드로 윌슨이 백악관 주인으로 있을 당시 국내외 업무에 있어서 엄청난 영향력을 행사했다. 월슨은 자신의 내각 관료들보다도 하우스 대령과의 비밀 회담과 그가 하는 충고에 더 크게 의지했다.

대령이 대통령에게 영향을 미치는 데 사용한 방법은 무엇이었을까? 운 좋게도 우리는 하우스 대령이 그 답을 아서 스미스에게 알려 주고, 그것을 스미스가 〈새터데이 이브닝 포스트Saturday Evening Post〉지에 옮겨 놓았기 때문에 알 수 있다.

하우스는 이렇게 말했다. "대통령을 알게 된 뒤부터 나는 그의 마음을 바꾸는 가장 좋은 방법을 터득했는데, 그건 아무렇지도 않게 어떤 의견을 흘려 말함으로써 대통령이 그것에 관심을 갖고 심사숙고하게 만드는 것이었지. 나는 이 방법을 우연히 발견했다네. 한번은 백악관에 방문해서 어떤 정책을 강력히 촉구했는데 대통령 마음에는 들지 않는 것처럼 보였네. 그런데 며칠 뒤 저녁식사 자리에서 대통령이 내가 말한 의견을 마치 자신이 생각해 낸 것처럼 술술 말해서 깜짝 놀랐지 뭔가."

과연 그때 하우스 대령이 대통령의 말 중간에 끼어들어 "그건 대통령께서 하신 생각이 아니라 제 생각이었습니다."라고 말했을까? 아니다. 그것은 하우스 대령다운 행동이 아니었다. 그는 훨씬 노련했고, 그런 것으로 인정받고자 하는 사람이 아니었다. 그는 결과를 원했기 때문에 대통령이 계속해서 그 생각이 자신의 생각이라고 느끼게 만들었다. 하우스는 그에 그치지 않고 한 걸음 더 나아가 그 생각은 윌슨이 내놓은 것이라고 대중에게 공식화시켜 버렸다.

우리가 만나게 될 모든 사람은 우드로 윌슨과 같은 사람이라는 것을 명심해야 한다. 그러니 하우스 대령의 이 방법을 사용하도록 하자.

몇 년 전 캐나다 뉴브룬즈윅의 한 남성은 이 방법을 써서 나를 그의 단골로 만들었다. 당시 나는 그곳에서 낚시와 카누를 하며 시간을 보낼 계획이었기에 여행 안내소에 정보 요청을 위한 글을 썼다. 그런데 아마 그 일로 내 이름과 주소가 어딘가에 공개되었던 것 같다. 왜냐면 편지를 보낸 뒤로 이곳저곳의 캠프와 여행 가이드로부터 수십 통의 편지와 책자, 인쇄된 추천서를 받아 보았기 때문이다. 너무나 어리둥절해진 나는 어떤 것을 골라야 할지 도무지 알 수 없었다.

그런데 한 캠프장 주인은 매우 현명한 방식으로 내게 접근했다. 그는 내게 자신의 캠프장에서 머물렀던 뉴욕 시민의 이름과 연락처를 보내고는, 그들에게 연락해 본 뒤 내가 받고 싶은 서비스에 대해 말해 달라고 부탁했다. 놀랍게도 나는 그 리스트에서 내가 아는 이름을 발견했고, 그에게 전화해서 그가 거기서 겪은 일들을 들었다. 그러고 난 뒤 그 캠프장에 연락해 내가 도착할 날짜를 알려 주었다. 다른 사람들은 그들의 서비스를 팔려고 했지만 딱 한 사람은 내가 스스로 사게 만들었고, 결국 그 사람만이 성공했다.

2,500년 전 중국의 현인 노자는 오늘날 이 책을 읽는 우리들도 명심해야 할, 다음과 같은 이야기를 남겼다.

강과 바다가 많은 산에서 내려오는 시냇물의 존경을 받는 이유는 낮은 데 있기 때문이다. 이로 인해 강과 바다는 모든 산의 시냇물을 지배할 수 있다. 이렇듯 현자란 사람 위에 있고 싶으면서도 자신을 사람들 아래에 놓고, 사람들 앞에 나서고 싶으면서도 사람들 뒤에 선다.

그리하여 현자는 사람들 위에 있으면서도 무겁다 여겨지지 않고, 사람들 앞에 선다 해도 무례하다 여겨지지 않는다.

그러므로 다른 사람을 당신의 생각대로 설득하고 싶다면,

원칙 7
상대가 스스로 생각해 냈다고 느끼게 하라.

8
기적을 가져오는
공식

 사람은 자신이 완전히 틀렸을 때도 스스로 그렇게 생각하지 않는다. 우리는 이 점을 명심해야 한다. 그러니 자신이 틀렸다고 여기지 않는 사람을 비난하지 말라. 어떤 바보든 비난은 할 수 있다. 상대를 이해하기 위해 노력하라.

 다른 사람들이 그들의 방식대로 생각하고 행동하는 데는 그럴 만한 이유가 있다. 그 숨겨진 이유를 찾으면 당신은 그의 행동, 어쩌면 그 사람의 성격까지 이해할 수 있는 중요한 열쇠를 가지게 된다.

 진심을 다해 그 사람의 입장에 서도록 노력하라.

 만약 '내가 저 사람 입장이라면 기분이 어떨까? 어떻게 반응할까?' 하고 생각한다면 당신은 문제 해결에 들어갈 시간도 아끼고 짜증 나는 일도 적어질 것이다. '그 원인에 대해서 관심을 갖게 되면 그 결과에 대한 반감이 줄어들기' 때문이다.

 《사람을 황금처럼 빛나게 만드는 법How to Turn People into Gold》

의 저자 케네스 M. 구드Kenneth M. Goode는 이렇게 말한다.

"잠깐만 멈춰라. 잠시 멈추고 당신이 자신의 일에는 열중하며 관심을 갖는 것에 반해 그 외의 다른 일들에는 거의 신경 쓰지 않고 있음을 생각해 보라. 세상 사람들은 누구나 다 그렇다는 것을 깨달아야 한다. 그렇게 한다면 당신은 링컨이나 루스벨트처럼, 어떤 일을 하든 성공할 수 있는 단 하나의 기반을 갖게 될 것이다. 즉, 사람을 다루는 데 있어 성공하는 비결은 바로 얼마나 다른 사람의 입장을 이해하는가에 달려 있다."

몇 년째 나는 시간이 있을 때마다 집 근처 공원에서 걷거나 승마를 하면서 기분전환을 하고 있다. 고대 갈리아 지방의 드루이드 족처럼 나는 떡갈나무를 숭배하다시피 하는데, 쓸데없이 일어나는 화재로 매년 수많은 어린 나무와 관목들이 타 버리는 것이 무척 안타까웠다. 그런 화재의 대부분은 부주의한 담배꽁초 때문이 아닌, 주로 자연으로 간답시고 공원에 나와 나무 그늘 아래에서 소시지나 달걀을 구워 먹는 아이들 때문에 일어났다. 때로는 이 불이 너무 크게 번져 소방차가 출동해 화재를 진압하기도 했다.

공원 한쪽에는 '이곳에 화재를 일으키는 사람은 벌금형과 징역형에 처할 수 있다'는 내용의 표지판이 있었다. 하지만 공원에서도 인적 드문 곳에 자리 잡은 그 표지판을 본 아이들은 거의 없었다. 기마경찰이 공원을 관리하기로 되어 있었지만 자신의 임무를 크게 신경 쓰지 않아서인지 화재는 해마다 계속됐다. 전에 한번은 내가 경찰관에게 급히 뛰어가 공원에 불이 빠르게 번지고 있으니 소방서에 연락하라고 했지만, 그는 냉담한 태도로 자신의 관할 구역이 아니라는 대답만 했다. 나는 크게 절망했다. 그리고 그 뒤부터는 공원에 말을 타고 갈 때 나 스스로가 공공지역 보호위원이나 된 것처럼 공원 보호에 앞장서게 되었다.

처음에는 나 역시 아이들의 입장에서 생각해 보려는 노력을 하지 않았다. 나무 아래에서 불길이 피어오르는 것을 보면 나는 그 자체로 불쾌해질 뿐만 아니라 그것을 바로잡겠다는 마음에 사로잡혀, 지금 생각해 보면 매우 잘못된 행동을 했다. 아이들 쪽으로 가서 불을 피우면 감옥에 잡혀 갈 수 있다고 경고하며 권위적인 목소리로 불을 끄라고 명령한 데다, 말을 듣지 않으면 체포하겠다고 위협까지 했던 것이다.

아이들 입장에서는 조금도 생각하지 않고 그저 내 감정을 드러내기만 했던 결과는 어땠을까? 아이들은 내 말에 따랐다. 부루퉁해졌고 화도 내면서 말이다. 하지만 내가 언덕을 넘어가면 아이들은 또 불을 피웠을 것이다. 어쩌면 온 숲을 다 태워 버리고 싶었을는지도 모른다.

몇 년이 더 지나며 나는 인간관계에 대한 조금의 지식이나 요령, 타인의 입장에서 생각하는 경향이 더 생긴 것 같다. 그래서 이제는 아이들에게 명령을 하는 대신 불이 피어오르는 곳에 가서 이렇게 말한다.

"얘들아, 즐거운 시간 보내고 있니? 저녁 메뉴는 뭐니? 나도 어렸을 때 불장난을 굉장히 좋아했었지. 물론 지금도 좋아하고 말이야. 하지만 너희도 알다시피 공원에서 불을 피우는 건 매우 위험하단다.

물론 나는 너희가 피해를 입힐 거라고 생각하지는 않아. 하지만 조심성 없이 행동하는 아이들도 있어. 그 아이들이 와서 너희가 불 피우는 것을 보고, 똑같이 불을 피워 보고는 그것을 끄지 않고 집으로 돌아가 버리면 불길이 마른 낙엽으로 번져 온 나무들을 태우고 만단다. 우리가 좀 더 주의를 기울이지 않으면 이 공원에 있는 나무들이 곧 사라질지도 몰라. 너희들은 불을 피워서 감옥에 갈 수도 있고 말이야. 그렇다고 해서 내가 이래라저래라 하면서 너희의 즐거운 시간을 방해하고 싶진 않단다. 나는 너희가 즐겁게 노는 걸 보는 게 좋거든.

그래도 이 불 근처에 있는 낙엽들은 치우는 게 좋지 않겠니? 그리고 돌아갈 때는 흙을 많이 덮어 불길을 꺼 주면 좋겠는데, 그래 줄 수 있겠니? 그리고 다음번에 또 놀고 싶으면 저기 언덕 너머 모래 구덩이에서 불을 피우고 노는 게 좋겠구나. 거기라면 안전할 것 같으니 말이야. 고맙구나, 얘들아. 그럼 즐거운 시간 보내렴." 이렇게 말하면 얼마나 큰 차이가 있겠는가! 이 말은 아이들의 협조를 이끌어 냈다. 물론 입이 나오는 아이들도 없고, 분개하는 일도 없이. 아이들은 명령에 복종하도록 강요받지 않고, 자신의 체면을 구기지도 않는다. 그리고 내가 그들의 입장에서 바라보며 상황을 처리했기 때문에 아이들도 나도 기분이 좋다.

이제는 다른 사람에게 불을 끄라고 하거나 세제 한 통을 사 오게 하거나, 적십자에 50달러를 기부해 달라고 요청할 때는 그전에 잠깐 멈춰 눈을 감고 그 사람의 입장에서 생각해 보려고 노력하는 것이 어떨까?

그리고 스스로에게 물어보라. '저 사람이 이 일을 하고 싶게 하려면 어떻게 해야 할까?' 물론 그렇게 하기까지는 시간이 좀 걸린다. 그러나 당신은 그 덕분에 타인과의 마찰을 줄이고 고생도 덜하면서 친구를 만들 수 있음은 물론 더 좋은 결과도 얻을 수 있다.

하버드 경영대학원의 도넘 학장은 이렇게 말했다.

"누군가와의 면담 자리에 가면서 '나는 이러저러한 말을 하게 될 것이고, 그의 관심사와 의도를 생각했을 때 그는 이러저러한 대답을 할 것'이라는 생각이 명확히 떠오르지 않는다면 나는 차라리 그의 사무실 앞 골목길에서 두 시간이라도 서성거리며 내 생각을 정리할 것이다."

이 말은 너무 중요하기 때문에 강조하는 차원에서 한 번 더 적겠다.

"누군가와의 면담 자리에 가면서 '나는 이러저러한 말을 하게 될 것이고, 그의 관심사와 의도를 생각했을 때 그는 이러저러한 대답을 할 것'이라는 생각이 명확히 떠오르지 않는다면 나는 차라리 그의 사무실 앞 골목길에서 두 시간이라도 서성거리며 내 생각을 정리할 것이다."

만약 이 책을 읽고 당신이 한 가지 결실을 얻는다면, 즉 항상 다른 사람의 입장에서 생각하고 자신의 관점과 마찬가지로 다른 사람의 관점에서도 사물을 보게 된다면, 그것은 분명 당신의 인생에 있어 큰 이정표 역할을 하게 될 것이다.

그러므로 상대방으로 하여금 불쾌함이나 적개심을 갖게 하지 않으면서도 그를 변화시키고 싶다면,

원칙 8
상대의 입장에서 사물을 보려고 진심으로 노력하라.

9
모든 사람이
원하는 것

논쟁을 멈추게 하고, 악감정을 해소하고 호의를 불러일으키며, 다른 사람들이 주의 깊게 당신의 말을 경청하게 만드는 마법의 주문을 알고 싶은가? 좋다. 여기 그 주문이 있다. 주문은 이렇게 시작한다.

"그렇게 생각하시는 것이 당연합니다. 저라도 틀림없이 그렇게 했을 겁니다."

이런 대답은 정말 고약한 악당의 마음도 풀게 만들 것이다. 그리고 실제로 그 사람 입장이었다면 당신 역시 그 사람처럼 생각했을 것이기 때문에 당신은 100퍼센트의 진심을 담아 저 말을 할 수 있다.

알 카포네의 경우를 예로 들어 보겠다. 당신이 알 카포네와 똑같은 신체, 성격, 사고방식은 물론 그의 환경과 경험까지 가지고 있다고 가정해 보자. 이것만으로도 당신은 알 카포네와 똑같아질 것이다. 알 카포네를 만든 것은 다름 아닌 위의 것들이기 때문이다. 당신이 방울뱀이 아닌 유일한 이유는 당신의 어머니나 아버지가 방울뱀이 아니기 때문이다. 당신이 소와 입을 맞추지 않거나 뱀을 신성시 여기지 않는 이유가 있다면 그것은 당신이 인도 브라마푸트라 강가에 있는 힌두교 가정에서 태어나지 않았기 때문이다.

지금의 당신은 당신 자신이 잘나서 된 것이 아니다. 그러니 명심해야 한다. 당신에게 짜증내고 고집 부리고 비이성적으로 대하는 사람들도 그렇게 하는 데는 각자의 이유가 있다는 것을 말이다. 그 가엾은 악마를 불쌍히 여기고, 그를 동정하라. 그의 마음을 이해하라. 술에 취해 거리를 헤매는 부랑자를 보며 존 B. 거프가 말했던 것을 스스로에게 말하기 바란다. "하느님의 은총이 없었다면 저기 가는 사람이 곧 나였을 것이다." 당신이 만날 사람 중 4분의 3은 공감하는 마음에 굶주리고 목말라하는 사람들이다. 그들에게 공감하면 그들은 자연히 당신을 사랑하게 될 것이다.

예전에 나는 《작은 아씨들》의 작가인 루이자 메이 올코트 여사에 대해 방송했던 적이 있다. 물론 나는 그녀가 매사추세츠 주의 콩코드에서 살면서 불후의 명작을 썼다는 것을 알고 있었다. 그럼에도 나는 방송에서 나도 모르게 뉴햄프셔 주의 콩코드라고 말하고 말았다. 그것도 한 번이었으면 실수로 여겨져 용서받을 수도 있었겠으나 두 번이나 그렇게 말했으니, 여간 난감하지 않을 수 없었다.

　마치 벌 떼가 몰려오듯 각지에서 나를 비난하는 신랄한 편지와 전보가 무방비 상태인 내게 쇄도했다. 모두가 다 분개한 내용들이었고, 어떤 편지는 모욕적이기도 했다. 매사추세츠 주의 콩코드에서 자랐고 지금은 필라델피아에 산다는 한 부인은 내게 자신의 타오르는 화를 감추지 않았다. 내가 올코트 여사가 뉴기니 출신의 식인종이라고 했어도 그보다 더 화를 낼 수는 없었을 것이다.

　나는 그 편지를 다 읽고 혼잣말을 했다. "하느님, 감사합니다. 이런 여자와 결혼하지 않게 해 주셔서 정말 감사합니다." 나는 그녀에게, 비록 내가 지명을 잘못 말하는 실수를 저지르긴 했지만 당신이야말로 상식적인 예의를 지키지 않는 더 큰 잘못을 저질렀다고 말하는 편지를 쓰고 싶었다. 이것은 내 편지의 서두일 뿐이고, 그다음 본격적으로 팔을 걷어붙이고 내가 생각하는 바를 그녀에게 쏟아부으며 시비를 가리고 싶었다.

　하지만 나는 꾹 참고 그렇게 하지 않았다. 그것은 성미가 급한 바보들이나 하는 짓이라는 걸 알고 있었기 때문이다. 나는 바보가 되고 싶지 않았기에, 그녀의 적개심을 호감으로 바꿔 놓기로 마음먹었다. 그것은 일종의 도전이자 내가 즐길 수 있는 게임이기도 했다. 나는 나 자신에게 이렇게 말했다. "무엇보다 내가 그녀라면, 나도 아마 그녀와 똑같이 느꼈을 거야." 그래서 나는 그녀의 입장에서 생각하기로 결심하고, 필라델피아로 가서 그녀에게 전화를 걸었다. 통화 내용은 다음과 같았다.

나 : 안녕하세요. 부인. 몇 주 전에 제게 주신 편지에 감사의 인사를 하고자 전화를 드렸습니다.

부인 : (날카로우면서도 교양 있고 예의 바른 목소리로) 누구신가요?

나 : 부인께서는 저를 잘 모르실 겁니다. 저는 데일 카네기라고 합니다. 부인께서 몇 주 전에 제가 루이자 메이 올코트 여사에 대해 언급한 방송을 보셨지요? 저는 그 작가가 뉴햄프셔 주의 콩코드에 산다고 말한 엄청난 실수를 저질렀습니다. 정말 너무나 바보 같은 실수를 저질렀고 그 점에 대해 사과 말씀을 드리고자 합니다. 시간 내서 제게 편지 써 주신 점 감사드립니다.

부인 : 카네기 씨, 그런 편지를 보낸 것은 죄송하게 생각합니다. 제가 잠시 이성을 잃었나 봅니다. 제가 사과 드립니다.

나 : 아뇨! 아닙니다! 부인이 사과하실 일이 아닙니다. 제가 사과를 드려야죠. 학교를 다니고 있는 아이들도 그런 실수는 하지 않았을 것입니다. 그다음 주 일요일 방송에서 사과 방송을 하긴 했습니다만 부인께 따로 사과드리고 싶어 지금 이렇게 전화를 드렸습니다.

부인 : 저는 매사추세츠 주의 콩코드에서 태어났어요. 저희 집안은 200년 동안 매사추세츠 주에서 유명한 집안이었답니다. 그래서 저는 제 고향에 대한 자부심이 대단하지요. 저는 당신께서 올코트 여사가 뉴햄프셔 주에서 태어났다고 말하는 것을 듣는 순간 너무 화가 났습니다. 하지만 지금은 제가 쓴 편

지에 대해 정말 부끄럽네요.

나 : 저도 너무나 크게 속상하다는 말씀을 드리고 싶습니다. 제 실수가 매사추세츠 주 이름에 누를 끼치진 않을 겁니다. 다만 저 자신에게 상처가 됐을 뿐이지요. 부인처럼 지위나 교양을 갖추신 분들이 방송에서 말하는 사람들에게 시간을 내서 편지를 쓰시기란 결코 쉽지 않으셨을 것으로 생각됩니다. 앞으로도 많은 지도 편달을 부탁드립니다.

부인 : 당신께 한 비판을 이렇게 이해해 주시니 제 기분이 정말 좋습니다. 틀림없이 대단한 분이시란 생각이 드네요. 앞으로 기회가 된다면 만나 뵙고 싶습니다.

내가 그녀의 입장에서 사과하고 공감하자, 그녀도 내 입장에서 사과하고 공감했다. 나는 화를 자제한 것에 대한 만족감과 더불어 내가 받은 모욕을 상대에게 친절로 돌려주었다는 만족감도 얻을 수 있었다. 나는 그 부인이 내게 호감을 갖게 만듦으로써 부인에게 강에 가서 뛰어들어 버리라고 말할 때 얻을 수 있는 즐거움보다 훨씬 더 큰 즐거움을 얻었다.

백악관을 차지한 모든 대통령은 거의 매일같이 인간관계에 있어서 곤란한 상황에 처하게 된다. 태프트 대통령도 예외는 아니었다. 그는 많은 경험을 통해 악감정이라는 산성을 중화시키는 데는 공감이 가장 큰 화학적 가치를 갖는다는 것을 깨달았다. 자신의 책《공직자의 윤리Ethics in Service》에서 태프트는 큰 꿈을 갖고 있지만 일이 잘 되지 않아 실망감을 느낀 한 어머니의 분노를 누그러뜨린 재미있는 예를 다음과 같이 보여 주고 있다.

약간의 정치적 영향력이 있는 남편을 둔 워싱턴의 한 부인은 내게 와서 자신의 아들에게 자리 하나를 내 달라고 6주인가 그 이상인가를 간청했다. 그녀는 엄청나게 많은 상하원 의원의 도움을 얻어 그들과 함께 나를 만나러 와서는 그들을 통해 계속 그 일을 부탁했다.

하지만 그 자리는 특별한 전문적 자질을 요했기 때문에 나는 사무국장의 추천에 따라 다른 사람을 임명했다. 그러자 부인은 내게 한 통의 편지를 보내서 내가 정말 배은망덕한 사람이라고 했다. 내가 마음만 먹으면 자신을 행복하게 해 줄 수 있는 사람임에도 그것을 거부한 데다, 자신이 주 의회의 의원들을 열심히 설득해서 내가 특별히 관심을 가졌던 법안을 통과시켰는데 그것에 대한 보답이 이런 것이냐 불평하면서 말이다.

이런 편지를 받았을 때 흔히 사람들이 하는 첫 번째 일은 이런 부적절한 일을 하거나 혹은 다소 무례를 범한 그 상대를 어떻게 혼내 줄까 고민하는 것이다. 그리고 답장을 쓸 것이다. 하지만 현명한 사람이라면 그 답장을 서랍에 넣고는 서랍을 잠글 것이다. 이런 서신 왕래는 대략 이틀 정도씩의 시간이 걸리므로, 그 정도가 흐른 뒤 다시 답장을 꺼내서 보면 그것을 보내지 않게 된다. 이것이 내가 선택한 방법이다.

그런 뒤에 나는 앉아서 내가 할 수 있는 한 가장 정중한 답장을 썼다. 그런 상황에서는 어머니로서 실망하시는 게 당연하지만 내 개인적 권한으로 임명할 수 있는 일이 아니었고, 전문 자질을 요하는 사람을 선택해야 했기 때문에 국장의 추천에 따라 임명하게 되었다는 내용을 적어 보낸 것이다. 나는 부인의 아들이 지금 있는 자리에서 그녀가 원하는 바를 이룰 수 있을 것이라 생각한다고도 적었다. 그러자 그녀는 화가 누그러졌는지, 전에 쓴 편지에 대한 사과의 말을 적어 보냈다.

하지만 내가 냈던 그 임명안은 승인받는 데 시간이 걸렸고, 그사이 전에 쓴 편지와 필체는 같지만 부인의 남편이 썼다는 편지가 왔다. 거기에는 이번 임명 건으로 인해 부인이 신경쇠약에 걸려 앓아누웠고 심각한 위암 증세를 보인다는 내용이 담겨 있었다. 그러니 내게 처음에 제출한 임명안을 철회하고 대신 아들을 임명해 줌으로써 아내의 건강을 회복시켜 줄 수 없겠느냐는 얘기였다.

그래서 나는 또 다른 답장을 그녀의 남편에게 써야만 했다. 나는 그 진단이 오진이었기를 바라고, 그가 부인의 중병으로 느낄 큰 슬픔을 이해는 하지만 이 안건을 철회하는 것은 불가능하다고 말했다. 결국 임명 건은 원안대로 승인되었다.

그 편지를 받은 이틀 뒤에는 백악관에서 작은 음악회가 열렸다. 그곳에서 나와 내 부인에게 가장 먼저 인사한 두 사람은 바로 그 남편과 부인이었다. 최근까지만 해도 임종이 머지않았다던 바로 그 부인 말이다.

솔 휴로크Sol Hurok는 아마 미국 최고의 공연 기획자일 것이다. 표도르 샬리아핀Feodor Schaliapin, 이사도라 던컨Isadora Duncan, 안나 파블로바Anna Pavlova와 같은 세계 유명 예술가들과 20년을 함께

일한 그는, 자신이 개성 강한 스타들과 함께하며 가장 먼저 배운 것은 그들의 독특한 개성에 공감, 공감 그리고 또 공감하는 것이라고 내게 말한 적이 있다. 3년간 그는 표도르 샬리아핀의 흥행을 담당한 적이 있다. 샬리아핀은 메트로폴리탄 오페라 극장에서 굵직한 저음으로 상류층 청중들에게 전율을 선사한 베이스 가수였지만, 마치 버릇없는 아이처럼 행동했던 터라 늘 문제를 일으켰다. 휴로크의 독특한 표현을 빌리자면 그는 '모든 면에서 구제불능인 친구'였다.

일례로 샬리아핀은 공연이 있는 날이면 정오쯤에 휴로크에게 전화를 걸어 "솔, 오늘 몸 상태가 엉망이야. 목은 익지도 않은 햄버거처럼 퍽퍽해서 오늘 밤에 노래 부르기는 힘들겠어." 휴로크는 그럴 수 없다며 그와 말싸움을 했을까? 아니다. 그는 흥행사가 예술가를 그런 식으로 다루어서는 안 된다는 것을 잘 알고 있었다.

그는 샬리아핀이 있는 호텔로 달려가 지나칠 정도로 크게 동정심을 표했다. "아이고, 가엾은 친구." 그는 슬퍼하며 말했다. "불쌍한 내 친구. 당연히 노래 부르는 건 무리겠지. 공연은 당장 취소하겠네. 몇 천 달러야 손해 보겠지만 자네 명성에 흠이 잡히는 것에 비하면 그것은 아무것도 아니지." 그러면 샬리아핀은 한숨을 내쉬며 이렇게 말했다. "좀 이따가 다시 와 보는 게 좋겠어. 5시쯤 와서 내 상태 좀 봐 주게."

5시가 되면 휴로크는 다시 그의 호텔로 달려가 또 자신의 동정심을 표한다. 그렇게 하며 다시 한 번 공연을 취소하고 싶다고 말하면 샬리아핀은 한숨을 쉬며 이렇게 말했다. "그래, 이따가 다시 한 번 와 주게. 내가 좀 나아질지도 모르잖나."

7시 30분이 되면 이 훌륭한 베이스 가수는 노래하는 것에 동의한다. 단, 휴로크가 메트로폴리탄 오페라 극장 무대에 올라 샬리아핀이 감기로 인해 목 상태가 좋지 않다는 말을 하는 조건하에서만 말이다. 휴로크는 실제로 그렇게 하지는 않았지만 일단은 샬리아핀에게 그러겠노라 약속했다. 그것만이 이 가수를 무대 위에 올릴 유일한 방법임을 알고 있었기 때문이다.

아서 I. 게이츠Arthur I. Gates 박사는 자신의 유명한 저서《교육심리학Education Psychology》에서 다음과 같이 말했다.

"인간이라면 누구나 공감을 갈망한다. 아이들은 자신의 상처를 보여 주고 싶어 한다. 심지어 더 큰 동정, 공감을 얻어 내기 위해 베거나 멍들게 한다. 같은 이유로 성인들 역시 그들의 멍든 부분을 보여 주고 싶어 하고 자신이 겪은 사고나 병, 특히 외과 수술에 대해 상세히 이야기하고 싶어 한다. 현실이건 상상이건 불행에 대한 '자기연민'은 사실상 모든 인간이 어느 정도는 갖고 있는 것이다."

그러므로 다른 사람을 자신의 생각대로 설득하고 싶다면,

원칙 9

상대의 생각과 욕구에 공감하라.

10
모두가 좋아하는
호소법

내가 자란 곳은 미주리 주의 변두리로, 미국 서부 역사상 가장 악명 높은 갱인 제시 제임스가 활동하던 커니 지역에서 가까운 곳이었다. 한번은 그곳에 있는 그의 농장을 방문한 적이 있었는데, 그곳에는 여전히 제시 제임스의 아들이 살고 있었다. 그의 아내는 내게 제시가 어떻게 기차를 강탈하고 은행을 털었는지, 그리고 이웃 농부가 대출금을 갚도록 돈을 나눠 줬는지에 대해 이야기해 주었다. 제시 제임스는 아마 마음속으로 자신을 먼 훗날에 등장할 더치 슐츠나 '쌍권총 크로울리' 혹은 알 카포네와 같은 이상주의자라고 생각했던 것 같다. 사실 우리가 만나는 모든 사람, 심지어 당신이 거울에서 마주 보는 사람도 스스로를 괜찮은 사람이라 평가하고, 자신이 훌륭하며 이기적이지 않은 사람이 되기를 바란다.

미국의 대은행가이자 미술품 수집가로도 유명한 J. P. 모건은 자신의 경험을 이야기하던 중에, 사람들이 어떤 행동을 하는 데는 대개 두 가지 이유가 있다고 말한 적이 있다. 두 가지 중 하나는 그럴듯해 보이는 이유, 다른 하나는 진짜 이유다. 진짜 이유는 그 사람 자신이 고려하기 마련이니 그 점에 대해서는 강조할 필요가 없다. 그러나 모든 인간은 마음으로는 이상주의자이기 때문에 그럴듯해 보이는 동기 역시 고려하고 싶어 하고, 따라서 사람을 변화시키고 싶다면 바로 그 고상한 동기에 호소해야 한다. 사업에 적용하기에는 너무 이상적인 이야기인 것 같은가? 그렇다면 다음의 이야기를 한 번 살펴보자.

해밀턴 J. 파렐은 펜실베이니아 주의 글레놀던에 위치한 파렐 미첼 사의 사장이다. 그는 세를 놓은 집들이 있었는데, 어느 날 세입자 중 한 명이 무슨 일로 화가 났는지 그에게 이사를 가겠다고 위협을 해 왔다. 그의 계약 기간은 넉 달이나 남아 있는 상태였고, 월세는 55달러였다. 그럼에도 계약 기간과 상관없이 자신은 즉시 방을 비우겠다고 알려 온 것이다. 파렐 씨는 수업 시간에 그때의 일을 이야기했다.

"그 사람들은 겨울 내내 저희 집에서 살았습니다. 겨울은 세가 가장 비쌀 때지요. 그리고 저는 지금 방이 비면 가을까지는 다시 세를 놓는 게 어렵다는 것을 알고 있었습니다. 계약 파기로 220달러가 날아갈 것이 눈에 훤하더군요. 정말 너무 화가 났습니다.

평소대로라면 한걸음에 세입자에게 달려가 계약서를 다시 읽어 보라고 했을 겁니다. 그가 이사를 간다면 전체 계약 기간 임대료를 한꺼번에 지불해야만 한다는 점도 제대로 알려 줬을 테고요. 저는 당연히 그 돈을 받을 수 있고, 또 받아 내는 데 필요한 조치들을 취할 것이라고 말했을 겁니다.

하지만 버럭 화를 내며 소동을 부리는 대신 저는 다른 작전을 써 보기로 마음먹었고, 그래서 이렇게 말해 봤습니다. '선생님. 제게 하신 말씀은 잘 들었습니다. 그런데 저는 아직도 선생님께서 이사하려 하신다는 사실을 믿을 수가 없네요. 임대 사업을 오랫동안 해 오면서 제게도 사람 보는 눈이 좀 생겼는데, 선생님을 처음 뵈었을 때 한눈에 약속을 지키는 사람이라는 것을 알 수 있었습니다. 정말 그런지 아닌지 내기를 해도 좋을 정도로 확신이 들었지요. 자, 이제 제가 제안 하나를 하겠습니다. 며칠 동안 이 점에 대해 좀 더 생각해 보시지요. 다음 달 1일이 임대료를 내는 날이니, 만약 그때 오셔서도 이사하겠다고 말씀하신다면 그렇게 결정된 사항으로 알겠습니다. 그리고 이사하시도록 해 드리고 사람을 보는 제 눈이 잘못되었다는 것도 인정하겠습니다. 하지만 저는 여전히 선생님께서 약속이나 계약 사항을 지키실 분이라고 믿고 있습니다. 무엇보다 우리가 사람이냐 원숭이냐 하는 것은 결국 우리 자신의 선택에 달려 있는 일 아니겠습니까?'

다음 달이 되자 이 신사는 제게 직접 찾아와 임대료를 지불했습니다. 그와 그의 아내는 이 점에 대해 이야기해 보고 계속 더 지내기로 했답니다. 그들은 자신들의 명예를 지키는 유일한 길은 계약 기간을 지키는 것뿐이라고 결론지었던 것입니다."

영국에서 가장 부유하고 영향력 있는 신문사의 사주였던 노스클리프 경Lord Viscount Northcliffe은 공개되기 원치 않았던 자신의 사진이 신문에 실린 것을 보고 편집장에게 편지를 썼다. 그런데 그가 '더 이상 그 사진을 사용하지 마시오. 난 그 사진을 공개하기 싫습니다.'라고 말했을까? 아니다. 그는 그보다 더 고상한 동기, 즉 인간이 누구나 갖고 있는 '어머니에 대한 존경과 사랑'에 호소했다. 그는 이렇게 썼다.

> '그 사진은 더 이상 사용하지 말아 주십시오. 어머니께서 좋아하지 않으십니다.'

존 D. 록펠러 2세도 자신의 아이들을 따라다니는 파파라치들을 차단하기 위해 이와 비슷한 방법을 활용했다. 그는 '그 사진들이 신문에 실리는 것을 원치 않습니다.'라고 말하지 않고 그 대신 모든 사람의 가슴속에 있는, 아이를 해치고 싶어 하지 않는 욕구에 호소했다. 때문에 그는 "여러분도 잘 아실 겁니다. 여러분 중에도 자녀가 있는 분이 계실 텐데, 얼굴이 너무 알려지면 아이들에게 좋지 않을 것임은 다 아는 이야기 아닙니까?"라고 말했다.

〈새터데이 이브닝 포스트〉지와 〈레이디스 홈 저널Ladys' Home Journal〉지를 소유한 백만장자 사이러스 H. K. 커티스는 본래 메인 주 출신의 가난한 소년이었다. 백만장자로 가는 화려한 경력을 쌓기 시작한 초창기 시절, 그는 작가들에게 다른 잡지사가 주는 만큼의 고료를 지불할 수 없었고, 원고료를 줘야만 글을 쓰는 일류 작가들에게 글을 써 달라고 청탁할 수도 없었다. 그래서 그는 그들의 고상한 동기에 호소하는 방식을 활용했다. 일례로 그는《작은 아씨들》의 작가 루이자 메이 올코트 여사가 한창 인기를 누릴 때 그녀의 글을 받아 내는 데 성공했다. 그녀가 아니라 그녀가 소중히 여기는 자선단체 앞으로 수표를 발행하겠다고 말한 것이 그 비결이었다.

이에 대해 회의론자들은 이렇게 말할지도 모른다. "음, 그건 노스클리프 경이나 록펠러, 아니면 감성적인 소설가들에게만 해당하는 이야기겠죠. 과연 그 방법이 내가 돈을 받아야 하는 골치 아픈 인간들한테도 통할까요?"

당신 말이 옳을 수도 있다. 모든 경우와 모든 사람에게 통하는 방법이란 이 세상에 없다. 만약 당신이 지금까지 거두고 있는 결과에 만족한다면 굳이 방법을 바꿀 필요가 없지만, 그렇지 않다면 시도해 볼 만하지 않을까? 여하튼 편안한 마음으로 카네기 코스 수강생이었던 제임스 L. 토머스의 실화를 읽어 보기 바란다.

어떤 자동차회사의 고객 여섯 명이 서비스 이용료를 내지 않겠다고 했다. 그들 중에 총 청구금액에 대해 항의한 사람은 없었으나, 저마다 어떤 세부 항목이 잘못 청구되었다고 주장했다. 회사 입장에서 보면 고객들 모두가 서비스를 받을 때 내용을 확인하고 서명했으므로 잘못되었을 리가 없다고 생각했고, 고객들에게도 그렇게 이야기했다. 그러나 이것이 첫 번째 실수였다.

그 회사의 채권부 직원들은 고객들이 자신들에게 과다 청구되었다며 내지 않은 미수금을 받기 위해 다음과 같은 절차를 밟

아야 했다. 당신은 그들이 성공했을 것 같은가?

1. 고객을 찾아가 납부 기한이 한참 지난 대금을 받기 위해 왔다고 퉁명스럽게 말한다.
2. 회사는 오차 없이 일을 처리했고, 청구서도 완벽하기 때문에 결과적으로 고객이 완전히 틀렸음을 분명히 말한다.
3. 자동차에 대해서라면 회사는 고객이 생각하는 것보다 훨씬 잘 알고 있고, 그러니 다투어 봐야 별 소용이 없음을 은근히 암시한다.
4. 결과 : 다툼이 일어난다.

위의 것들 중 어느 하나라도 고객을 만족시키고 납부금을 받아 낼 수 있는 방법이 있는가? 당신도 답을 알 수 있을 것이다.

일이 이렇게 되자 채권부 과장은 고객들을 대상으로 법적 조치를 취하려고 했는데, 운 좋게도 부장이 이 일을 알게 되었다. 부장은 납입 불이행 고객들에 대해 조사해 보니 그들은 그때까지 대금을 체납한 적이 없는 이들이었다. 대금을 받는 방식에 있어 뭔가 엄청난 착오가 있는 것이 틀림없었다. 그래서 그는 제임스 L. 토머스에게 이 '회수 불가능'해 보이는 미수금을 받아오라고 말했다. 다음은 그가 취한 방법인데, 그의 이야기를 통해 직접 들어 보자.

1. 우선은 고객 개개인을 직접 방문했습니다. 목적은 납기일이 한

참 지난 미수금을 받기 위한 것이었지만, 고객에게 그런 말은 한마디도 하지 않았죠. 저는 회사가 고객들에게 이제까지 해온 서비스가 어땠는지, 부족한 점은 없었는지 확인하기 위해 왔다고 말했습니다.

2. 저는 고객의 이야기를 다 들을 때까지는 어떤 판단도 내리지 않을 것임을 명확히 했습니다. 또한 저는 회사가 그들에게 절대 실수했을 리가 없다고 주장하려는 게 아니라고도 말했습니다.

3. 저는 고객의 차에만 관심이 있을 뿐이고 그 차는 그 어느 누구보다 고객이 제일 잘 알고 있으며, 그 차에 대한 최고의 권위자는 고객이라고 덧붙였습니다.

4. 그렇게 고객이 이야기하게끔 하면서, 그 이야기를 주의 깊게 듣고 공감을 표했습니다. 그것이야말로 고객이 그토록 기대하고 바랐던 바였습니다.

5. 마침내 그 고객이 이성을 찾으면 저는 그의 페어플레이 정신에 호소했습니다. 고상한 동기에 호소한 것이죠. 저는 이렇게 이야기했습니다. '우선 이번 일이 잘못 처리됐음을 저 역시 절감하고 있다는 것을 알아주셨으면 합니다. 저희 직원으로 인해 불편하고 화나고 언짢으셨을 겁니다. 절대 있어서는 안 되는 일이었는데 말이죠. 정말 죄송스럽고, 회사를 대표해서 진심으로 사과드립니다. 다시는 그런 일이 없도록 하겠습니다. 여기 앉아서 고객님의 이야기를 듣고 보니 고객님께서는 매우 공정하고 인내심이 있으신 분이시라는 것을 알 수 있었습니다. 그런 분이시니 제가 한 가지 부탁을 드리고자 합니다. 이 일은 다른 어떤 분

보다 고객님께서 잘하실 수 있는 일이고, 또 고객님보다 이에 대해 더 잘 아시는 분도 없을 것이기 때문입니다. 여기 고객님에게 발행된 청구서가 있습니다. 고객님께서 저희 회사 사장님이라 생각하시고 이 청구서를 정정해 주시면 제가 마음이 놓일 것 같습니다. 모든 것을 고객님께 맡기고, 말씀하신 대로 처리하겠습니다.'

그 고객이 청구서를 수정했냐고요? 물론 그렇게 했습니다. 그리고 그 일을 재밌어 하는 것 같기도 했고요. 청구금액은 150달러에서 400달러까지 있었는데 고객이 자신에게 유리한 대로만 고쳤을까요? 네, 고객들 중 한 명은 그렇게 했습니다. 그 고객은 문제가 되는 항목에 대해서는 한 푼도 지불할 수 없다고 했습니다. 하지만 나머지 다섯 명은 모두 회사가 청구한 금액을 지불했습니다. 더 재미있는 것은 그 일이 있고 나서 2년 안에 그 고객들이 저희 회사의 새 차를 주문했다는 것입니다."

토머스 씨는 말을 이었다. "저는 이 경험을 통해서, 고객에 대한 아무런 정보도 없을 때는 그 고객이 성실하고 정직하고 믿음직하며 회사에서 청구한 금액이 정확하다는 확신만 있다면 언제든 대금을 지불할 사람이라고 전제하는 것이 일을 해 나가는 데 있어 가장 중요한 출발점이라는 사실을 알게 되었습니다. 이것을 조금 다르게 표현하자면, 사람들은 정직하고 자신의 의무를 다하고자 한다는 것입니다. 이 원칙에서 예외적인 사람은 상대적으로 적습니다. 또한 설사 당신을 속이려는 사람이라 해도 당신이 그를 정직하고 바르고 공정한 사람으로 생각하고 있음을 내비치면, 그 역시 당신에게 호의적으로 대하게 된다는 것을 저는 확신합니다."

그러므로 당신의 생각대로 사람을 설득하고자 한다면,

원칙 10

상대의 고상한 동기에 호소하라.

11
영화도 하고 TV도 하는 그것

몇 년 전 〈필라델피아 이브닝 불러틴Philadelphia Evening Bulletin〉지는 위험한 소문으로 곤란한 상황에 처했다. 악의적인 소문이 유포되고 있었고, 광고주들에게는 이 신문이 광고는 너무 많은 반면 뉴스가 지나치게 적어 더 이상 구독자들에게 인기가 없다는 말을 들었던 것이다. 즉각적인 조치가 필요했다.

어떻게 해야 할까? 그 신문사는 이렇게 일을 처리했다.

그 회사는 특정 일을 정해 그날의 정규판 신문에 실린 모든 기사를 뽑아 분류한 뒤 한 권의 책으로 만들어 출간했다. 책 제목은 '하루'로 지었다. 307페이지짜리의 이 책은 분량으로 보면 2달러를 받을 만했지만 신문사는 단돈 2센트에 판매했다.

이 책의 출판은 이 신문사가 얼마나 방대한 양의 재미있는 읽을거리를 제공하고 있는지를 극적으로 보여 주는 것이었다. 이 책은 며칠에 걸쳐 숫자나 공론을 앞세워 주장하는 것보다 더 생동감 있고 흥미롭고, 인상 깊게 사실을 전했다.

케네스 구드와 젠 카우프만Zenn Kaufman의《사업상의 쇼맨십 Showmanship in Business》은 연출을 통해 매출을 향상시킨 다양한 사례들을 생생히 보여 준다. 이 책에서는 일렉트로룩스Electrolux 사가 냉장고에 소음이 없음을 극적으로 보여 주기 위해 고객의 귀에 성냥 긋는 소리를 들려주었던 일, 1.9달러짜리 모자에 배우 앤 소던Ann Sothern의 서명을 넣음으로써 유명인을 활용한 시 어스 로벅Sears Roebuck 사의 카탈로그 이야기, 움직이던 쇼윈도의 상품이 멈추면 그것을 지켜보던 사람의 80퍼센트가 흥미를 잃는다는 것을 보여 준 조지 웰바움Geroge Wellbaum의 사례, 퍼시 화이팅Percy Whiting이 두 개의 회사채 목록을 보여 주며 유가 증권을 판매한 일(화이팅은 고객에게 어떤 목록에 있는 증권을 살지 물었다. 현 시장의 통계에서는 당연히 그의 목록이 더 좋은 결과를 보여 주고 있다. 호기심이 고객의 관심을 사로잡은 예였다. 참고로 각리스트는 5년 전에 1,000달러의 가치가 있다고 평가받았다.), 미키 마우스의 이름이 어떻게 백과사전에 오르게 되었는지, 또 어떻게 그 이름이 파산 위기에 처했던 공장을 되살렸는지에 대한 이야기, 이스턴 항공사Eastern Air Lines가 더글러스 항공사Douglas Airliner의 실제 조종간처럼 창가를 다시 제작해 통로 쪽에 몰리는 손님들을 창가 쪽으로 유도한 일, 해리 알렉산더Harry Alexander 가 자사 제품과 경쟁사 제품 간의 가상 권투 시합을 방송하여 자사 영업사원들을 고무시킨 일, 우연히 사탕 진열대에 조명을 놓자 매출이 두 배 증가한 사례, 크라이슬러가 자신의 차의 견고함을 입증하기 위해 코끼리를 그 위에 올라가게 한 일 등을 소개하고 있다.

뉴욕 대학의 리처드 보덴과 앨빈 뷔스는 1만 5,000건의 영업 관련 면담을 분석했다. 그리고 그들은《토론에서 이기는 법How to Win an Argument》이라는 책을 내고, 같은 주제로 '영업의 여섯 가지 원칙'이라는 강좌를 열었다. 이 내용은 후에 영화로도 제작되어 수백 개 대기업의 영업사원들이 관람하기도 했다. 그들은 조사를 통해 밝혀 낸 원칙에 대해 설명하고 있을 뿐 아니라 실제로 그것을 적용해 보여 주었다. 즉, 청중들 앞에서 논쟁을 붙여 좋은 판매 방법과 나쁜 판매 방법을 보여 주었던 것이다.

지금은 연출 시대다. 때문에 어떤 사실을 그저 말하는 것만으로는 충분하지 않고, 그것을 생생하고 재미있으며 극적으로 연출해야만 한다. 당신은 쇼맨십을 발휘해야만 한다. 영화나 라디오, TV에서도 그렇게 하고 있고, 당신 역시 관심을 끌고 싶다면 그렇게 하지 않으면 안 된다.

쇼윈도 디스플레이 전문가들은 극적 연출이 가지는 강력한 힘을 잘 알고 있다. 예를 들어 새로운 쥐약을 개발한 어느 업체는 대리점 쇼윈도에 실제로 살아 있는 쥐 두 마리를 전시하게 했다. 그러자 그 주의 판매 실적은 평소보다 다섯 배나 증가했다.

〈아메리칸 위클리American Weekly〉지의 제임스 B. 보인튼은 방대한 분량의 시장 조사 보고서를 브리핑해야 했다. 그의 회사에서는 유명한 콜드 크림에 대해 철저한 조사를 막 마쳤고, 그는 경쟁사의 가격 할인 정책에 대비한 자료를 당장 내놔야 하는 상황이었다. 그 자료를 요청한 고객은 광고계에서 거물급으로 통하는 굉장한 인물이었다.

게다가 보인튼은 첫 번째 브리핑에서 이미 실패를 경험한 적이 있었다. 당시에 관한 그의 말을 들어 보자.

"처음 브리핑하는 자리에서는 본론에서 벗어나 쓸데없이 조사 방식에 대한 토론을 하는 바람에 시간을 허비하고 말았습니다. 그 고객이 주장하면 저는 받아쳤지요. 그 고객은 제가 틀렸다고 말하고, 저는 제가 옳다는 것을 밝히려 애썼습니다. 결국 제 주장이 옳음을 증명해서 만족하기는 했습니다만 시간을 너무 많이 쓴 탓에 브리핑 시간은 다 끝나 버렸고, 얻은 것 또한 아무것도 없었습니다.

두 번째 브리핑 자리에서 저는 숫자나 자료를 도식화하는 일에는 신경 쓰지 않았습니다. 대신 저는 그 고객을 찾아가 사실을 극적으로 연출했습니다. 사무실에 들어갔을 때 그는 통화하느라 바쁘더군요. 그사이에 저는 가방을 열고 그의 책상 위에 32개의 콜드크림 통을 꺼내 놓았습니다. 모두 그가 이미 알고 있는 제품들이었지요. 그의 경쟁사에서 나오는 제품들이었으니까요. 저는 모든 병에 항목별 거래 조사 결과에 대한 메모를 붙여 놨습니다. 각각의 메모는 간단히, 그리고 극적인 방식으로 조사 결과를 보여 주고 있었습니다."

"어떻게 됐습니까?"

"논쟁 따위는 일어나지 않았습니다. 새롭고 신선한 방식이었으니까요. 그 고객은 병을 하나하나씩 집어 들고 그것에 붙어 있는 메모의 내용을 읽었습니다. 그러면서 대화도 우호적으로 이루어졌고, 추가 질문도 받았습니다. 그는 굉장히 흥미 있어 하더군요. 원래 그는 제게 10분의 브리핑 시간을 주었지만 10분, 20분, 40분이 지나고 1시간이 지나도 대화는 계속되었습니다. 제가 브리핑한 내용은 첫 번째 자리에 들고 갔던 것과 똑같은 것이었습니다. 하지만 극적인 효과와 쇼맨십을 사용하니 이전과는 완전히 다른 결과를 얻을 수 있었습니다."

그러므로 당신의 생각대로 사람을 설득하고자 한다면,

원칙 11

당신의 생각을 극적으로 표현하라.

12
다른 방법이 통하지 않을 때 취해야 할 방법

베들레헴 스틸 사의 찰스 슈워브가 경영하는 공장 중에는 생산량이 기대에 비해 낮은 곳이 있었다. 슈워브는 그 공장의 공장장에게 "당신처럼 유능한 직원이 있는데 어째서 실적은 오르지 않는 겁니까?"라고 묻자 담당자가 대답했다. "잘 모르겠습니다. 직원들을 어르고 압박하고, 화도 내고 욕도 했다가 해고할 거라는 위협도 해 봤지만 모두 소용없었습니다. 직원들은 도통 일을 하려고 하지 않습니다."

이 대화가 오간 시간은 저녁 무렵으로, 마침 야간 근무조가 교대하기 직전이었다.

"분필 하나 줘 보십시오." 슈워브가 말했다. 그러고 나서 그는 가장 가까이에 있는 사람에게 다가가 "오늘 근무시간에 용해 작업은 몇 번이나 했습니까?" 하고 물었다.

"여섯 번 했습니다."

슈워브는 대꾸도 하지 않고 바닥에 '6'이라고 크게 적어 놓고는 가 버렸다.

야간 근무조가 들어와 바닥에 적힌 '6'을 보고는 이게 뭐냐고 묻자 주간 근무자는 "오늘 사장님이 다녀가셨는데, 저희한테 용해 작업을 몇 번 했냐고 물으셔서 여섯 번 했다고 했더니 바닥에 저렇게 적어 놓으셨습니다."

다음 날 아침, 슈워브는 그 공장에 다시 찾아왔다. 야간 근무자들은 전날 바닥에 적힌 '6'을 지우고 크게 '7'이라고 적어 놓았다. 아침에 출근한 주간 근무조는 바닥에 크게 쓰인 '7'이라는 숫자를 보았다. '야간 근무조가 주간 근무조보다 일을 더 잘한다 이거지?'라고 생각한 주간 근무자들은 야간 근무조의 콧대를 꺾어 버리고 싶어 열정적으로 작업에 임했다. 그리고 밤이 되어 작업을 마칠 때가 되자 그들은 크게 '10'이라는 숫자를 써 놓고 퇴근했다. 점차 상황이 나아지기 시작한 것이다. 생산량이 늘 뒤처지던 이 공장은 이내 다른 어느 공장보다 더 많은 생산량을 기록하는 공장이 되었다.

그 비결은 무엇이었을까? 찰스 슈워브가 한 말을 들어 보자.

"일이 이뤄지게 하는 방법은 경쟁심을 자극하는 것입니다. 이때의 경쟁은 탐욕스럽고 돈에 눈 먼 경쟁이 아니라 남을 능가하고 싶다는 욕구로 생기는 경쟁심을 뜻합니다."

능가하고 싶은 욕구! 도전! 용감히 도전하는 것! 이것이야말로 기개 있는 사람들에게 호소할 수 있는 틀림없는 방법이다. 이런 도전이 아니었다면 시어도어 루스벨트는 미국의 대통령이 되지 못했을 것이다. 러프라이더Rough Rider 연대를 모집해 대 스페인 전쟁에 참전했던 루스벨트는 종전 후 쿠바에서 막 귀국하자마자 뉴욕 주지사로 선출되었다. 하지만 그의 반대파들은 그가 더 이상 합법적인 뉴욕 거주자가 아님을 알아냈고, 이에 겁먹은 루스벨트는 사퇴하려 했다. 그러자 뉴욕 출신의 거물급 상원의원인 토머스 콜리어 플랫Thomas Collier Platt은 그의 도전 의식을 자극했다. 그는 갑자기 루스벨트에게 달려가 우렁찬 목소리로 소리쳤다. "스페인 전쟁의 영웅이 갑자기 겁쟁이가 되었단 말인가?"

루스벨트는 반대파와 싸우기로 결심했고, 그 후의 이야기는 역사에 남겨진 그대로다. 도전은 그의 삶을 바꿔 놓았을 뿐 아니라 미국 역사에도 큰 영향을 미쳤다.

찰스 슈워브는 도전의 엄청난 힘을 알고 있었다. 플랫도 그랬고 알 스미스Al Smith 역시 그랬다.

알 스미스가 뉴욕 주지사였던 시절, 그는 난감한 문제와 마주했던 적이 있다. 데블스 아일랜드의 서쪽에 있는 싱싱 교도소에는 교도소장이 없었다. 근거 없는 추문과 스캔들이 교도소 안팎을 떠돌고 있었기에 스미스에게는 싱싱 교도소를 관리할, 강철처럼 강한 사람이 필요했다. 하지만 누구를 그 자리에 앉힐 것인가? 스미스는 사람을 보내 뉴햄프턴의 루이스 E. 로스를 불렀다.

"싱싱 교도소를 맡아 주는 게 어떻겠나?" 로스가 그의 앞에 섰을 때 그는 가볍게 물었다. "그곳은 경험이 풍부한 사람이 맡아야 한다네."

로스는 난처했다. 그는 싱싱 교도소가 위험한 곳이라는 것을 알고 있었다. 그것은 정치적 인사였던 데다가, 그곳의 교도소장 자리는 쉽게 변하는 정치 상황에 따라 인사 변동이 잦아서 불과 3주 만에 떠난 사람도 있었다. 앞으로의 경력도 고려해야 하는데, 과연 그런 위험을 감수해야 할까?

로스가 망설인다는 기색을 알아챈 스미스는 몸을 젖혀 의자에 등을 기대며 웃었다. "젊은 친구, 자네가 겁먹는 걸 탓할 생각은 없네. 위험한 자리인 건 맞으니 말이야. 자네의 자리를 책임져 줄 거물급 인사를 알아보겠네."

그렇게 스미스는 로스의 도전 의식을 불러 일으켰고, 로스는 거물급 인사를 필요로 하는 자리에 자신이 도전해 본다는 것이 마음에 들었다.

그래서 그는 그곳에 교도소장으로 부임했을 뿐 아니라, 그곳에서 오랫동안 일하며 실존하는 교도소장 중에서는 가장 유명한 사람이 되었다. 그가 집필한 《싱싱 교도소에서의 2만 년(20,000 Years in Sing Sing)》이라는 책은 수십만 부가 팔렸다. 그는 방송에도 출연했고, 그가 말한 교도소 이야기를 바탕으로 수십 편의 영화가 제작되기도 했다. 또한 수감자들에 대한 그의 '인간적인 태도'는 교도소 개혁이라는 측면에서 기적을 이끌어 냈다.

파이어스톤 타이어 앤드 러버 사Firestone Tire & Rubber Company를

설립한 하비 S. 파이어스톤Harvey S. Firestone은 이렇게 말했다.

 "돈만으로는 인재를 불러 모으거나 붙잡아 둘 수 없다. 중요한
 것은 게임 그 자체다."

 성공한 사람이라면 누구나 이 말을 굉장히 좋아한다. 게임. 자기
표현의 기회. 자신의 가치를 증명하고, 다른 사람을 능가하고 이길
수 있는 기회. 도보 경주, 돼지 고함소리 내기 시합, 파이 먹기 대회
가 개최되는 것도 바로 이것 때문이다. 남을 능가하고 싶은 욕망,
남에게 인정받고자 하는 욕망 말이다.
 그러므로 당신의 생각대로 사람, 특히 용기와 기개가 넘치는
자를 설득하고자 한다면,

원칙 12

도전 의식을 불러일으켜라.

상대를 설득하는 12가지 방법

1. 논쟁에서 이기는 유일한 방법은 그것을 피하는 것뿐이다.

2. 상대의 의견을 존중하고, 그의 잘못을 지적하지 말라.

3. 잘못을 했을 때는 빨리, 그리고 분명하게 그것을 인정하라.

4. 우호적으로 시작하라.

5. 상대가 기꺼이 '네.'라고 답할 수 있게 만들라.

6. 나보다 상대가 더 많이 이야기하게 하라.

7. 상대가 스스로 생각해 냈다고 느끼게 하라.

8. 상대의 입장에서 사물을 보려고 진심으로 노력하라.

9. 상대의 생각과 욕구에 공감하라.

10. 상대의 고상한 동기에 호소하라.

11. 당신의 생각을 극적으로 표현하라.

12. 도전 의식을 불러일으켜라.

감정을 상하게 하지 않고
상대를 변화시키는
아홉 가지 비결

1
칭찬과 감사의 말로
시작하라

캘빈 쿨리지Calvin Coolidge가 대통령이었던 시절, 그의 친구 한 명이 백악관에서 주말을 보내게 됐다. 대통령 개인 집무실에 들어서던 친구는 대통령이 자신의 비서 중 한 명에게 이렇게 말하는 것을 들었다. "오늘 입은 옷이 참 예쁘군. 자네는 역시 매력적인 여성이야."

비서에게 있어서 이 말은 '침묵의 캘빈'이라 불리던 대통령이 자신에게 거의 생전 처음으로 해 준 엄청난 칭찬이었을 것이다. 무척 생소한 데다 예상 밖의 일이었기 때문에 비서는 당황한 나머지 얼굴을 붉혔다. 그러자 대통령이 말했다. "너무 거만해지지는 말게나. 나는 자네 기분이 좋아지라는 뜻에서 일부러 한 칭찬이니 말일세. 그나저나 앞으로는 문장 부호 사용에 좀 더 주의를 기울여 줬으면 좋겠네."

다소 노골적이기는 하지만 그의 방식은 인간 심리적인 면에서는 굉장히 훌륭한 것이었다. 누구나 자신의 장점에 대한 칭찬을 들은 뒤라면 언짢은 이야기도 좀 더 편하게 받아들일 수 있기 때문이다.

이발사는 손님 면도를 하기 전에 비누칠을 한다. 이 방식은 1896년 매킨리가 대통령 출마 당시에 썼던 것이기도 하다. 당시 열혈 공화당원 중 한 명이 선거 연설문을 써 왔다. 그는 자신의 글이 키케로Cicero나 '자유가 아니면 죽음을 달라.'라는 명언을 남긴 패트릭 헨리Patrick Henry 그리고 대니얼 웹스터 같은 명연설가들의 글을 한데 합친 것보다 더 뛰어나다고 느끼고 있었다. 뿌듯함에 취한 그는 자신의 연설문을 매킨리 앞에서 큰 소리로 낭독했다. 몇 가지 좋은 점이 있긴 했지만 그 연설문을 그대로 사용하기는 어려웠다. 비난이 쏟아질 만한 수준의 것이었기 때문이다.

하지만 매킨리는 그 당원의 열의를 꺾어 기분을 상하게 하고 싶지 않았음과 동시에, 한편으로는 그 연설문을 사용하기 어렵다는 말도 해야만 했다. 과연 어떻게 그가 이 일을 멋지게 해냈는지 살펴보자.

"이보게, 친구. 이거 정말 멋지고 훌륭한 연설이군." 매킨리는 말했다. "아마 어떤 사람도 이보다 나은 연설을 준비할 수는 없을 걸세. 정확한 지적들을 많이 했군. 그런데 이번 대선 상황에서는 그런 말들이 적절할지 잘 모르겠네. 자네 개인의 입장에서 보면 합리적이고 건전한 말들이지만 나는 정당의 입장에서 연설의 효과를 생각해 보지 않을 수 없다네. 자, 그럼 집에 가서 내가 말한 바를 고려한 연설문을 작성한 뒤에 사본을 좀 부쳐 주게나."

그 당원은 그의 말대로 했다. 매킨리는 그의 두 번째 연설문을 검토한 뒤 그가 수정 및 재작성을 할 수 있도록 도와주었다. 그 결과 그는 선거 기간 동안 가장 영향력 있는 연설가 중 한 명이 되었다.

이어서 여기 에이브러햄 링컨이 쓴 편지 중 두 번째로 유명한 것을 소개하겠다(그의 가장 유명한 편지는 전쟁에서 다섯 명의 아들을 잃은 빅스비 여사에게 보낸 애도의 편지였다.). 링컨이 아마 5분 안에 다 썼을 이 편지는 1926년 경매에 등장했을 때 1만 2,000달러에 낙찰되었다. 참고로 이 금액은 링컨이 반세기 동안 일해서 모을 수 있었던 돈보다 더 큰 금액이었다.

링컨은 1863년 3월 26일, 미국 남북전쟁 중 북군이 가장 힘겨웠던 시기에 이 편지를 썼다. 링컨이 임명했던 장군들은 무려 1년 6개월 동안 패배를 거듭하고 있었다. 그것은 아무 소득도 없는, 쓸데없고 바보 같은 인간 학살일 뿐이었다.

국민들은 공포에 떨었다. 수천 명의 병사들은 군대를 떠났고 심지어 공화당원들까지도 들고 일어나 링컨의 사퇴를 요구했다.

"우리는 지금 파멸의 위기에 처해 있습니다." 링컨은 말했다. "심지어 하느님께서도 우리를 버리신 것 같습니다. 저는 한줄기 희망의 빛조차 볼 수 없습니다." 이렇듯 이 편지는 어두운 슬픔과 혼돈이 가득한 시기에 쓰였다.

내가 여기에 이 편지를 인용하는 이유는 장군 한 사람의 행동에 국가의 운명이 달려 있던 그 시기에 링컨은 어떻게 자기 멋대로 행동하는 후커 장군을 변화시키려 노력했는지를 보여 주기 위해서다. 이 편지는 아마 링컨이 대통령이 된 뒤에 쓴 것들 중 가장 신랄한 내용의 편지일 것이다. 그러나 당신은 이런 편지에서조차 링컨이 상대의 심각한 잘못에 대해 언급하기 전에 칭찬부터 했음을 보게 될 것이다.

그렇다. 후커 장군이 한 잘못은 정말 심각한 것이었다. 하지만 링컨은 그렇게 표현하지 않았다. 좀 더 온건했고, 좀 더 외교적이었던 그는 이렇게 썼다. '장군에게 충분히 만족하지 못하는 점이 몇 가지 있습니다.'

다음은 링컨이 후커 장군에게 보낸 편지의 내용이다.

나는 장군을 포토맥 부대의 지휘관으로 임명했습니다. 물론 나는 나름의 충분한 이유가 있었기 때문에 그렇게 한 것입니다만, 그럼에도 장군에게 충분히 만족하지 못하는 점이 몇 가지 있다는 것을 알아줬으면 합니다.

나는 장군이 용감하고 능력 있는 군인임을 믿고 있고, 그런 부분이 마음에 듭니다. 또한 장군은 자신의 본분과 정치를 혼동하지 않는 인물임을 믿고, 그런 면에서 올바르게 생각하고 있는 분입니다. 장군은 자신에 대한 확신을 갖고 있고, 그런 점은 반드시 필수적이라고는 할 수 없을지 몰라도 가치 있는 자질이라 할 수 있습니다.

장군은 야심이 있는 분입니다. 사실 적당한 범위 내에서는 야심을 가지는 것도 도움이 됩니다. 하지만 번사이드 장군의 지휘하에 있는 동안 장군은 야심에 휩싸인 나머지 그의 명령에 불복종함으로써 공을 세운 명예로운 동료 장군은 물론 국가에까지 중대한 잘못을 저질렀습니다. 나는 장군이 최근 '군대와 국가에는 모두 독재자가 필요하다.'고 말했다는 것을 전해 들어 알고 있습니다. 내가 장군에게 군의 지휘를 맡긴 것은 장군이 그런 말을 했기 때문이 아니라, 그 말을 했음에도 그렇게 한 것임을 장군도 알고 있으리라 생각합니다.

성공한 장군만이 독재자로 나설 수 있는 법입니다. 내가 장군에게 바라는 것은 군사적 성공입니다. 그것을 위해서라면 나는 독재자라도 감수할 수 있습니다.

정부는 최선을 다해 장군을 지원할 것입니다. 정부는 과거 다른 장군들에게도 그렇게 해 왔고, 앞으로 어떤 장군들에게도 그러할 것입니다. 장군은 병사들이 자신의 지휘관을 비난하고, 그를 불신하는 분위기를 부대 내에 조성했습니다. 나는 그 결과가 장군에게 되돌아오지 않을까 심히 걱정스럽습니다. 나는 그러한 사태를 예방하기 위해 내가 할 수 있는 최선을 다해 도우려 합니다.

장군이 아니라 나폴레옹이 다시 살아 돌아온다 해도, 군 내부의 분위기가 그러하다면 결코 좋은 결과를 이끌어 낼 수 없을 것입니다. 그러니 경솔한 언행은 삼가기 바랍니다. 경솔함은 피하고 전력을 다해 전장으로 전진하여 우리에게 승리를 안겨 주기 바랍니다.

당신은 쿨리지나 매킨리, 링컨이 아니다. 당신은 과연 이런 철학이 일상의 사업 관계에서도 효과적인지 알고 싶을 것이다. 과연 효과가 있을까? 다음을 한번 살펴보자. 이번에는 필라델피아에 위치한 와크 컴퍼니의 W. P. 거 씨의 사례다. 당신과 나처럼 평범한 시민인 거 씨는 필라델피아에서 열린 카네기 코스의 수강생으로, 강의 시간에 자신의 이야기를 들려주었다.

와크 컴퍼니는 정해진 날짜까지 필라델피아에 대규모 사무실 건물 시공을 마치기로 계약했다. 공사는 계획대로 착착 진행되어 완공이 눈앞에 다가왔다. 그런데 갑자기 건물 외부에 쓸 장식용 청동을 납품하는 하청업자가 제날짜에 물건을 댈 수 없다고 전해 왔다. 그런 상황이라면 공사가 전면 중단되어야 하는 데다 손해배상 또한 어마어마해질 것이므로 큰일도 보통 큰일이 아니었다. 이 모든 것이 단 한 사람 때문이었다.

거 씨는 그 업체와 여러 번 장거리 통화를 하며 논쟁과 열띤 대화를 계속했지만 별 소용이 없었다. 결국 그는 하청업체와 담판을 벌이기 위해 뉴욕으로 향했다.

"브루클린에서 사장님과 같은 이름을 가진 사람은 사장님 한 분뿐이라는 사실을 알고 계십니까?" 거 씨는 하청업체의 사장실에 들어서며 이렇게 물었다. 사장이 놀라서 "아니요. 전혀 몰랐습니다."라고 답하자 거 씨는 말했다. "네, 제가 오늘 아침 기차에서 내려 사장님 주소를 찾으려고 브루클린 지역 전화번호부를 봤는데, 사장님과 같은 이름을 가진 사람은 딱 한 명뿐이었습니다."

사장은 "저는 전혀 몰랐습니다." 하고 답하며 흥미롭다는 듯 전화번호부를 뒤져 보기 시작했다. "뭐, 독특한 이름이긴 합니다."그는 자랑스럽게 말했다. "저희 집안은 거의 200년 전에 네 덜란드를 떠나 이곳 뉴욕에 정착했습니다." 사장은 몇 분 동안 자신의 집안과 조상에 관해 이야기했다. 그가 이야기를 끝내자 거 씨는 그 업체의 공장이 무척 크다고 칭찬하면서, 이전에 자신이 방문했던 다른 공장들과 견주어 볼 때 훨씬 더 좋다고 말했다. "제가 본 공장 중에 가장 깨끗하고 정돈된 곳이네요."라고 거씨가 말하자 사장은 "저는 이 사업을 일으키는 데 한평생을 바쳤습니다. 그리고 지금은 무척 자랑스럽습니다. 공장을 좀 더 둘러보시겠습니까?"라고 말했다.

공장을 살펴보며 거 씨는 제작 시스템을 칭찬하고 경쟁업체에 비해 어떤 점이 어떻게 뛰어난지를 사장에게 알려주었다. 거씨가 처음 보는 몇몇 독특한 기계들에 대해 이야기를 꺼내자, 사장은 그 기계를 발명한 사람이 자신이라고 자랑하며 그 기계가 어떻게 작동하고 어떤 우수한 결과를 내놓는지 설명하는 데 상당한 시간을 할애했다. 그러고는 거 씨에게 점심을 같이 하자고 강하게 권했다. 이때까지 거 씨가 회사에 방문한 진짜 목적에 대해서는 그에게 한마디도 하지 않았다는 점을 유념하기 바란다.

점심식사가 끝나자 사장은 말했다. "자, 이제 사업 이야기를 해 봅시다. 저도 당신이 여기 온 이유를 알고 있었습니다만, 이 만남이 이렇게 즐거우리라고는 예상하지 못했습니다. 필라델피아로 돌아가서, 제가 다른 주문을 늦추는 한이 있더라도 귀사가 주문하신 물건은 제날짜까지 제작하여 보내겠다는 약속을 하더라고 말씀하셔도 됩니다."

한마디 요청도 없이 거 씨는 자신이 원하는 모든 것을 얻었다. 물건은 제 날짜에 도착했고 건물은 완공 계약 기간이 끝나는 그 날짜에 완공되었다. 만일 거 씨가 대부분의 사람들이 그런 상황에서 사용하는 고압적인 방법을 사용했다면 이런 결과가 나올 수 있었을까?

그러므로 반감이나 반발을 일으키지 않으면서 상대를 변화시키고 싶다면,

원칙 1

칭찬과 솔직한 감사의 말로 시작하라.

2
미움받지 않게 비판하는
방법

어느 날 점심 무렵, 자신의 제철공장 한 곳을 살펴보던 찰스 슈워브는 직원 중 몇 사람이 담배를 피우고 있는 것을 우연히 보게 되었다. 그 직원들 머리 바로 위에는 '금연'이라 쓰여 있는 푯말이 붙어 있었다. 슈워브는 그 푯말을 가리키며 "자네들은 글을 읽을 줄도 모르나?"라고 말했을까? 그렇지 않았다. 그건 슈워브가 사용하는 방식이 아니었다.

그는 직원들 쪽으로 걸어가 시가를 한 개비씩 건네며 이렇게 말했다. "자네들 말이야, 밖으로 나가서 이 시가를 피워 준다면 정말 고맙겠는걸." 그 직원들은 자신들이 규칙을 어겼음을 슈워브가 알고 있다는 것을 알아챘다. 그럼에도 그가 잘못에 대해서는 아무런 말도 하지 않고, 오히려 작은 선물까지 주며 자신들이 인정받고 있음을 느끼게 해 줬기 때문에 직원들은 그를 존경하게 되었다. 그렇게 행동하는 사람을 어느 누가 좋아하지 않을 수 있겠는가?

워너메이커 백화점의 설립자 존 워너메이커도 이와 같은 방법을 활용했다. 그는 필라델피아에 있는 자신의 대형 매장을 매일같이 둘러보았는데, 한번은 계산대에서 기다리고 있는 여성 고객 한 명이 눈에 띄었다. 하지만 판매사원들 중 누구도 그녀에게 관심을 갖지 않았다. 그럼 무엇을 하고 있었을까? 그들은 계산대 한쪽 구석에 모여서 자기네들끼리 웃고 떠드느라 바빴다. 워너메이커는 한마디도 하지 않았다. 그는 조용히 계산대로 가서 직접 그 고객의 계산을 처리한 뒤, 판매사원들에게 그녀가 구입한 제품을 건네주며 포장하게 하고는 그곳을 떠났다.

1887년 3월 8일, 유명한 설교가 헨리 워드 비처는 사망했다. 동양에서 사용하는 표현대로 그는 '세상을 떠났다.' 그다음 일요일, 라이먼 애벗Lyman Abbott은 비처의 죽음으로 공석이 된 설교대에서 설교를 해 달라는 부탁을 받았다.

그는 최선을 다하기 위해 프랑스의 작가 귀스타브 플로베르Gustave Flaubert처럼 꼼꼼히 주의를 기울여 쓰고 또 쓰며 자신의 설교문을 다듬었다. 그러고 나서 그 설교문을 그의 아내에게 읽어 줬다. 대개 글로 적힌 설교문이 그렇듯이 그의 설교문 역시 너무 형편없었다. 만약 그의 아내가 판단력이 부족한 사람이었다면 이렇게 말했을 것이다. "여보, 이건 너무 이상해요. 이대로는 절대 안 돼요. 사람들이 다 졸겠어요. 무슨 백과사전을 읽는 것 같거든요. 도대체 몇 년을 설교했는데 이렇게밖에 못하죠? 제발 사람이 말하듯이 할 수는 없어요? 좀 자연스럽게 하실 수 없냐고요. 이걸 읽었다간 망신거리만 될 거예요."

만약 그의 아내가 이렇게 말했다면 무슨 일이 일어났을지는 당신도 잘 알 것이다. 그리고 그의 아내 역시 잘 알고 있었다. 그래서 그녀는 그 글이 〈노스 아메리칸 리뷰North American Review〉에 실린다면 정말 좋을 것 같다고 칭찬했다. 다시 말해, 그녀는 그 글을 칭찬하면서도 설교문으로는 좋지 않음을 은근슬쩍 암시한 것이다. 애보트는 그 뜻을 알아차리고 정성 들여 준비한 자신의 설교문을 찢어 버렸음은 물론, 메모 한 장 없이 설교를 했다.

그러므로 반감이나 반발을 일으키지 않으면서 상대를 변화시키고 싶다면,

원칙 2

상대의 실수는 간접적으로 지적하라.

3
자신의 잘못을
먼저 이야기하라

몇 년 전, 조카 조세핀 카네기가 내 비서로 일하겠다고 캔자스 시티의 집을 떠나 뉴욕에 왔다. 당시 그 아이는 열아홉 살이었고 그보다 3년 전에 고등학교를 졸업했지만 사회 경험은 거의 없었다. 요즘 그녀는 수에즈 서부 지역에서 가장 유능한 비서 중의 한 사람이 되었지만 초창기에는 뭐랄까, '개선의 여지가 많았다.'

그런데 하루는 조세핀을 야단치려다가 스스로 이런 생각이 들었다. '잠깐만, 데일 카네기. 너는 조세핀보다 나이는 두 배나, 사회 경험은 1만 배나 더 많지? 그런데 어떻게 저 아이가 네 관점과 판단, 창의력을 갖고 있기를 기대하는 거야? 자네의 그런 능력들도 사실 별것 아닐 텐데 말이지. 그리고 잠깐 기다려 봐, 데일. 너는 열아홉 살 때 뭘 하고 있었지? 네가 저질렀던 바보 같은 잘못이나 엄청난 실수를 기억하고는 있지? 이런저런 실수와 잘못들 말이야.'

이 문제에 대해 정직하고 공정하게 생각을 거듭한 끝에 나는 열아홉 살 조세핀의 타율이 내가 열아홉 살이었을 때보다 더 낫고, 부끄럽지만 고백하자면 나는 조세핀이 마땅히 받아야 할 칭찬도 제대로 해 주지 않는다는 결론을 내렸다.

그래서 그 이후로 나는 그 아이의 실수를 지적하고 싶을 때 이렇게 말을 꺼냈다. "조세핀, 네가 실수를 했구나. 하지만 하느님께서는 네 실수가 내가 저질렀던 것보다는 낫다는 것을 아실 거야. 판단력은 타고나는 게 아니야. 경험을 통해서 얻어지는 거지. 그래서 너는 네 나이만 할 때의 나보다 훨씬 낫단다. 나는 그때 바보 같고 멍청한 잘못들을 너무 많이 저질러서 너나 다른 사람들을 탓할 생각은 전혀 없어. 하지만 네가 만약 이러저러하게 했다면 좀 더 현명한 일이었을 거라고 생각하지 않니?"

만약 꾸짖는 사람이 자신 역시 완벽한 사람이 아님을 겸손하게 시인하고 말문을 연다면, 상대방은 자신의 잘못을 되풀이하여 지적하는 이야기라도 좀 더 쉽게 받아들일 것이다.

세련된 기품이 있기로 알려진 프린스 폰 뷜로우Prince von Bulow는 이미 1909년에 이런 행동의 필요성을 잘 알고 있었다. 당시 그는 빌헬름 2세가 통치하는 독일제국의 총리였다. 육군과 해군 병력을 키우며 그들로는 무엇이든 휩쓸 수 있다고 거들먹거리던 빌헬름 2세는 '거만한 빌헬름', '건방진 빌헬름', '최후의 독일 황제 빌헬름'으로 불렸다.

그런데 깜짝 놀랄 일이 벌어졌다. 빌헬름 2세가 했던 너무나 터무니없는 이야기들 때문에 유럽 대륙이 흔들리고 세계 각지에서 폭발음이 일어나기 시작한 것이다. 영국 방문길에 바보 같고 제멋대로인 발언을 공식적으로 해 버린 데다, 〈데일리 텔레그래프Daily Telegraph〉지에 그것을 실어도 좋다고 허락한 황제 덕분에 문제는 끝없이 악화일로를 걸었다. 그가 했던 이야기들은 다음과 같았다. 자신만이 영국민에게 호감을 느끼는 유일한 독일인이다. 독일은 일본의 침략에 대항할 해군을 양성 중이다. 자신만이 러시아와 프랑스에 영국이 짓밟혀 굴욕당하는 영국을 구해 주었다. 영국의 로버츠 경이 남아프리카의 보어인을 물리칠 수 있었던 것은 사실 자신이 세웠던 군사 계획 덕분이다……

근 100년 동안 유럽 대륙의 어떤 왕들도 평화로운 시기에 그처럼 충격적인 이야기를 한 적이 없었다. 영국은 격분했고, 독일 정치인들은 경악했으며, 전 유럽 대륙은 벌집을 쑤신 것처럼 떠들썩해졌다. 그런 난리 속에서 황제는 전전긍긍하다가 수상인 폰 뷜로우에게 이 일에 대한 책임을 져 달라고 말했다. 즉, 폰 뷜로우가 이 모든 것은 황제에게 그렇게 말할 것을 조언한 자신의 책임이라고 발표해 주길 원했던 것이다. 그러자 폰 뷜로우는 황제에게 항의했다.

"그러나 황제 폐하, 독일과 영국에서 제가 폐하께 그런 조언을 했다고 믿을 사람은 한 명도 없을 것이라 사료됩니다."

이 말이 입 밖으로 나가는 순간, 그는 자신이 엄청난 실수를 저질렀다는 것을 깨달았다. 황제는 대노하여 "자네는 내가 미련하기 때문에 자네라면 절대 저지르지 않았을 실수를 했다고 생각하는가 보군!"

폰 뷜로우는 비판을 하기 전에 칭찬해야 했음을 알고 있었다. 그러나 이미 때는 너무 늦었기 때문에 그는 차선책, 즉 비판한 뒤 칭찬을 하기로 했다. 그리고 칭찬이 늘 그렇듯, 그 차선책은 기적을 일으켰다.

"저는 절대 그런 뜻으로 말씀드린 것이 아닙니다." 그는 공손히 말했다.

"황제 폐하께서는 다방면에서 저보다 훨씬 뛰어나십니다. 육해군에 관한 지식은 물론이고, 여러 분야 중 특히 자연과학에서 월등히 뛰어나시지요. 저는 황제 폐하께서 기압계나 무선 전신, 또는 뢴트겐선에 대해 설명하시는 것을 종종 경탄하며 들었습니다. 자연과학의 모든 분야에 대해서는 부끄러울 정도로 아는 것이 없고 화학이나 물리학에 대해서도 문외한인 저는 아주 단순한 자연 현상조차 제대로 설명할 수 없습니다. 하지만 그에 대한 보상인지 저는 약간의 역사적 지식과 더불어 정치, 특히 외교 쪽으로 유용한 자질도 조금은 갖추고 있다고 생각합니다."

황제의 얼굴이 밝아졌다. 폰 뷜로우는 황제를 칭찬했고, 자신을 낮추었다. 그러자 황제는 그 어떤 것이라도 용서할 수 있을 것 같았다. "내가 자네에게 우리는 놀라울 정도로 서로를 훌륭하게 보완하는 관계라고 늘 말하지 않았나?" 열띤 목소리로 황제가 말했다. "우리는 서로 늘 붙어 있어야 해. 암, 그렇고말고!"

그는 폰 뷜로우의 손을 잡고 여러 번 흔들었다. 그날 오후 황제는 너무 열정에 차서 두 주먹을 불끈 쥔 채 이렇게 말했다. "누구든 내게 프린스 폰 뷜로우에 대해 안 좋은 이야기를 하면 그 사람 콧대를 주먹으로 부러뜨려 버리겠다."

폰 뷜로우는 너무 늦지 않게 위기를 모면했다. 그러나 빈틈없는 외교관이었음에도 불구하고 그는 한 가지 실수를 범했다. 그는 황제가 조금 모자란 사람이라 누가 돌봐 줘야 한다는 암시를 하기 이전에, 자신의 부족한 점과 황제의 우수한 점을 먼저 언급했어야 했다.

자신을 낮추고 다른 사람들을 칭찬하는 몇 마디 말 덕분에 자신이 모욕당했다고 느낀 거만한 황제와 절친한 친구가 될 수 있다면, 겸손함과 칭찬이 우리 일상에서 얼마나 큰 일을 할 수 있을지 상상해 보라. 제대로 사용한다면 겸손함과 칭찬은 인간관계에서 진정한 기적을 일으킬 것이다.

그러므로 반감이나 반발을 일으키지 않으면서 상대를 변화시키고 싶다면,

원칙 3

**상대를 비판하기 전에
자신의 잘못을 먼저 이야기하라.**

4
명령받고 싶어 하는 사람은 아무도 없다

최근에 나는 미국 전기 작가협회의 원로인 아이다 M. 타벨Ida M. Tarbell 여사와 식사를 하며 즐거운 시간을 보냈다. 나는 여사에게 책을 집필 중이라고 말했고, 우리는 '사람들과 잘 지내는 법'이라는 중요한 주제에 대해 활발히 토론했으며 그 과정에서 그와 관련된 여사의 경험담도 들을 수 있었다.

그녀가 오웬 D. 영의 전기를 쓸 당시의 이야기다.

어느 날 그녀는 영과 함께 3년간 같은 사무실에서 일했던 사람을 인터뷰하게 되었다. 그 사람은 3년 동안 단 한 번도 영이 누군가에게 직접적으로 명령하는 것을 들어 본 적이 없다고 단언했다. 영은 항상 제안을 했을 뿐 명령을 하지는 않았다. 다시 말해 그는 "이렇게 하시오." 또는 "저렇게 하시오."라거나 "이렇게 하지 마시오.", "저렇게 하지 마시오."라는 말 대신 "이런 것도 생각해 보면 좋지 않을까요?" 혹은 "저렇게 하면 어떨 것 같습니까?"라고 말했다. 영은 편지를 구술시키고 난 뒤에도 그는 종종

"이러이러하게 쓰는 건 어떨까요?"라고 이야기하기도 했다. 비서 중 한 사람이 쓴 편지를 검토한 뒤에는 "이 부분을 이런 식으로 고치면 더 좋아질 것 같군요."라고 말한 적도 있다. 그는 항상 다른 사람들에게 스스로 일을 할 수 있는 기회를 제공했고, 절대로 자신의 비서들에게도 어떤 일을 하라고 명령한 적이 없었다. 그저 직원들이 일을 하게 두고, 자신이 저지른 실수를 통해서 깨닫게 했을 뿐이다.

이러한 기술은 사람들로 하여금 자신이 저지른 실수를 쉽게 바로잡을 수 있게끔 한다. 또한 자존심을 세워 줌과 동시에 자신이 인정받고 있다는 생각이 들게 하며, 반감 대신 협조하고 싶은 마음을 불러일으킨다.

그러므로 반감이나 반발을 일으키지 않으면서 상대를 변화시키고 싶다면,

원칙 4

직접적인 명령 대신 질문을 하라.

5
상대의 체면을
세워 줘라

오래전 제너럴 일렉트릭General Electric 사는 찰스 슈타인메츠를 부서장에서 물러나게 해야 하는 까다로운 상황에 봉착했다. 슈타인메츠는 전기 분야에서 손꼽히는 천재였지만 회계부서장감으로는 턱없이 부족한 인물이었다. 그러나 회사 입장에서는 그의 심기를 건드리고 싶지 않았다.

그는 여전히 회사에서 없어서는 안 되는 인물이었고, 굉장히 예민한 사람이었다. 그래서 회사는 그에게 새로운 직함을 주었다. 제너럴 일렉트릭 사의 컨설팅 엔지니어로 임명한 것이다. 이 직함에 해당하는 일은 그가 이미 해 오고 있었다. 그리고 그가 맡았던 회계부서장에는 다른 인물을 임명했다. 슈타인메츠는 기뻐했고, 회사 간부들 역시 그랬다. 회사에서 가장 성격이 까다로운 인물의 체면을 세워 줌으로써 아무 문제없이 소동을 벌이지 않고 일을 처리했기 때문이다.

상대방의 체면을 살려 주는 것, 이것이야말로 중요하고 더없이 중요한 일이다! 우리는 다른 사람의 감정을 짓밟고, 자기 멋대로 하고, 잘못을 꼬집어 내고, 위협을 가하고, 다른 사람들 앞에서 아이나 종업원을 다그친다. 상대방의 자존심이 다치는 것은 안중에도 없이 말이다. 하지만 이와 반대로 아주 잠깐의 생각, 사려 깊은 말 한두 마디, 상대방의 입장에 대한 진심 어린 이해는 상대방이 받을 상처를 훨씬 줄일 수 있을 것이다. 그러니 다음부터 밑에 있는 사람들이나 종업원들을 해고해야 하는 꺼림칙한 일을 처리해야 할 때는 이 점을 명심하도록 하자.

"해고당하는 일이야 더 말할 나위 없겠지만, 직원을 해고하는 일도 그렇게 즐거운 것은 아닙니다."(나는 지금 공인회계사 마셜 A. 그랜저 씨가 내게 보낸 편지 내용의 일부를 인용하고 있다.) "이쪽 일은 대개 한철 장사라, 저희는 3월에 많은 인원을 감축해야 합니다. 저희 업계 종사자들 사이에서 해고하는 것을 좋아하는 사람이 없다는 건 너무나 당연한 사실이므로, 해고 처리는 가능한 한 빠르게 하는 게 관례입니다. 그래서 보통 다음과 같은 방식으로 처리하지요. '앉으십시오, 스미스 씨. 이번에 성수기가 다 끝나서 저희로서는 더 이상 드릴 일거리가 없습니다. 물론 이번 시즌에만 고용되었다는 것은 이미 알고 계셨으리라 생각합니다. 등등 …….'

이런 말을 들은 사람들은 실망감과 '모멸감'을 갖게 됩니다. 그들 대부분은 평생 회계업계에 종사했지만, 그럼에도 자신들을 그렇게 쉽게 해고해 버리는 회사에 대해서는 아주 작은 애사심조차 가지지 않습니다.

최근에 저는 임시직원들을 내보낼 때는 좀 더 능숙하고 사려 깊은 태도를 취하겠다고 결심했습니다. 그래서 면담 전에는 반드시 그 사람이 겨울 동안 했던 업무를 꼼꼼히 살펴본 뒤, 한 사람씩 따로 불러 이렇게 말했습니다. '스미스 씨(실제로 업무 처리 능력이 좋았다면) 정말 수고하셨습니다. 뉴어크Newark로 파견되어 하셨던 일은 정말 어려운 것이었는데, 잘 처리해 주셔서 회사는 당신을 자랑스럽게 생각하고 있습니다. 능력 있으신 분이시니 어디에서 일하더라도 잘 해내실 것입니다. 저희 회사는 스미스 씨의 능력을 믿고, 항상 응원하고 있다는 점을 잊지 말아 주시기 바랍니다.'

그 효과 말씀입니까? 그 사람들은 해고당하는 것에 대해 전보다 훨씬 더 좋은 감정을 갖고 떠났고, '모멸감' 또한 느끼지 않았습니다. 만약 우리에게 일거리가 있었다면 그들과 계속해서 일했을 것임을 그들은 알고 있습니다. 그리고 우리가 그들을 다시 필요로 할 때 그들은 개인적으로 상당한 애정을 갖고 일하러 와 줍니다."

고인이 된 드와이트 머로우Dwight Morrow는 상대에게 달려들어 싸우기를 좋아하는 공격적인 사람들을 화해시키는 데 엄청난 재주를 갖고 있다. 그는 어떤 방법을 썼을까? 우선 양측의 옳은 점, 정당한 점을 세세히 찾아내서 칭찬하고 강조하며 조심스럽게 그 점을 조명해 주었다. 그래서 어느 쪽으로 해결이 되더라도 절대 어느 쪽도 잘못한 편이 되지 않게 했다. 바로 이것, 즉 상대의 체면을 세워 줘야 한다는 것은 진정한 중재자라면 모두 아는 사실이다.

진정으로 위대한 사람, 평범한 속세를 넘어선 사람은 너무나 훌륭하기 때문에 자신의 개인적 승리를 흐뭇하게 감상하는 데 시간을 낭비하지 않는다. 다음의 예를 보자.

　1922년, 터키인들은 수백 년 동안 심각한 적대 관계를 유지해 오던 그리스인들을 터키 땅에서 영원히 몰아내기로 결정했다. 무스타파 케말Mustafa Kemal은 자신의 병사들에게 나폴레옹처럼 연설했다. "제군들의 목표는 지중해다." 이와 함께 현대사에서 격렬한 전쟁 중 하나가 발발했고, 터키 군이 승리했다. 그리고 두 명의 그리스 장군, 트리코피스와 디오니스가 항복하고자 케말의 진지에 갈 때 터키인들은 그들에 대고 엄청난 저주를 퍼부었다. 그러나 케말의 태도는 승리자의 그것과 전혀 달랐다. 그는 그들의 손을 꼭 잡고 이렇게 말했다.

　"여러분, 앉으시지요. 모두 피곤하실 겁니다." 그런 뒤 그는 그들과 함께 전쟁에 대해 자세히 논의했고, 적들이 받은 패전의 충격을 덜어 주었다. 그는 군인 대 군인으로서 이렇게 말했다. "전쟁이란 게임과도 같아서, 때로는 뛰어난 자가 질 때도 있습니다."

　승리에 따르는 엄청난 흥분에도 불구하고 케말은 다음과 같이 중요한 규칙을 기억하고 있었다.

원칙 5

상대의 체면을 세워 줘라.

6
사람들을 성공으로
이끄는 방법

피트 발로우는 내 오랜 친구다. 그는 동물 쇼를 하면서 평생을 서커스단, 곡예단과 함께 유랑했다. 나는 그가 무대에 내보내기 위해 새로 데려온 개를 조련시키는 것을 구경하는 것이 좋았다. 그는 개가 조금이라도 잘하면 개를 쓰다듬고 칭찬하며 고기를 주는 등 난리법석을 부렸다.

사실 이것은 새로운 방식이 아니다. 동물 조련사들은 그런 방법을 수백 년 동안 사용해 왔으니 말이다.

그런데 왜 우리는 개를 훈련할 때 활용하는 상식을 사람을 변화시키려 할 때는 쓰지 않는 것일까? 왜 우리는 채찍 대신 고기를 사용하지 않고, 비난 대신 칭찬을 활용하지 않는 것일까? 약간의 진전을 보이더라도 칭찬을 해 주자. 칭찬은 상대를 계속 분발하게 만든다.

싱싱 교도소의 소장인 워든 루이스 E. 러스는 범죄 행위에 전혀 가책을 느끼지 않는 교도소의 수감자들조차도 작은 발전에 대한 칭찬에는 변화를 보인다는 것을 알게 됐다. 나는 이 장을 쓰고 있을 때 그로부터 편지를 받았는데, 그 내용은 아래와 같다.

> "저는 잘못에 대한 지독한 비판이나 비난보다 적절한 칭찬의 말이 재소자들의 협력을 이끌어 낼 수 있고, 더 나아가 궁극적으로는 그들의 사회 재적응 능력을 향상시키는 데 더 좋은 결과를 가져온다는 사실을 알게 됐습니다."

나는 싱싱 교도소에 수감된 적이 없다. 적어도 지금까지는 말이다. 하지만 과거를 돌아보면 칭찬 몇 마디가 그 이후의 내 삶 전체를 뒤바꿔 놓았음을 알 수 있다. 당신 삶에서도 이런 경험이 있지 않은가? 역사에는 칭찬의 마법 그 자체가 만들어 낸 놀라운 사례가 수없이 많다.

일례로, 반세기 전에 열 살짜리 한 소년은 나폴리의 어느 공장에서 일하고 있었다. 소년은 가수가 되고 싶었지만 첫 번째 선생님이 그의 의욕을 꺾어 버렸다. "너는 노래할 수 없어. 네 목소리는 울림이 없고, 꼭 문틈으로 새어 나오는 바람소리 같거든." 그러나 가난한 촌부였던 소년의 어머니는 소년을 품에 안고 칭찬해 주면서, 소년은 노래를 잘할 수 있고 또 이미 나아지고 있다고 이야기해 주었다. 그녀는 아들의 음악 교습비를 마련하기 위해 맨발로 다녔다. 그런 어머니의 칭찬과 격려는 소년의 삶을 바꿔 놓았다. 당신도 그 소년의 이름을 들어봤을 것이다. 이탈리아의 유명 테너 가수인 그의 이름은 엔리코 카루소Enrico Caruso다.

오래전, 작가가 되기를 꿈꾸는 런던의 젊은 청년이 있었다. 하지만 그에게 있어 좋은 조건이란 하나도 없었다. 그는 학교에 4년 이상 다녀 본 적이 없었고, 아버지는 빚을 갚지 못해 감옥에 갇혀 버렸다. 소년은 굶주림의 고통에 시달렸던 때도 적지 않았는데, 그러다 쥐가 들끓는 창고에서 구두약통에 상표를 붙이는 일을 하게 됐다. 밤이 되면 소년은 런던 빈민가를 떠도는 두 명의 부랑아와 함께 음침한 다락방에서 잠을 청했다. 글재주에 너무나도 자신 없었던 소년은 누구로부터도 비웃음을 사지 않기위해 어두운 밤에 몰래 나와 자신의 작품을 출판사에 우편으로부쳤지만, 계속 거절당하는 일이 반복되었다.

마침내 기념비적인 날이 찾아왔다. 어느 출판사의 편집장 하나가 그를 칭찬해 준 것이다. 비록 원고료는 한 푼도 받지 못했지만, 한 명의 편집장이라도 그를 인정해 준 것에 감동한 소년은 두 뺨에 눈물을 흘리며 정처 없이 거리를 돌아다녔다. 그렇게 한 작품이 출판되어 나옴으로써 소년이 받은 칭찬과 인정은 삶을 완전히 바꾸어 버렸다. 만약 그 격려가 없었다면 소년은 쥐가 득실거리는 공장에서 상표나 붙이는 데 평생을 보냈을지도 모른다. 당신도 이 소년의 이름을 들어 봤을 것이다. 그의 이름은 찰스 디킨스Charles Dickens다.

반세기 전에 런던의 또 다른 소년은 포목점의 점원으로 일하고 있었다. 소년은 새벽 5시에 일어나서 가게를 청소하고, 하루에 14시간 동안 노예처럼 일해야 했다. 그 자체로도 고된 그 일이 소년은 너무나 싫었다. 2년 뒤, 더 이상 견디지 못한 소년은 어느 날 일어나 아침식사도 하지 않고, 가정부로 일하고 계신 어머니와 상의하기 위해 15마일을 걸어갔다. 그 가게에서 더 일을 하느니 차라리 죽어 버리겠다며 소년은 미쳐 날뛰었고, 어머니께 간청하며 눈물도 흘렸다. 그러고 나서 옛 모교의 교장 선생님께 자신은 가슴이 너무 아파 더 이상 살고 싶지 않다는 애절한 내용의 긴 편지를 썼다.

교장 선생님은 소년을 칭찬하며, '너는 정말 영리하니 그에 맞는 일을 하라'는 확신을 심어 주며 교사직을 권했다. 이 칭찬은 소년의 장래를 바꾸었을 뿐 아니라 그로 하여금 영문학사에 영원한 족적을 남기게 했다. 소년은 훗날 77권의 책을 쓰고 글재주로 100만 달러 이상의 부를 쌓았는데, 당신은 아마 이 소년의 이름도 들어 봤을 것이다. 그는 바로 《타임머신The Time Machine》, 《투명 인간The Invisible Man》 등과 같은 공상 과학소설로 유명한 영국 소설가 H. G. 웰스H. G. Wells다.

1922년 캘리포니아 변두리에는 아내를 부양하며 어려운 삶을 살고 있는 한 남자가 있었다. 그는 일요일에는 교회 성가대에서 노래를 불렀고, 가끔씩 결혼식장에서 '오, 내게 약속해 주오 Oh, Promise Me'를 불러 5달러를 받기도 했다. 너무 가난한 탓에 더 이상 캘리포니아 시내에서 살 수 없었던 그는 포도 농장 한가운데 있는, 곧 쓰러질 것 같은 낡은 집에 세를 얻어 살았다. 월세는 12달러 50센트밖에 되지 않았지만 그는 그것조차 제때 낼 수 없어 열 달치가 밀려 버렸다. 그는 포도 농장에서 포도 따는 일을 거들며 월세를 조금씩 갚아 나갔다. 그는 훗날 내게 "포도 외에는 먹을 것이 없었던 시절도 있었지요."라고 말하기도 했다. 의욕을 잃은 그는 가수로 사는 꿈을 접고 생계를 꾸려 나가기 위해 트럭을 팔려 했다. 그런데 당시 할리우드에서 영화 제작자 등으로 활동했던 루퍼트 휴스가 때마침 그에게 "자네는 정말 훌륭한 가수가 될 자질을 갖고 있다네. 그러니 꼭 뉴욕에 가서 공부하도록 하게나."라며 그를 칭찬했다.

그는 최근 내게 그 작은 칭찬과 격려가 자신의 삶에 있어 큰 전환점이 되었다고 말했다. 그는 그 칭찬을 듣고 2,500달러를 빌려 동부로 갔기 때문이다. 이 이야기의 주인공은 메트로폴리탄 오페라 하우스 등 오페라 무대에서 전설적인 바리톤 가수로 명성을 떨친 로렌스 티벳Lawrence Tibbett이다.

우리는 지금 사람을 변화시키는 것에 대해 이야기하고 있다. 하지만 만일 당신이나 내가 다른 이에게 영감을 주어서 그가 자신에게 숨겨진 보석이 있음을 깨닫게 할 수 있다면 우리는 사람을 변화시키는 것 이상의 일을 할 수 있다. 말 그대로 사람을 180도 다른 사람으로 만들 수 있는 것이다.

너무 과장한 것처럼 들리는가? 그렇다면 하버드 대학 교수이며 미국이 낳은 가장 훌륭한 심리학자이자 철학자였던 윌리엄 제임스의 지혜가 담긴 말을 들어 보자.

인간은 그가 가진 능력에 비해 겨우 절반 정도만 깨어 있다. 우리는 우리가 지닌 육체적 · 정신적 자원의 극히 일부만을 사용할 뿐이다. 일반화하여 이야기하자면 개개의 인간은 그럼으로써 자신의 한계에 훨씬 못 미치는 삶을 살고 있다. 하지만 인간에게는 습관상 활용하지 못하고 있는 다양한 종류의 능력이 있다.

그렇다. 지금 이 책을 읽고 있는 당신 역시 습관상 활용하지 못하고 남겨 둔 다양한 능력을 가지고 있다. 그리고 당신이 제대로 쓰고 있지 않은 그 능력 중 하나는 상대를 칭찬하고 영감을 불어 넣어, 그로 하여금 자신의 잠재력을 깨닫게 하는 마법의 능력이다.

그러므로 반감이나 반발을 일으키지 않으면서 상대를 변화시키고 싶다면,

원칙 6
**약간의 발전을 보여도 칭찬하라. 어떤 발전이든 칭찬하라.
'진심으로 인정하고, 아낌없이 칭찬하라.'**

7
개에게도 착하다고
말해 줘라

내 친구 어니스트 겐트 부인은 뉴욕 스카스데일에 살고 있다. 어느 날 그녀는 집안일을 돌봐 주는 하녀를 고용해서 다음 월요일부터 나오라고 말했다. 그사이 겐트 부인은 그 하녀가 예전에 일하던 집에 전화를 걸어 그녀에 대해 물어보았다. 그런데 그녀의 모든 면에 대해 좋지 않은 대답을 들었다. 월요일이 되어 일하러 온 하녀에게 겐트 부인은 이렇게 말했다. "넬리, 네가 전에 일했던 집의 안주인에게 전화를 해 봤어. 그분은 네가 정직하고 믿음직한 사람이라고 말하더구나. 요리도 잘하고 아이들도 잘 돌보고 말이야. 네가 좀 지저분하고 집을 잘 치우지 않는다는 말도 듣긴 했지만, 내 생각엔 그분이 거짓말을 한 것 같아. 너는 아주 깔끔한 복장이고, 누구나 그걸 알 수 있거든. 그래서 나는 네가 딱 네 옷차림처럼 집 안을 깨끗하고 말끔하게 치울 거라고 믿어 의심치 않는단다. 너랑 나랑은 잘 지낼 수 있을 것 같구나."

그리고 그들은 정말 잘 지냈다. 넬리에 대한 좋은 평가는 곧 그녀가 지켜야 할 기준이 되었다. 그녀는 언제나 집 안을 깔끔하게 유지했고, 자신에 대해 젠트 여사가 갖고 있는 기대를 저버리지 않았음은 물론 즐거운 마음으로 쓸고 닦으며 근무시간보다 한 시간이나 더 일하곤 했다.

볼드윈 로코모티브 웍스Baldwin Locomotive Works 사의 사장 새뮤얼 보클레인Samuel Vauclain은 "대개의 사람들은 자신이 존경하는 사람이 자신의 어떤 능력에 대해 높이 평가하면 그가 이끄는 대로 쉽게 움직인다."라고 말한 바 있다. 다시 말해, 당신이 누군가의 특정 부분을 나아지게 만들고 싶다면 그것이 이미 그 사람의 뛰어난 장점 중 하나인 것처럼 행동해야 한다.

셰익스피어는 말했다.

"갖추지 못한 장점이 있다면 이미 그것을 가진 것처럼 행동하라."

그러니 상대의 어떤 장점을 계발시켜 주고 싶다면, 다른 이들 앞에서 공개적으로 그가 이미 그 장점을 갖고 있다고 생각하고 말하는 것이 좋다. 상대가 지키고 싶어 할 만한 좋은 평가를 내려라. 그러면 그는 당신의 실망한 모습을 보지 않기 위해 오히려 더 큰 노력을 기꺼이 기울이려 할 것이다.

《파랑새The Blue Bird》의 저자 모리스 마테를링크Maurice Maeterlinck의 연인이자 소프라노 가수였던 조제트 르블랑Georgette Leblanc은 자신의 저서《추억, 마테를링크와 함께한 나의 삶Souvenirs,

My Life with Maeterlinck》에서 벨기에판 신데렐라의 놀라운 변신에 대해 소개했다. 책에서 그녀는 이렇게 쓰고 있다.

인근 호텔의 하녀 아이가 내 식사를 가져오는 일을 맡았다. 부엌 보조로 처음 일을 시작했기에 그 아이는 '접시닦이 마리'라고 불렸다. 아이는 눈이 사시인 데다 안짱다리여서 보기 흉한 모습이었다.

어느 날, 아이는 내 식사로 마카로니를 가져왔다. 마카로니 소스가 묻어 빨개진 그 아이의 두 손을 보고 나는 대뜸 이렇게 말했다. "마리, 너는 네 안에 어떤 보물이 있는지 전혀 모르는 것 같구나."

자신의 감정을 숨기는 데 익숙해 있던 마리는 뭔가 크게 야단을 맞을까 봐 두려웠는지 미동도 하지 않은 채 마냥 서 있기만 했다. 그렇게 몇 분이 지나자 아이는 탁자 위에 접시를 내려놓고 한숨을 내쉬더니 천진한 목소리로 말했다. "부인, 부인께서 그렇게 말씀해 주지 않으셨다면 저는 결코 그렇게 생각할 수 없었을 거예요." 마리는 의심도 하지 않고 질문을 하지도 않았다.

그러고는 곧장 부엌으로 가서 내가 한 말을 되풀이했다. 그 말에 대한 믿음이 너무나 확고했기에 아무도 그 아이를 놀리지 않았고, 마리는 그날 이후 특별한 관심까지 받게 되었다. 하지만 모든 변화 중에서 가장 특이할 만한 것은 바로 마리 자신에게서 일어났다. 그 아이는 자신 안에 보이지 않는 경이로움이 있다는 것을 믿으면서 외모와 신체를 정성 들여 가꾸기 시작했다. 그러자 이전에는 볼 수 없었던 젊음이 피어나기 시작했고, 못생긴 외모도 어느 정도 감춰졌다.

두 달 후 내가 그곳을 떠날 때, 마리는 요리사의 조카와 곧 결혼할 예정이라고 알려 왔다. 마리는 "저도 이제 귀부인이 될 거예요."라고 말하며 내게 감사의 인사를 했다. 몇 마디의 말이 한 소녀의 일생을 바꿔 놓은 것이다.

조제트 르블랑은 '접시닦이 마리'에게 그녀가 지키고 싶은 좋은 칭찬을 해 주었고, 그 칭찬은 그녀의 삶을 변모시켰다.

헨리 클레이 리스너Henry Clay Risner도 프랑스에 주둔한 미국 병사들의 행동을 변화시키고자 했을 때 이와 똑같은 방법을 사용했다. 미국에서 가장 유명한 장군인 제임스 G. 하보드James H. Harbord는 언젠가 리스너에게, 프랑스에 있는 200만 명의 보병은 자신이 책에서 읽거나 전에 만나 본 병사들 중 가장 말끔하고 이상적인 병사들이라고 말한 적이 있다.

너무 과장된 칭찬이라고? 그럴지도 모르겠다. 하지만 리스너가 이 말을 어떻게 활용했는지 한번 살펴보도록 하자. 그는 다음과 같이 썼다.

"저는 장군께서 말씀하신 것을 기회가 될 때마다 병사들에게 말해 줬습니다. 그것이 진실인지 아닌지는 한 번도 의심하지 않았죠. 설령 진실이 아니라 해도 장군께서 그렇게 생각하신다는 것을 아는 것만으로도 병사들은 그 기준에 맞게 모범적으로 행동할 것임을 알고 있었기 때문입니다."

옛말에 '미친개라고 낙인찍는 것은 그 개를 목매다는 것과 같다.'라는 것이 있다. 그렇다면 좋은 개라고 불러 주면 어떤 일이 일어나겠는가? 부자든 가난한 사람이든, 거지이든 도둑이든, 대부분의 사람은 자신에게 정직하다는 평이 주어지면 그에 맞게 살아간다.

죄수들의 특성이라면 어느 누구보다도 잘 알고 있는, 싱싱 교도소의 교도소장 워든 루이스 E. 러스는 이렇게 말했다.

"아주 나쁜 사람을 다룰 수 있는 방법은 한 가지밖에 없다. 그것은 그를 존경할 만한 사람처럼 대하는 것이다. 그가 그런 대우를 받을 만한 인물이라고 생각하라. 그렇게 하면 그는 누군가 자신을 믿어 준다는 사실을 자랑스러워하며, 즐거운 기분으로 그 대우에 맞는 행동을 할 것이다."

이 말은 매우 훌륭한 데다 중요한 말이기 때문에 한 번 더 적겠다.

"아주 나쁜 사람을 다룰 수 있는 방법은 한 가지밖에 없다. 그것은 그를 존경할 만한 사람처럼 대하는 것이다. 그가 그런 대우를 받을 만한 인물이라고 생각하라. 그렇게 하면 그는 누군가 자신을 믿어 준다는 사실을 자랑스러워하며, 즐거운 기분으로 그 대우에 맞는 행동을 할 것이다."

그러므로 반감이나 반발을 일으키지 않으면서 상대를 변화시키고 싶다면,

원칙 7

상대가 지키고 싶어 할 좋은 평을 주어라.

8
바로잡기 쉬운 잘못이라고
말하라

　나이 마흔이 되도록 총각이었던 친구 한 명이 얼마 전에 약혼을 했는데, 그는 약혼녀의 설득으로 춤 교습을 받게 되었다. "하느님도 내가 춤 교습이 필요하다는 건 알고 계실 걸세." 친구는 그 일을 이야기하며 이렇게 고백했다.

　"내 춤 실력은 20년 전 처음 춤을 배울 때나 지금이나 똑같으니 말이야. 첫 번째 춤 선생은 내게 사실을 말해 준 것 같네. 내 춤이 너무 엉망이라 모든 걸 다 잊고 처음부터 새로 시작해야 한다고 했거든. 하지만 그 말 때문에 춤 배울 마음이 싹 사라져 버렸다네. 도통 의욕이 생기지 않더라고. 그래서 그만뒀지.

　그다음 선생은 내게 거짓말을 했을 수도 있지만 내 마음에는 들었다네. 내 춤이 조금 구식이기는 하지만 기초는 잘 잡혀 있으니 새로운 몇 가지 스텝을 배우는 데는 별 문제가 없을 거라고 했거든.

　처음에 찾아간 선생은 내 실수만 꼬집어서 사기를 꺾었지만,

새로운 선생은 그와 정반대였다네. 내가 잘하는 점을 계속 칭찬했고 실수는 아주 사소한 것처럼 말해 줬거든. '선생님께서는 리듬감을 타고나셨네요.'라거나 '정말 타고난 춤꾼이시네요.'라고도 해 주고 말일세. 나도 내가 4류 댄서인 데다가 앞으로도 별 진전이 없을 거라는 것 정도는 알고 있지. 그런데도 나는 아직도 내심 그 선생이 말한 바가 사실일지도 모른다고 생각하고 싶다네. 내가 돈을 내는 사람이니 그 선생이 그렇게 말하는 것이 당연하긴 하지만, 새삼스럽게 그걸 따져서 뭐하겠나?

어쨌든 리듬감을 타고났다는 선생의 말이 아니었다면 예전 그대로였을 춤 실력이 지금은 많이 좋아진 것 같네. 그 말이 내게 용기와 희망을 준 셈이지. 그 말 덕분에 춤을 더 잘 추고 싶어졌다고나 할까."

당신의 자녀, 남편 혹은 직원에게 그들이 어떤 일에 있어 '바보 같다, 무능하다, 엉망이다' 등과 같은 말을 한다면 그것은 더 나아지고자 하는 그들의 의욕을 모조리 꺾어 놓는 것과 같다. 하지만 정반대의 방법을 사용해 보라. 격려를 아끼지 말고, 쉽게 할 수 있는 일이라고 말하는 것이다. 그럼으로써 상대는 그 일을 할 수 있다고 당신이 믿고 있음을 보여 주고, 자신에게 감춰진 재능이 있다는 것을 상대가 알게끔 하라. 그러면 그 사람은 발전하기 위해 밤낮으로 노력할 것이다.

이 방법은 로웰 토머스가 사용한 것이기도 하다. 실로 그는 인간관계의 최고 전문가라 할 수 있다. 그는 상대를 칭찬하고, 상대에게 자신감을 심어 주며, 상대로 하여금 용기와 믿음을 갖게 한다. 일례로 나는 그의 부부와 함께 주말을 보낸 적이 있다. 토요일 밤에 그는 내게 따뜻한 화롯가에 앉아 편하게 브리지 게임을 하자고 제안했다. 브리지 게임이라니? 나는 절대로 그 게임을 즐기지 않을 뿐 아니라, 그것에 대해 아는 것도 하나 없었다. 내게 있어 브리지 게임은 미스터리 그 자체다. 안 된다. 절대로 안 된다. 내겐 불가능한 일이다.

"이봐, 데일, 이 게임은 어렵지 않아." 로웰이 말했다. "기억하고 결정하는 것 말고는 아무것도 필요 없다네. 예전에 자네는 기억력에 대한 책도 썼으니 이 게임 정도는 식은 죽 먹기일 걸세. 브리지는 자네한테 딱 맞는다니까."

그리고 내가 무엇을 하고 있는지 미처 깨닫기도 전에 나는 난생처음 브리지 게임을 하고 있는 나 자신을 발견했다. 이는 전적으로 내가 그 게임에 타고난 재능이 있다는 말을 들었고, 그 게임이 쉬워 보였기 때문이다.

브리지 게임 얘기를 하다 보니 일리 컬버트슨Ely Culbertson이라는 사람이 생각난다. 컬버트슨이라는 이름은 브리지 게임을 하는 곳이라면 어디에서든 나오는 이름이다. 브리지 게임에 대해 그가 쓴 책은 수십 개 언어로 번역되어 수백만 부가 팔렸다. 그런데 그가 내게 고백한 바에 의하면, 한 젊은 여성이 그에게 브리지 게임에 소질이 있다고 확신시켜 주지 않았다면 그는 그 게임의 전문가가 될 수 없었을 것이다.

1922년 미국에 온 그는 철학과 사회학을 가르치는 일을 얻으려 했지만 구할 수 없었다. 그래서 그는 석탄을 팔아 봤지만 실패로 돌아갔고, 그다음으로 커피를 팔아 봤지만 그 역시 실패하고 말았다.

그는 당시 자신이 브리지 게임을 가르치게 될 것이라고는 상상조차 하지 못했다. 카드 게임에는 재주가 없었을 뿐 아니라 고집도 무척 세서 질문도 많이 던졌고, 게임이 끝난 뒤에는 왜 그렇게 되었는지 모두 분석하려 들어서 아무도 그와 게임을 하려 하지 않았기 때문이다.

그런데 그는 조세핀 딜런이라는 예쁜 브리지 게임 선생을 만나 사랑에 빠졌고, 그녀와 결혼했다. 그녀는 게임을 세세하게 분석하는 그를 보고 그가 브리지 게임에 천재적인 잠재력이 있음을 알려 주었다. 컬버트슨이 내게 말한 것처럼, 오로지 그 격려의 말 한마디로 인해 그는 브리지 게임을 직업으로 삼게 된 것이다.

그러므로 반감이나 반발을 일으키지 않으면서 상대를 변화시키고 싶다면,

원칙 8

**격려하라. 바로잡아 주고 싶은 잘못이 있다면
그것이 바로잡기 쉬운 것처럼 보이게 하라.
상대가 하기 바라는 것은 하기 쉬운 것으로 보이게 하라.**

9
내가 원하는 바를
기꺼이 하게 만드는 방법

지난 1915년 무렵, 미국은 경악에 빠졌다. 여태껏 인류가 겪은 피의 역사를 통틀어도 상상할 수 없는 엄청난 규모의 대학살을 유럽 국가들이 1년 이상 벌이고 있었기 때문이다. 과연 평화가 다시 찾아올까? 그 대답을 아는 사람은 아무도 없었다. 하지만 우드로 윌슨은 평화를 위해 노력하기로 결심했다. 그는 유럽 지도자들과의 협의를 위해 대통령인 자신의 대리인으로 평화사절단을 보내기로 했다.

당시 미국 국무장관이자 '평화의 수호자'로 알려져 있던 윌리엄 제닝스 브라이언은 자신이 그 역할을 맡기를 원했다. 그는 인류 평화를 위한 그 위대한 임무를 수행한다면 자신의 이름을 역사에 길이 남길 수 있을 것임을 알아챘다. 그러나 윌슨 대통령은 자신의 친한 친구인 하우스 대령에게 그 임무를 맡겼다. 하우스에게는 친구인 브라이언이 기분 나빠하지 않도록 이 달갑지 않은 사실을 전달해야 하는, 난처한 과제가 주어졌다. 그는 그때의 일에 대해 일기에 이렇게 적고 있다.

　"내가 유럽 평화사절단으로 가게 됐다는 소식을 들었을 때 브라이언은 실망하는 기색이 역력했다. 그는 자신이 그 일을 준비하고 있었다고 말했다. 나는 그에게, 대통령은 이 일을 누군가 공식적으로 하는 것은 바람직하지 않다고 여기시는 데다가, 국무장관인 브라이언이 가게 된다면 지나치게 많은 관심이 쏠릴 것이고 그가 왜 왔는지 사람들이 이상하게 여길 것이라 생각하고 계시다고 말해주었다."

　당신은 이 말이 암시하는 바를 알 수 있을 것이다. 다시 말해 하우스는 브라이언이 이 일을 맡기에는 지나치게 중요한 인물이라고 이야기한 것이다. 그리고 브라이언은 그 말에 만족했다.
　현명하고 세상사에 대한 경험도 풍부한 하우스는 인간관계에서의 중요한 규칙들 중 하나를 잘 따른 것이다.

　'당신이 제안한 일을 항상 상대가 기쁜 마음으로 하게 만들라.'

　우드로 윌슨은 윌리엄 G. 매커두에게 자신의 내각 관료로 일해 달라고 부탁할 때도 이 법칙을 따랐다. 각료가 되어 달라고 요청하는 것 자체만도 영광스러운 일인데, 윌슨은 상대로 하여금 자신이 인정받고 있다고 두 배나 더 크게 느끼게끔 만들었다. 매커두 자신이 직접 이야기한 내용을 들어 보자.

"윌슨 대통령은 자신이 내각을 구성하고 있는 중인데, 제가 재무부 장관 자리를 맡아 주면 정말 기쁘겠다고 말했습니다. 그에게는 듣는 이의 기분을 좋게끔 말하는 능력이 있었습니다. 그런 제안은 내가 영광으로 여기며 받아야 하는 것인데도, 그는 마치 제가 그에게 호의를 베푸는 것 같은 느낌이 들게 만들었습니다."

하지만 불행히도 윌슨이 늘 이런 방법을 적용했던 것은 아니다. 만약 그랬더라면 아마 미국 역사는 달라졌을지도 모른다. 예를 들어 미국이 유엔의 전신인 국제연맹에 가입하려 했을 때, 윌슨은 상원과 공화당이 그 상황을 기쁘게 받아들이게끔 만들지 못했다. 국제연맹의 구성을 위해 평화회담을 하러 갈 때 윌슨은 엘리후 루트나 휴스, 혹은 헨리 캐벗 로지와 같은 저명한 공화당원들 대신 자기 당의 이름 없는 의원들을 선발하여 그들과 동행했다.

그는 공화당원들을 냉대했다. 대통령과 함께 자신들이 연맹을 구상했다고 여기면서 그 설립과 관련된 일에 간섭하려는 것을 가로막은 것이다. 이렇게 미숙하게 인간관계를 처리한 결과 윌슨은 실각으로 인해 자신의 정치 경력을 망가뜨렸음은 물론 건강을 해쳐서 수명까지 단축시켰다. 또한 미국이 국제연맹에 가입하지 않게 됨으로써 세계 역사도 달라졌다.

유명 출판사 더블데이 페이지Doubleday Page는 '당신이 제안한 일을 상대가 기쁜 마음으로 하게 하라.'라는 규칙을 항상 준수했다. 이 출판사가 얼마나 이 규칙을 잘 활용했던지, 작가인 O. 헨리O. Henry는 다른 출판사가 자신의 글을 받아 줬을 때보다 더블데이 페이지가 거절했을 때 더 기분이 좋았다고 말하기도 했다. 거절할 때조차 그들은 그의 진가를 인정해 주면서도 매우 정중한 태도를 취했기 때문이다.

내가 아는 사람 중에는 친구나 자신이 신세를 졌던 사람들로부터 너무나 많은 연설 요청을 받지만 대부분의 경우 일정상 거절해야만 하는 사람이 있다. 하지만 그 솜씨가 워낙 뛰어나기 때문에 상대는 결과적으로도 만족해했다. 어떻게 한 것일까? 그는 단순히 너무 바쁘다거나 이러쿵저러쿵 사정을 설명하는 데 그치지 않았다. 우선은 초대에 대한 감사의 뜻과 함께 초청을 받아들일 수 없는 자신의 상황에 유감을 표시한 다음, 자신을 대신할 연사를 추천해 주었다. 즉, 그는 상대방이 거절에 대해 불쾌감을 느낄 틈을 주지 않고, 상대로 하여금 지체 없이 그가 섭외해야 할 다른 연사에 대해 생각하도록 만든 것이다.

"〈브루클린 이글스〉지의 편집장으로 있는 제 친구 클리블랜드 로저스에게 강연을 부탁해 보면 어떨까요? 아, 가이 히콕은 어떠신가요? 그 친구는 유럽 지역 특파원으로 15년 동안 파리에 살았기 때문에 놀랄 만한 이야깃거리가 많거든요. 아니면 인도에서 맹수 사냥에 대한 영화를 만들었던 리빙스턴 롱펠로는 어떠신가요?"

뉴욕에서 가장 큰 인쇄업체 중 한 곳인 J. A. 원트 사를 경영하는 J. A. 원트는 어느 기계공의 태도를 바로잡되, 그가 반발심을 느끼지 않게끔 만들어야 하는 문제에 직면했다. 그 기계공의 업무는 밤낮으로 작동하는 수십 대의 타자기와 기계들을 관리하는 것이었는데, 그는 근무시간이 너무 길다거나 일이 너무 많다거나 보조 직원이 필요하다며 항상 불평을 늘어놓았다.

하지만 J. A. 윈트는 보조 직원을 구해 주거나, 근무 시간이나 업무량을 줄여 주지 않으면서도 그 기계공을 만족시켰다. 어떻게 한 것일까? 그는 기계공에게 개인 사무실을 제공했고, 사무실 문에는 그의 이름과 함께 '서비스 파트 매니저'라는 직함이 걸려 있었다. 그로써 그는 더 이상 누구나 함부로 부릴 수 있는 수리공이 아니라, 엄연히 한 부서의 관리자가 되었다. 권위가 생겼고 인정도 받으니 그는 자신이 회사에서 중요한 존재가 되었다는 느낌을 가졌다. 그는 기쁜 마음으로 일했고 한마디의 불평도 하지 않았다.

유치하다고? 그럴지도 모르겠다. 하지만 나폴레옹이 프랑스 최고 훈장인 레지옹 도뇌르 훈장을 만들어 1,500명의 병사들에게 수여하고 18명의 장군들을 '프랑스 육군 원수'로 임명하며, 자신의 군대를 '대육군Grand Army'이라 칭했을 때도 사람들은 유치하다고 말했다. 역전의 용사들에게 '장난감'을 주고 있다는 비난을 받았을 때 나폴레옹은 이렇게 답했다.

"'장난감'으로 지배당하는 것이 인간이다."

직함과 권위를 부여하는 이런 방법은 병사들로 하여금 나폴레옹을 위해 기꺼이 싸우게 만들었다. 그리고 이 방법은 당신에게도 효과가 있을 것이다. 앞서 언급했던 뉴욕 스카스데일에 사는 내 친구 젠트 부인에게도 그랬으니 말이다.

그녀는 한때 자신의 잔디밭을 뛰어다니며 망가뜨리는 아이들로 골치를 앓았다. 아이들을 꾸짖거나 달래 봤지만 모두 허사였다. 결국 그녀는 그 아이들 중 가장 말썽꾸러기인 녀석에게 직위를 부여함으로써 권위가 생겼다고 느끼게 하는 방법을 써 보기로 했다. 그녀는 그 아이를 자신의 '탐정'으로 임명한 뒤, 누구든 잔디밭에 무단으로 침입하지 못하게 하라는 임무를 부여했다. 그러자 문제는 깔끔하게 해결됐다. 그 '탐정'은 뒷마당에 불을 피워 쇠막대기를 뜨겁게 달군 다음, 잔디밭에 들어가는 녀석은 누구든 그 막대기로 뜨거운 맛을 보게 하겠다고 겁을 준 것이다.

이런 것이 바로 인간의 본성이다.

그러므로 반감이나 반발을 일으키지 않으면서 상대를 변화시키고 싶다면,

원칙 9

당신이 제안하는 일을 상대가 기꺼이 하게 하라.

감정을 상하게 하지 않고
상대를 변화시키는 아홉 가지 비결

1. 칭찬과 솔직한 감사의 말로 시작하라.

2. 상대의 실수는 간접적으로 지적하라.

3. 상대를 비판하기 전에 자신의 잘못을 먼저 이야기하라.

4. 직접적인 명령 대신 질문을 하라.

5. 상대의 체면을 세워 줘라.

6. 약간의 발전을 보여도 칭찬하라. 어떤 발전이든 칭찬하라.
   '진심으로 인정하고, 아낌없이 칭찬하라.'

7. 상대가 지키고 싶어 할 좋은 평을 주어라.

8. 격려하라. 바로잡아 주고 싶은 잘못이 있다면 그것이 바로
   잡기 쉬운 것처럼 보이게 하라. 상대가 하기 바라는 것은
   하기 쉬운 것으로 보이게 하라.

9. 당신이 제안하는 일을 상대가 기꺼이 하게 하라.

기적을 일으킨
편지들

기적을 일으킨 편지들

나는 지금 당신이 무슨 생각을 하고 있는지 안다. '기적을 낳은 편지라고? 말도 안 돼! 이건 꼭 약 선전 같잖아?'

그렇게 생각한다 해도 당신을 탓하지는 않겠다. 15년 전쯤이었다면 나도 이런 책을 보고 그렇게 생각했을 테니 말이다. 너무 의심이 많은 것 아니냐고? 나는 의심 많은 사람을 좋아한다. 태어나서 20년을 미주리 주, 즉 '증거를 보여 줘Show Me State'라는 별명을 가진 지역에서 자라서인지, 나는 눈앞에 보여 줘야 믿는 사람들을 좋아한다. 인류의 사상에 의한 진보 중 거의 대부분은 의심이 많은 사람, 끊임없이 질문하는 사람들, 도전하는 사람들, 증거를 보여 달라는 사람들에 의해 이뤄졌다.

정직하게 이야기해 보자. '기적을 일으킨 편지들'이라는 제목이 정확한 것인가? 솔직히 말해 정확하지는 않다. 이 제목은 실제 사실을 일부러 완곡히 표현한 것이기 때문이다. 이 장에 실린 편지들 중 몇몇은 기적의 두 배라고 평가할 만한 엄청난 결과를 낳았다. 이런 평가를 내린 사람은 미국에서 가장 유명한 판촉 활동 전문가인 켄 R. 다이크Ken R. Dyke다. 예전에 존스 맨빌 Johns-Manville 사의 판촉 담당자였던 그는 현재 콜게이트 팜올리브 피트Colgate-Palmolive Peet 사의 홍보 담당자이자 전미광고주협회의 대표직을 맡고 있다.

그에 따르면 정보 조사를 위해 판매자에게 상품 정보를 요청하는 편지를 보낼 경우, 대부분의 회신율은 5~8퍼센트를 넘지 않는다고 한다. 만일 15퍼센트가 응답한다면 매우 대단한 일이고, 20퍼센트가 응답한다면 그것은 거의 기적과도 같다고 그는 말했다.

하지만 그의 편지 중 아래에 소개될 편지는 무려 42.5퍼센트의 회신을 받았다. 즉, 이 편지는 기적의 두 배에 해당하는 엄청난 결과를 거둔 것이다. 이런 결과는 결코 웃어넘길 만한 것이 아니다. 또한 특별한 경우에 해당된다거나, 운이 좋아서 혹은 그저 우연히 생긴 것이라 할 수도 없다. 다른 수십 통의 편지 역시 이와 비슷한 결과를 이끌어 냈기 때문이다.

대체 그는 어떤 방법으로 이런 결과를 만든 것일까? 그의 설명을 들어 보자.

"편지의 효율이 이토록 놀랍게 증가한 것은 제가 '효과적인 말하기와 인간관계론'이라는 주제의 카네기 강좌에 참가한 직후의 일입니다. 강좌를 듣고 나서야 저는 제가 이전에 사용한 접근 방식이 완전히 틀린 것이었음을 알았습니다. 그래서 강좌에서 배운 원칙들을 적용해 보려고 노력했지요. 그랬더니 정보를 요청하는 제 편지의 효율이 다섯 배에서 여덟 배까지 높아진 것입니다."

여기 그 편지가 있다. 이 편지를 쓴 사람은 받는 이에게 작은 부탁을 함으로써 그의 기분을 좋게 만들어 준다. 그 부탁은 받는 이로 하여금 자신이 인정받고 있다는 느낌을 갖게 하는 것이었기 때문이다. 이 편지에 대한 내 사적인 견해는 괄호 안에 적었다.

인디애나 주, 블랭크 빌
존 블랭크 귀하

친애하는 블랭크 씨.

이렇게 편지를 드리는 것은 귀사의 도움이 없이는 풀기 힘든 문제가 있어 도움을 청하기 위해서입니다.

(상황을 명확히 그려 보자. 애리조나에 있는 목재 딜러가 존스 맨빌 사의 임원으로부터 이런 편지를 받았다고 가정해 보자. 그런데 뉴욕에서 연봉깨나 받는 임원이 자신에게 어려움을 해결할 수 있도록 도와 달라고 말한다. 애리조나의 목재 딜러는 아마도 이렇게 생각할 것이다. '음, 뉴욕에 있는 이 양반이 곤란한 문제에 처했다면 사람은 제대로 찾아온 셈이군. 나는 항상 관대하고 다른 사람들을 도와주기 위해 노력하니 말이야. 자, 그럼 무슨 문제인지 한번 볼까?')

작년에 저는 지붕 재처리재의 판매 증가를 위해 딜러들이 본사에 가장 원하는 것은 연중 내내 광고 인쇄물을 보내 주는 것이고, 그에 대한 비용은 전적으로 본사가 지불해야 한다고 회사를 설득하는 데 성공했습니다.

(애리조나의 딜러는 아마 이렇게 생각할 것이다. '당연히 그 비용은 회사가 지불해야지. 광고로 인해 가장 많은 수익을 올리는 것은 결국 당신네 회사일 테니 말이야. 나는 임대료 내는 것도 힘든 상황인데 당신들은 수백만 달러를 벌잖아. 근데 이 친구, 뭐가 문제라는 거지?')

최근 저는 광고 인쇄물 계획에 참여한 1,600명의 딜러들에게 설문지를 보냈고, 수백 통의 답변을 받았습니다. 보내 주신 답변은 유용하게 활용할 것이고, 기꺼이 협조해 주신 딜러 여러분들께 진심으로 감사의 말씀을 드립니다. 이런 결과에 힘입어 저희 회사는 여러분에게 훨씬 더 큰 도움이 될 새로운 광고 인쇄물 계획을 내놓게 되었습니다.

하지만 오늘 아침에 있었던 전년도 계획의 시행결과 보고회의에서 대표이사는 그 일이 실제 매출과 연결되는 비율이 얼마나 되는지를 물어보셨습니다. 물론 대표이사라면 누구나 던질 수 있는 질문이었습니다. 그 질문에 답하기 위해 저는 딜러 여러분께 도움을 청할 수밖에 없는 상황입니다.

(이런 표현은 매우 좋은 표현이다. '딜러 여러분께 도움을 청할 수밖에 없는 상황입니다.' 뉴욕의 이 거물 인사가 자신의 속내를 털어놓은 것이다. 이 말은 그가 애리조나에 있는 존스 맨빌 사의

거래 상대를 솔직하면서도 진지하게 인정하고 있음을 의미한다.

여기서 주목해야 하는 점은, 다이크는 자신의 회사가 얼마나 크고 중요한지를 말하는 데 시간을 낭비하지 않고 있다는 것이다. 대신 그는 자신이 얼마나 그 딜러에게 의지하는지를 직접적으로 이야기하고 있다. 딜러의 도움 없이는 자신이 대표이사에게 보고조차 할 수 없다고 인정하고 있으니 말이다. 애리조나의 딜러도 인간인지라 이런 식의 어투를 당연히 좋아할 수밖에 없다.)

제가 요청 드리는 것은 다음의 사항을 동봉된 엽서에 기재해서 보내 주셨으면 하는 것입니다. 첫째, 지난해 발송된 광고 인쇄물은 많은 지붕 작업이나 지붕 재처리 작업 건에 얼마나 도움이 되었는지, 둘째, 그 작업을 하는 데 투입된 총 비용을 기준으로 봤을 때 매출은 얼마였는지를 가능한 한 센트 단위까지 정확히 추산하여 알려 주시기 바랍니다.

보내 주신 정보는 유용하게 활용하겠습니다. 친절하게 도움을 주신 것에 미리 감사 인사를 올리는 바입니다.

판촉 활동 매니저

켄 R. 다이크

(이 마지막 문단에서 어떻게 그가 '나'는 낮추고 '상대'는 높였는지 주목하라. 또한 그가 '유용하게', '친절하게', '감사' 등의 표현을 얼마나 잘 활용했는지도 살펴보기 바란다.)

사실 이 편지는 단순하다. 그렇지 않은가? 하지만 이 편지는 상대에게 작은 부탁을 하고, 그것을 들어주는 상대에게 인정받고 있다는 느낌을 갖게 만들면서 '기적'을 이끌어 냈다.

이런 심리는 당신이 석면 지붕을 팔든 외제차를 타고 유럽 여행을 하고 있든, 어떤 상황인가와 상관없이 똑같이 적용될 수 있다.

예를 들어 보겠다. 언젠가 나는 나와 동향의 작가인 호머 크로이Homer Croy와 함께 차를 타고 프랑스 내륙을 돌아다니다 길을 잃은 적이 있다. 우리는 구식 T형 포드를 길가에 세우고 농부들에게 근처 읍내로 갈 수 있는 길을 물었다.

그 질문에 대한 반응은 가히 놀랄 만한 것이었다. 나막신을 신고 있던 그 농부들은 아마도 미국인이라면 누구나 부자라고 생각했던 것 같다. 게다가 그 지역에서는 자동차가 더없이 보기 드문 희귀한 물건이었다. 자동차로 프랑스를 여행하는 미국인들이었으니 우리는 분명 백만장자로 보였을 것이다. 어쩌면 우리를 헨리 포드의 사촌쯤이라 여겼을지도 모른다.

하지만 그들은 우리가 모르는 것을 알고 있었다. 우리는 그들보다 더 많은 돈을 가지고 있었지만, 근처 읍내로 가는 길을 찾기 위해 모자를 벗고 예의를 갖춰 그들에게 다가가야 했다. 그리고 그 행동은 그들로 하여금 자신들이 중요한 존재라고 느끼게 했다. 그들 모두는 한꺼번에 입을 열어 다 같이 말하기 시작했다. 보기 드문 기회를 맞은 것에 흥분한 한 사람이 얼른 나서서 다른 이들을 모두 조용히 시켰다. 우리에게 길을 안내하는 짜릿한 순간을 혼자 독차지하고 싶었던 것이다.

당신도 이런 방식을 시도해 보기 바란다. 낯선 도시에 가면 경제적인 면이나 사회적 지위 면에서 당신보다 낮은 이를 붙잡고 이렇게 말하라. "제게 문제가 생겨서 그런데 괜찮으시다면 도움 좀 청해도 될까요? 이러이러한 곳에 가려면 어떻게 해야 하는지 알려 주실 수 있으신가요?"

벤저민 프랭클린은 이 방법을 사용해 자신을 신랄하게 비판하는 적을 평생의 친구로 바꿔 놓았다. 젊은 시절에 프랭클린은 모아 둔 돈을 작은 인쇄사업에 투자했다. 당시 그는 필라델피아 주 의회의 선출직 직원을 하게 되었는데, 그 직책은 모든 공문서의 인쇄를 책임지는 자리였기에 굉장한 수익을 올릴 수 있었다. 프랭클린은 그 일을 계속 유지하고 싶었지만 점차 위협이 눈앞에 드리워지기 시작했다. 주 의회에서 돈 많고 능력 있는 의원 중 한 사람이 프랭클린을 무척 싫어했던 것이다. 그는 프랭클린을 싫어할 뿐만 아니라 대놓고 그를 비난하고 다녔다. 이는 위험하고도 매우 위험한 상황이었기에 프랭클린은 그 사람이 자신을 좋아하게 만들기로 결심했다. 하지만 어떻게 한단 말인가? 그것이 문제였다. 적에게 호의를 보이면 될까? 아니다. 그렇게 하는 것은 그의 의심만 살 뿐이고, 어쩌면 그로 하여금 자신을 경멸하게 만들지도 모를 일이었다.

프랭클린은 무척 현명하고 노련했기에 이런 함정에는 빠지지 않고 오히려 그와 정반대로 행동했다. 그는 자신의 적에게 호의를 베풀어 달라고 했다. 그렇다고 돈을 빌려 달라 한 것은 절대 아니다. 그는 상대를 기쁘게 하는 부탁, 다시 말해 상대의 허영심을 채워 주는 부탁, 상대를 인정하는 부탁, 상대방의 지식과 성취에 대한 존경심을 은근히 내비칠 수 있는 부탁을 건넸다.

그다음의 이야기는 프랭클린에게 직접 들어 보자.

"나는 그의 서재에 굉장히 귀한 책이 있다는 이야기를 듣고 그에게 짧은 편지를 보냈다. 그 책을 너무 보고 싶으니 며칠 좀 빌려 줄 수 없겠냐는 부탁을 적어서 말이다. 그는 곧바로 책을 보내 줬다. 그리고 1주일 뒤, 그의 호의에 정말 감사하다는 편지와 함께 그 책을 돌려주었다. 그 일이 있고 나서 그를 의회에서 다시 만났을 때, 그는 내게 먼저 말을 걸어온 데다(지금까지 그가 내게 말을 건 적은 한 번도 없었다.) 무척 정중하게 나를 대했다. 그 뒤로 그는 내가 하는 모든 부탁을 흔쾌히 들어주었다. 덕분에 우리는 좋은 친구가 되었고, 우리의 우정은 그가 죽을 때까지 지속되었다."

프랭클린이 사망한 지 150년이 지났지만, 호의를 요청함으로써 상대의 마음을 사로잡은 그의 방법은 여전히 잘 활용되고 있다.

일례로 강좌 수강생 중 한 명인 앨버트 B. 암젤 씨 역시 이 심리를 이용해 엄청난 성과를 거두었다. 배관 난방 장치 판매사원인 그는 브루클린에 사는 한 배관공과 거래 계약을 하기 위해 몇 년째 애를 쓰고 있었다. 이 배관공의 회사는 규모가 대단히 컸고, 그의 신용도 역시 매우 좋았다. 하지만 암젤 씨는 시작부터 일이 잘 풀리지 않았다. 그 배관공은 자신이 거칠고 사나우며 심술궂다는 것을 자랑으로 여기는, 상대하기 어려운 사람 중 하나였다.

그는 입 한쪽에 시가 한 대를 물고 책상 뒤에 앉아서는 암젤 씨가 방문차 사무실에 들어설 때마다 그에게 호통을 쳤다. "오늘은 아무것도 필요 없어요! 피차 시간 낭비하지 맙시다. 나가요!" 그러던 어느 날 암젤 씨는 새로운 방법을 시도해 보았고, 그 덕분에 그와 거래의 포문을 활짝 연 데다 친구가 되면서 새로운 주문도 많이 받을 수 있게 되었다.

암젤 씨의 회사는 롱아일랜드의 퀸스 빌리지에 새로 대리점을 내기 위해 사무실 임대 관련 협상을 진행하고 있었다. 그곳은 그 배관공이 잘 알고 있는 데다 큰 사업을 벌이고 있는 곳이기도 했다. 그래서 암젤 씨는 그 배관공 회사에 다시 방문했을 때 이렇게 말했다. "저는 오늘 당신께 뭘 팔겠다고 여기 온 게 아닙니다. 괜찮으시다면 부탁을 좀 드릴 수 있을까 하여 들렀습니다. 몇 분만 시간을 내주실 수 있으십니까?"

배관공이 시가를 옮겨 물며 말했다. "흠. 좋소. 무슨 일인지 빨리 이야기해 보시오."

"저희 회사는 퀸스 빌리지에 새 지점을 낼 계획인데, 사장님께서는 다른 어느 누구보다도 그 지역을 잘 알고 계시지 않습니까. 그래서 사장님의 조언을 구하고자 왔습니다. 지점을 이쪽으로 옮기는 것이 잘하는 일일까요?"

이런 일은 배관공에게 있어 전에 없던 새로운 상황이었다. 오랫동안 그는 판매사원들에게 사무실에서 나가라고 고함을 지름으로써 자신의 존재감을 느껴 왔는데, 이번에는 한 판매사원이 중요한 문제에 대해 자신에게 조언을 구하고 있었으니 말이다.

"자, 일단 앉게나." 그가 의자를 앞으로 당기며 말했다. 그리고 1시간 동안 퀸스 빌리지의 배관업 시장이 가진 특별한 장단점들을 매우 상세히 알려 주었다. 그는 점포를 퀸스 빌리지에 여는 데 동의했을 뿐만 아니라 물건 구매, 재고 파악, 사업 시작 시의 필요한 모든 일련의 과정들에 대한 윤곽을 잡는 데 있어서 자신의 모든 지식을 총동원해 조언해 주었다. 그는 배관 자재 도매업체를 상대로 어떻게 장사해야 하는지를 가르쳐 주면서 자신의 존재감을 확인한 것이다. 그러더니 그는 점점 사적인 영역으로까지 이야기의 범위를 넓혀 나갔고, 가정 문제와 부부 싸움까지 털어놓았다.

"그날 저녁, 저는 장비에 대한 첫 주문서를 제 주머니에 넣어 왔을 뿐 아니라 그와 사업상의 우정에 대한 기반도 다졌습니다. 그전에는 고함을 치며 저를 내쫓던 사람과 이제는 골프를 같이 칠 정도로 친밀한 사이가 되었지요. 그 친구의 존재감을 높일 수 있는 부탁을 한 결과 그가 이렇게 변할 수 있었던 것입니다."

앞서 언급한 켄 다이크의 또 다른 편지를 상세히 살펴보면서 그가 '부탁 좀 들어 주세요.'라는 심리 활용법을 어떻게 사용하고 있는지 다시 한 번 주목해 보자.

몇 년 전 그는 정보를 요청하는 자신의 편지에 대해 사업가, 계약자, 건축가의 답장을 받지 못해 고민에 빠져 있었다. 사실 당시 건축가나 엔지니어로부터 답신을 받을 확률은 1퍼센트도 채 되지 않았고, 2퍼센트면 좋은 편이며 3퍼센트면 매우 훌륭한 것으로 간주되었다. 그렇다면 10퍼센트는 어떻겠는가? 이는 가히 기적이라 부를 만했다.

하지만 그의 편지는 거의 50퍼센트에 달하는 답장을 받아 냈다. '기적'에 해당하는 수치의 다섯 배나 되는 것이다. 또한 그가 받은 답장들은 간단한 메모 수준이 아닌 2~3쪽에 이르는 장문의 편지들이었을 뿐 아니라, 내용 또한 친절한 조언과 협력의 의지로 가득했다.

여기에 그가 쓴 편지의 내용을 소개하겠다. 당신은 이 편지에서 쓰인 심리 활용법이나 몇몇 구절이 앞서 나왔던 그의 편지와 거의 일치함을 알게 될 것이다. 편지를 읽으며 행간의 의미를 파악하고, 편지를 받은 사람의 심리를 분석하며, 이 편지가 어떻게 기적의 다섯 배에 달하는 결과를 낳았는지도 생각해 보기 바란다.

뉴욕 시, 22 이스트 40번가, 존스 맨빌
○○○○ ○○○○가617번지 ○○○귀하

친애하는 ○○○ 씨께,

이렇게 편지를 드리는 것은 저희에게 귀사의 도움이 없이는 해결하기 어려운 문제가 있어 도움을 청하고자 함입니다.

1년 전쯤 저는 건축회사들이 저희 회사에 가장 원하는 것은 집의 수리나 개조에 사용되는 우리의 모든 건축 자재와 부품을 보여 주는 카탈로그라고 회사를 설득했습니다. 동봉하는 자료는 그 결과로 만들어진 카탈로그로서, 이런 종류로는 최초의 것이라 생각됩니다.

하지만 최근 들어 카탈로그의 재고가 점점 떨어지고 있어 이 점을 제가 저희 회사의 대표님께 말씀 드렸더니, 대표님께서는 대표로서 하실 수 있는 당연한 말씀을 제게 하셨습니다. 즉, 처음 의도했던 바대로 카탈로그가 성과를 거두었다는 증거를 제시하면 새로 제작에 들어가도 좋다고 하신 것입니다.

이렇게 어쩔 수 없이 건축가 여러분들의 도움을 요청할 수밖에 없는 상황인지라, 저는 실례가 되는 줄 알면서도 이렇게 전국 각지의 49개 업체 여러분에게 이번 건에 대한 심사위원이 되어 주십사 요청 드리게 되었습니다.

번거로움을 줄여 드리고자 이 편지 뒤에는 몇 가지 간단한 질문을 첨부했습니다. 답을 표시해 주시고 또 저희 회사에 바라는 점이 있으시면 적어 주신 다음 동봉된 회신용 봉투에 넣어 보내 주신다면 진심으로 여러분의 호의에 감사할 것입니다.

물론 두말할 나위 없이 이 설문에 대한 응답은 절대로 필수 사항이 아닙니다. 다만 저는 이제 카탈로그 제작을 중단해야 할지, 아니면 건축가 여러분의 경험과 조언에 기초하여 좀 더 개선된 카탈로그 제작에 또다시 착수해도 될지에 대한 문제를 여러분의 의견을 듣고 결정하려 하는 것입니다.

어떤 경우이든 여러분의 협조에 제가 깊은 감사를 드린다는 점을 알아주신다면 좋겠습니다. 다시 한 번 감사드리며, 이만 줄이겠습니다.

판촉활동 매니저

켄 R. 다이크

한 가지 주의 사항을 더 알려주겠다. 내 경험으로 보건대 여러분들 중 몇몇은 이 편지에서 사용된 심리 활용법을 기계적으로 똑같이 베끼려 할 것이다. 이런 사람들은 마음에서 우러나오는 진심 어린 존중이 아닌 아첨과 가식으로 상대의 자부심에 바람을 넣으려 하지만, 그런 방법은 통하지 않는다.

우리 모두는 감사받고 인정받기를 원하고, 그것을 얻을 수 있다면 어떤 일이든 하려 한다는 점을 명심해야 한다. 하지만 그 누구도 아부나 가식은 원하지 않는다. 다시 한 번 말하지만, 이 책이 알려 주는 원칙들은 진심에서 우러나왔을 때만 제대로 된 효과를 거둘 수 있다. 나는 잔재주가 아닌 새로운 삶의 방식에 대해 이야기하고 있다.

행복한 가정을
만드는
일곱 가지 비결

1
가정을 무덤으로 만드는
가장 빠른 방법

75년 전, 나폴레옹 보나파르트의 조카인 나폴레옹 3세는 테바의 백작이자 세상에서 가장 아름다운 여성인 마리 유제니와 사랑에 빠져 그녀와 결혼했다. 그의 고문들은 그녀가 시시한 스페인 백작 집안의 딸일 뿐이라고 지적했다. 그러나 나폴레옹 황제는 이렇게 응수했다. "그것이 뭐 어떻단 말인가?" 그녀의 품위, 젊음, 매력, 아름다움은 황제에게 더할 수 없이 큰 기쁨을 선사했다. "나는 내가 모르는 여성이 아닌, 내가 사랑하고 존경하는 여성을 선택했노라." 그는 황제의 자리에서 강한 어조로 이렇게 연설하며 모든 이들의 반대를 물리쳤다.

나폴레옹 황제와 그의 신부는 건강과 부, 권력, 명예, 아름다움, 애정, 존경 등 완벽한 사랑에 필요한 모든 요소를 가지고 있었다. 결혼이라는 신성한 빛이 그보다 더 뜨겁고 밝게 타오른 적은 없었다.

그러나 안타깝게도 그 불빛은 흔들리고, 뜨겁게 타오르던 불꽃도 차가워지더니 결국 재가 되어 버렸다. 나폴레옹은 유제니를 황후로 만들 수는 있었지만 프랑스 황제가 가진 어떤 능력으로도, 황제가 보여 주는 사랑의 힘으로도, 황제의 권력으로도 그녀의 잔소리를 멈추게 할 수는 없었다. 그녀는 질투와 의심이 심해서 황제의 명령도 우습게 여겼고, 다른 여자와 어울릴 것이 두려워 그가 혼자 있는 시간을 가지는 것마저 허락하지 않았다. 그가 국정을 위한 공적 업무를 보는 동안에도 집무실에 불쑥불쑥 드나들었는가 하면, 황제에게 있어 가장 중요한 회의도 방해했다. 또한 언니에게 달려가 남편에 대한 불평을 늘어놓으며 한탄하고, 울며불며 야단법석을 떠는 일도 잦았다. 황제의 서재로 쳐들어가 온갖 잔소리와 욕설을 퍼붓기까지 했으니, 화려한 궁전을 수도 없이 갖고 있는 프랑스 황제였음에도 그가 마음 편히 다른 사람의 방해를 받지 않고 쉴 수 있는 공간은 어느 데고 없었다.

그럼 이 모든 행동을 통해 유제니는 무엇을 이뤘을까?

여기 그 답이 있다. 나는 E. A. 라인하르트E. A. Rheinhardt의 명저《나폴레옹과 유제니 : 프랑스 제국의 희비극Napoleon and Eugénie : The Tragicomedy of an Empire》의 일부를 옮겨 보겠다.

"그래서 결국 나폴레옹은 밤마다 부드러운 모자를 푹 뒤집어쓰고 얼굴을 가린 채 작은 옆문을 통해 밖으로 몰래 빠져나왔다. 그리고는 가까운 친구와 단둘이 자신을 기다리고 있는 미모의 여인에게 가기도 하고, 때로는 아주 오래된 큰 도시를 여기저기 걷다가 동화 속에나 있을 것 같은 밤거리를 지나며 유제니와 즐겁게 지내는, 있었을지도 모를 모습을 상상하기도 했다."

　이것이 그녀의 잔소리가 거둔 성과다. 그녀가 프랑스의 권좌에 앉았던 것이나 세상에서 가장 아름다운 여성이라는 것은 모두 사실이었다. 그러나 권력이나 미모도 잔소리라는 치명적인 결함 앞에서는 사랑을 지속시킬 힘이 없었다. 그녀는 구약 성서에 나오는 욥Job처럼 목소리를 한껏 높여 "내가 너무나 두려워했던 일이 나를 덮쳤다."라며 비탄에 빠졌을지도 모른다. 그런데 그 일이 그녀를 덮쳤다는 것은 맞는 표현일까? 사실 그 가련한 여인은 질투와 잔소리로 그런 결과를 초래한 것인데 말이다.

　사랑을 파괴하는 데 있어서 지옥의 악마들이 개발한 가장 치명적이고 악독한 방법은 다름 아닌 잔소리다. 잔소리는 파괴력이 강한 데다 절대 실패하는 법조차 없어서, 마치 킹 코브라에게 물린 것처럼 항상 파멸로 몰고 간다.

　레오 톨스토이Leo Tolstoi의 부인은 이 점을 깨달았다. 그렇지만 이미 때는 너무 늦어 버렸다. 죽기 전 그녀는 딸들에게 "너희 아버지를 죽게 한 가장 큰 원인은 나였단다."라고 고백했고, 딸들은 아무런 대답도 하지 못한 채 모두 울기만 했다. 딸들은 어머니의 말이 사실임을 알고 있었다. 어머니의 끝없는 불평, 끝없는 비난, 그리고 끝없는 잔소리 때문에 아버지가 돌아가셨다는 것을 말이다.

　그러나 톨스토이 부부는 그 어느 누구보다도 행복한 사람들이었다. 톨스토이는 역대 가장 유명한 소설가라 할 수 있었다. 그가 쓴 두 편의 걸작,《전쟁과 평화》와《안나 카레니나》는 인류의 문학적 보고 속에서 영원히 빛날 것이다.

그가 너무나 유명했기에 팬들은 밤낮으로 그를 쫓아다니며 그가 하는 모든 말들을 속기로 받아 적기까지 했다. 그가 그저 "가서 자야겠는데."라는 아주 사소한 말을 해도 말이다. 현재 러시아 정부는 톨스토이가 적은 모든 문장을 인쇄하고 있는데, 그의 글을 엮은 책만 해도 100권은 족히 넘을 것이다.

톨스토이 부부는 이런 명성은 물론 부와 사회적 지위, 아이들도 얻었다. 이렇게 좋은 환경 속에서 시작한 결혼은 유례가 없었다. 처음에 자신들의 행복이 너무 완벽하고 강렬해서 오래가지 못할 것 같다고 느낀 그들은 신 앞에 함께 무릎을 꿇고 그 행복이 영원히 깨지지 않게 해 달라고 기도했다.

그런데 엄청난 일이 벌어졌다. 톨스토이가 점차 변하기 시작하더니 완전히 다른 사람이 되어 버린 것이다. 그는 자신이 쓴 걸작들을 부끄러워했고, 그때부터 평화를 염원하는 전단지의 글을 쓰고 전쟁과 기근을 없애는 데 자신의 생애를 바쳤다.

젊은 시절에는 사람이 상상할 수 있는 모든 죄, 심지어 살인까지 저지른 적이 있다고 고백했던 이 작가는 말 그대로 예수의 가르침을 따르기 위해 노력했다. 그는 자신의 모든 땅을 사람들에게 나눠 주고 가난한 삶을 살았다. 그는 들판에 나가 나무를 베고 건초 더미를 쌓았다. 신발은 손수 만들었고, 방도 직접 청소했으며, 나무 식기에 밥을 담아 먹었고, 자신의 적들까지도 사랑하려 노력했다.

레오 톨스토이의 삶은 비극이었고, 그 비극의 원인은 결혼이었다. 그의 아내는 사치를 좋아했지만 그는 사치를 경멸했다. 그녀는 명성과 세상의 갈채를 꿈꿨지만 이런 하찮은 것들은 그에게 아무런 의미도 없었다. 그녀는 돈과 재산을 간절히 원했지만 그는 그것들이 죄라고 생각했다.

그가 자신의 책에 대한 판권을 아무런 대가 없이 다른 이에게 주겠다고 고집하자 그녀는 수년 동안 남편에게 잔소리하고 화를 냈으며 소리를 질렀다. 그녀는 그 책들로 벌어들일 돈을 원했다. 그가 자신의 의견에 반대하면 그녀는 입에 아편 병을 갖다 대고는 바닥을 구르면서 자살하겠다고 하거나, 우물에 빠져 죽겠다고 위협하면서 히스테리 증상을 보였다. 그들 삶에서는 다음과 같은 사건도 벌어졌는데 나는 이것 역사상 가장 애처로운 광경 중 하나라고 생각한다.

앞서 말했듯 그들은 결혼생활 초반에 굉장히 행복했다. 그러나 결혼한 지 48년이 지나자 그는 아내의 모습조차 보기 싫어했다. 저녁시간이면 때때로 이 비탄에 잠긴 늙은 아내는 그의 남편에게 다가가 무릎을 꿇고, 50년 전 자신에 대한 사랑을 표현했던 그의 일기 중 멋진 구절을 읽어 달라고 부탁했다. 그가 이제는 영원히 사라져 버린 그 아름답고 행복한 시절에 대해 읽어 주고 나면 부부는 함께 울었다. 오래전에 그들이 꿈꿨던 낭만적인 꿈들과 삶이라는 현실은 달라도 너무나 달랐다.

마침내 82세가 된 톨스토이는 가정의 비극적인 불행을 견딜 수가 없었다. 그래서 눈이 내리던 1910년 10월의 어느 밤, 그는 아내의 곁을 떠났다. 그는 자신이 어디로 향하는지도 모른 채 춥고 어두운 곳으로 도망쳤다.

그리고 11일 후, 그는 기차역에서 폐렴으로 죽은 채 발견되었다. 그의 유언은 아내가 자신이 있는 곳에 오는 것을 허락하지 않는다는 것이었다. 톨스토이 부인의 잔소리와 불평 그리고 히스테리 증상의 대가는 바로 이것이었다.

그녀에게는 그렇게 심하게 불평할 수밖에 없었던 이유가 있을 것이라 생각하는 사람들도 있을 것이다. 그렇다 해도 그것은 지금 말하고자 요점에서 벗어난 사항이다. 여기에서의 문제는 '잔소리가 그녀에게 도움이 되었는가, 아니면 문제를 한없이 악화시켰는가?'이기 때문이다.

"내가 미쳤던 것 같다는 생각이 너무 많이 드는구나." 이는 톨스토이 부인이 자신의 행동에 대해 스스로 내린 판단이다. 그렇지만 너무 늦었다.

에이브러햄 링컨의 삶에서 가장 큰 비극이었던 것 역시 결혼이었다. 당신은 링컨 대통령 일생에 있어서 가장 큰 비극은 암살이 아니라 결혼이었다는 사실을 염두에 두길 바란다. 극장에서 부스가 총을 쐈을 때, 링컨은 자신이 저격당했다는 것도 깨닫지 못했다. 하지만 그는 23년 동안 거의 매일같이, 그의 법률 파트너인 헌든의 표현대로 '가정불화의 고역'을 참아 내야 했다. '가정불화?' 이 표현은 조금 부드러운 표현이다. 약 4반세기라는 시간 동안 링컨 여사는 끝없는 잔소리로 남편을 괴롭혔다.

그녀는 늘 불평하고 남편을 비난했다. 그녀가 볼 때 그에게 괜찮은 곳이라고는 하나도 없었다. 걸음걸이만 해도 그는 어깨가

구부정한 채로 마치 인디언처럼 발을 똑바로 들어 올렸다가 내리며 어색하게 걸었다. 남편의 발걸음에는 탄력이 없고, 동작에는 품위가 없다는 것이 그녀의 불만이었다. 그녀는 그의 걸음걸이를 흉내 내며, 자신이 렉싱턴에 있는 마담 렌텔 기숙학교에서 배운 것처럼 맨 먼저 발 앞쪽을 먼저 디디며 걸으라고 잔소리했다.

그녀는 머리에서부터 쭉 튀어나와 있는 그의 큰 귀도 좋아하지 않았다. 또한 그의 코는 곧지 않고, 아래 입술은 튀어나왔으며, 폐병 환자처럼 보이고, 발과 손도 너무 크며, 머리가 너무 작다고 불평했다.

에이브러햄 링컨과 그의 부인 메리 토드 링컨은 교육, 성장 환경, 성격, 취향, 견해 등 모든 면에서 서로 달랐다. 그들은 계속해서 서로를 짜증나게 했다. 당대 링컨 연구의 권위자 앨버트 J. 베버리지Albert J. Beveridge 상원의원은 이렇게 적었다. "링컨 부인의 크고 쇳소리 같은 목소리는 길 건너에서도 들릴 정도였다. 근처에 사는 사람이라면 누구나 링컨 부인이 끝없이 쏟아 내는 분노를 들을 수 있었다. 그녀의 화는 말 이외의 다른 방법으로 터져 나오기도 했다. 그녀가 폭력을 행사했다는 이야기는 수없이 많았고, 그것이 사실이었다는 데는 의심의 여지가 없다."

일례로 링컨 부부는 결혼 직후 스프링필드에 있는 제이콥 얼리 여사의 집에서 살게 되었다. 의사였던 남편이 세상을 뜬 후 그녀는 생계를 위해 하숙집을 할 수밖에 없었다.

어느 날 링컨 부부가 아침식사를 하던 중, 링컨이 부인의 화를 돋우는 뭔가를 했다. 그게 무엇이었는지는 지금 아무도 기억하지 못한다. 그런데 화가 난 링컨 부인은 잔에 담겨 있던 뜨거운 커피를 남편 얼굴에 끼얹어 버렸다. 그것도 다른 하숙생들이 지켜보는 앞에서 말이다. 정적이 흐르는 가운데 링컨은 아무 말 없이 모욕을 당한 채로 앉아 있었고, 얼리 여사가 젖은 수건을 들고 와 그의 얼굴과 옷을 닦아 주었다.

링컨 부인의 질투는 너무 어리석고 지나친 데다가 이해하기 어려울 정도였기 때문에, 그녀가 공개적으로 벌였던 안타깝고 수치스러운 일들에 대해서는 75년이 지난 지금 읽는 것만으로도 너무나 놀라울 따름이다. 그녀는 끝내 정신이상이 되고 말았다. 조금이라도 그녀에 관해 호의적으로 이야기한다면, 어쩌면 그녀는 항상 초기 정신이상 증세의 영향을 받고 있었을지도 모르겠다.

그녀의 모든 잔소리와 비난, 흥분이 링컨을 조금이라도 변하게 했을까? 한 가지 측면에서는 그랬을 수도 있다. 이런 행동은 그녀에 대한 그의 태도를 확 바꾸었기 때문이다. 그녀는 링컨으로 하여금 자신의 불행한 결혼을 후회하고 가능한 한 부인을 피하게끔 만들었다.

스프링필드에는 열한 명의 변호사가 있었다. 하지만 모두가 그곳에서 생계를 제대로 유지할 수는 없었으므로 그들은 말안장에 짐을 싣고 데이비드 데이비스 판사가 재판을 하는 곳이면 어디든 따라다니곤 했다. 그런 식으로 그들은 제8회 순회법정이 열리는 모든 마을에서 일거리를 얻을 수 있었다.

다른 변호사들은 매주 토요일이면 항상 스프링필드로 돌아와 가족들과 함께 주말을 보냈지만, 링컨은 그러지 않았다. 그는 집에 가는 일이 끔찍했다. 그래서 봄의 3개월, 그리고 가을의 3개월 동안 순회재판 지역을 돌아다녔고 스프링필드 근처에는 얼씬도 하지 않았다. 지방 호텔의 환경은 대부분 열악했지만, 그는 몇 년이나 이런 생활을 계속했다. 집으로 돌아가 끊임없는 부인의 잔소리나 분노와 마주하는 것보다는 차라리 그쪽이 마음이 편했기 때문이다.

링컨 부인이나 유제니 황후, 톨스토이 부인이 자신들의 잔소리로 얻어 낸 결과물은 이런 것들이다. 그들은 삶의 비극 말고는 아무것도 얻은 것이 없고, 자신이 가장 소중히 여기는 것들을 모두 망가뜨렸다.

11년간 뉴욕시 가정법원에서 일하며 수천 건의 처자 유기 문제를 검토한 베시 햄버거 씨에 따르면, 남편들이 가출하는 가장 큰 요인 중 하나는 아내의 잔소리라고 한다. 〈보스턴 포스트 Boston Post〉지는 이 사안을 두고 이렇게 말했다.

> "많은 아내는 잔소리라는 삽으로 부부 사이의 무덤을 조금씩 조금씩 파고 있다."

그러므로 행복한 가정을 만들고 싶다면,

원칙 1

잔소리하지 말라.

2
상대를 바꾸려
하지 말라

아무리 내 인생에서 수많은 바보짓을 저지른다 해도, 사랑 때문에 결혼하는 미련한 짓만큼은 절대로 하지 않겠다." 영국의 수상 디즈레일리는 이렇게 말했다. 그리고 실제로 그는 연애결혼을 하지 않았고, 35세가 될 때까지 미혼이었다가 자신보다 열다섯 살이나 더 많은 돈 많은 미망인 메리 앤에게 청혼했다. 50년의 삶을 살았던 그녀의 머리는 이미 희끗희끗해지고 있었다. 사랑해서 결혼한 것이냐고? 아니다. 그녀는 그가 자신을 사랑하지 않는다는 것, 그리고 그가 자신의 돈 때문에 결혼하는 것을 알고 있었다. 그래서 메리 앤은 딱 한 가지 조건을 내걸었다. 그의 성격을 파악할 수 있게 1년의 시간을 달라는 것이었다. 그리고 1년 후, 그녀는 그와 결혼했다.

듣기에는 다소 무미건조하고 타산적인 것 같다. 그렇지 않은가? 그러나 굉장히 역설적이게도 디즈레일리의 결혼은 많은 상처와 오명으로 얼룩진 모든 결혼 사례 중 가장 성공적이었던 것으로 꼽힌다.

디즈레일리가 선택한 그 돈 많은 미망인은 젊지도, 예쁘지도, 그렇다고 똑똑하지도 않았다. 그와는 정반대였다. 그녀는 문학적, 역사적 소양 면에서 엉망이었기에 대화 중 웃음을 자아내기 일쑤였다. 가령 그녀는 그리스 시대가 먼저인지 로마 시대가 먼저인지도 몰랐다. 그녀는 옷이나 가구에 대한 취향도 독특했지만 결혼에서 가장 중요한 것, 즉 남편을 다루는 기술에 대해서만큼은 그야말로 천재였다.

메리 앤은 지적인 면에서 디즈레일리와 자신을 비교하는 행동은 시도조차 하지 않았다. 남편이 재치 있는 공작부인들과 재담을 나눈 뒤 오후가 지나 피곤하고 지친 몸으로 집에 돌아오면 그녀는 가벼운 잡담으로 그를 편히 쉬게 해 주었다. 디즈레일리에 있어서 집은 정신적 긴장을 풀고 부인의 따뜻한 사랑에 몸을 녹이고 편안해질 수 있는 곳이었고, 시간이 갈수록 그런 데서 오는 그의 기쁨은 점점 더 커져 갔다.

나이 든 아내와 집에서 보내는 시간들은 그의 삶에서 가장 행복한 순간이었다. 그녀는 그의 동료이자 비밀을 털어놓을 수 있는 친구였고 조언자였다. 매일 밤 그는 그날 있었던 일을 그녀에게 얘기하기 위해 서둘러 집에 돌아왔다. 그리고 (이것이 가장 중요한데) 그가 맡은 일이 무엇이든 메리 앤은 절대 남편이 실패할 것이라 생각하지 않았다.

30년 동안 메리 앤은 남편 디즈레일리만을 위해 살았다. 그녀는 자신이 갖고 있는 엄청난 재산조차 남편의 삶을 편하게 해 주기 때문에 가치가 있는 것이라고 생각했다. 그에 대한 보답으로 디즈레일리는 그녀를 우상으로 여겼다.

그는 그녀가 죽고 난 뒤 백작이 되었다. 그러나 그는 작위를 받기도 전에 자신의 아내도 같은 작위를 받을 수 있게 해 달라고 빅토리아 여왕에게 간청했다. 그리하여 1868년에 메리 앤은 비스콘스필드 백작 부인이 되었다.

아무리 그녀가 사람들에게 바보 같고 산만한 사람으로 보였다 해도 그는 절대 그녀를 나무라거나 꾸짖지 않았다. 만일 누군가가 그녀를 놀리려 하면 그는 부인을 향한 강한 애정으로 그녀를 옹호하려 했다.

메리 앤은 결코 완벽하지 않았지만 30년 동안 끊임없이 자신의 남편을 자랑했고 칭찬했으며, 존경했다. 그 결과는 어땠을까? 디즈레일리는 이렇게 말했다. "우리는 결혼해서 30년을 살았지만 나는 한 번도 아내에게 싫증을 느껴 본 적이 없다." (그러나 아직도 메리 앤이 역사를 몰랐다는 이유로 그녀는 멍청했던 게 틀림없다고 믿는 사람들이 있다는 것이 놀라울 따름이다.)

남편의 입장에서 디즈레일리는 메리 앤이 자신의 인생에서 가장 중요한 사람이라는 것을 굳이 숨기지 않았다. 그 결과는 어땠을까? 매리 앤은 친구들에게 이렇게 말하곤 했다. "잘해 주는 남편 덕분에 내 삶은 행복의 연속이랍니다."

그 부부끼리 하는 농담이 있었다. "당신, 그거 알아? 내가 당신 돈 때문에 결혼한 거?"라고 디즈레일리가 물으면 매리 앤은 웃으면서 이렇게 대답했다. "그럼요. 알고말고요. 그런데 당신이

다시 결혼하게 된다면 그땐 사랑 때문에 저하고 하실 거잖아요. 그렇죠?"

그는 그녀의 말에 동의했다. 매리 앤은 완벽하지 않았다. 그러나 디즈레일리에게는 그녀를 있는 그대로 놔두는 현명함이 있었다.

헨리 제임스Henry James는 이렇게 말했다. "다른 사람과 관계를 맺는 데 있어서 알아야 할 첫 번째 규칙은, 내가 행복을 얻는 방식을 상대가 억지로 바꾸려고 하지만 않는다면 나 역시 상대가 행복을 얻는 특별한 방식을 그대로 인정해 주어야 한다는 것이다."

이 점은 너무 중요하기 때문에 다시 한 번 반복하겠다. "다른 사람과 관계를 맺는 데 있어서 알아야 할 첫 번째 규칙은, 내가 행복을 얻는 방식을 상대가 억지로 바꾸려고 하지만 않는다면 나 역시 상대가 행복을 얻는 특별한 방식을 그대로 인정해 주어야 한다는 것이다."

릴랜드 포스터 우드Leland Foster Wood는 자신의 저서 《가족으로 함께 성장하기Growing Together in Family》에서 이렇게 말한다.

"자신에게 꼭 맞는 이상형을 찾는다 해서 성공적인 결혼생활이 되는 것은 아니다. 이는 곧 자신 역시 상대에게 꼭 어울리는 사람이 되어야 한다는 것을 의미하는 것이기 때문이다."

그러므로 행복한 가정을 만들고 싶다면,

원칙 2

상대를 바꾸려 하지 말라.

3
이혼 법정으로 가는 지름길

디즈레일리의 가장 강력한 정적은 윌리엄 글래드스턴William Gladstone이었다. 이 둘은 대영제국에서 논의되는 모든 일에서 충돌했지만 그럼에도 그들에게 한 가지 공통점은 있었다. 두 사람 모두 사적인 생활에서는 무척 행복했다는 것이다.

윌리엄과 캐서린 글래드스턴 부부는 무려 59년을 함께 살았는데, 거의 60년이나 되는 그 긴 세월 동안 그들은 서로에 대한 헌신을 아끼지 않았다. 나는 영국의 가장 위엄 있는 총리였던 글래드스턴이 자신의 아내의 손을 잡고 난롯가를 돌며 춤추는 모습을 상상해 보곤 한다. 이 노래를 부르면서 말이다.

누더기를 걸친 남편과 말괄량이 아내
우리는 삶의 고난도 잘 이겨 내고 헤쳐 나가리

공적인 부분에서는 그의 강적이었던 글래드스턴도 집에서는 절대 비난을 입에 담지 않았다. 그가 아침식사를 하기 위해 나왔는데 다른 식구들이 아직 자고 있으면, 그는 사람들을 나무라는 자신만의 부드러운 방법을 사용했다. 목소리를 한껏 높여서 알 수 없는 노래를 온 집 안 가득 울려 퍼지도록 부른 것이다. 이렇게 해서 그는 영국에서 가장 바쁜 남자가 혼자 아침식사를 기다리고 있다는 것을 다른 가족들에게 알렸다. 상대를 고려할 줄 알고 탁월한 방법까지 갖춘 그는 가정 내에서의 비난을 엄격하게 자제했던 것이었다.

러시아의 예카테리나 여제 또한 그랬다. 알려진 대로 그녀는 세계에서 가장 큰 제국 중 한 곳을 다스리고, 수백만 국민의 생사에 관한 권한을 가지고 있는 사람이었다. 정치적으로 보면 그녀는 쓸데없는 전쟁을 일으키고 수십 명의 적을 처단하기 위해 총살형을 선고하기도 했으니 잔인한 폭군이라 할 수 있다. 그러나 요리사가 고기를 태워도 아무 말 하지 않지 않고 웃으며 먹었던 사람 또한 그녀였다. 이런 인내심은 미국의 대다수 남편들도 잘 알고 배워야 할 점이다.

가정불화에 대한 원인 연구에서 미국 내 최고 권위자로 꼽히는 도로시 딕스는 전체 결혼 중 50퍼센트 이상이 실패라고 단언한다. 그녀의 말에 따르면 행복한 가정생활의 꿈이 이혼의 바위에 부딪쳐 산산조각 나는 이유 중의 하나는 아무런 쓸모도 없이 헛되고 상대의 가슴만 찢어 놓는 비난이다.

자녀를 꾸짖고 싶을 때면…… 아마 당신은 내가 '꾸짖지 말라'고 할 것이라 예상하고 있을 것이다. 하지만 그 말을 하려는 것이 아니다. 나는 그저 당신이 아이들을 꾸짖기 전에 미국 잡지에 실린 글 중 최고의 명작이라 할 수 있는 '아빠는 잊어버린다Father Forgets'를 읽어 보길 바란다. 이 글은 원래 〈피플스 홈 저널People's Home Journal〉의 사설란에 게재되었던 글인데, 작가의 허락을 받아 〈리더스 다이제스트〉에 실렸던 요약판으로 아래에 싣는다.

'아빠는 잊어버린다'는 진실한 감정을 느낀 순간에 재빠르게 쓴 매우 짧은 글이지만, 많은 독자들의 심금을 울리는 내용으로 끊임없이 재발간되어 나오는 명작이다. 이 글의 작가 W. 리빙스턴 라니드W. Livingston Larned는 이렇게 말한 바 있다.

"약 15년 전 처음 나온 이후로 '아빠는 잊어버린다'는 전국 수백 개의 잡지와 사보, 신문에 게재되었음은 물론 수많은 외국어로도 번역되었다. 학교나 교회, 강단에서도 이 글을 읽고 싶다고 해서 허락한 것도 수천 번에 이르고, 셀 수 없이 많은 행사와 프로그램을 통해 방송되기도 했다. 정말 신기한 것은 대학 학보나 고등학교 잡지에도 이 글이 실렸다는 것이다. 가끔은 짧은 글이 신기할 정도로 성공하는 경우가 있는데, 이 글이 바로 그런 경우에 해당된다."

아빠는 잊어버린다

W. 리빙스턴 라니드

아들아, 들어 보렴. 아빠는 네가 잠든 모습을 보며 이 이야기를 하고 있단다. 고양이 발처럼 작고 보드라운 주먹이 너의 볼을 받치고 있고, 몇 가닥의 금빛 곱슬머리는 촉촉이 땀에 젖은 네 이마에 달라붙어 있구나. 아빠는 네가 자고 있는 방에 혼자 살그머니 들어 왔단다. 불과 몇 분 전, 서재에서 서류를 보고 있는데 갑자기 후회 의 물결이 아빠를 휩쓸었어. 너무나도 미안한 마음이 커서 아빠는 지금 네 옆에 와 있단다.

아들아, 생각나는 것들이 몇 가지 있구나. 먼저 아빠는 네게 화 를 냈지. 학교에 가려고 준비할 때 네가 고양이 세수만 한다고 야 단을 쳤고, 신발이 지저분하다고 혼냈으며, 네가 물건을 바닥에 내 팽개친다고 화를 냈어.

아침 먹을 때도 잔소리를 했구나. 음식을 흘리지 말아라, 꼭꼭 씹어서 삼켜라, 팔 괴고 먹지 말아라, 빵에 버터를 너무 많이 바르 지 말아라 하면서 말이야. 내가 집을 나설 때 놀러 나가려던 너는 내게 돌아서서 손을 흔들며 "아빠! 잘 다녀오세요!"라고 말했는 데, 그런 네게 아빠는 "어깨 펴고 다녀야지!"라고 말해 버렸지.

늦은 오후에도 아빠는 이와 비슷했던 것 같다. 집에 오다가 아빠 는 무릎을 꿇고 구슬치기를 하고 있는 너를 봤어. 네 양말에는 구 멍이 나 있었지. 나는 너를 앞세워 집으로 가자고 하면서 네 친구 들 앞에서 네게 창피를 주었구나. "양말이 얼마나 비싼지 아니? 네가 돈을 벌어 산다면 그렇게 함부로 신진 못했을 거다." 이런 이 야기를 하다니 정말 아빠는 너무나도 부끄럽단다.

기억하니? 저녁 때 서재에서 책을 읽고 있는데 네가 조금은 상 처 받은 눈빛으로 조심스럽게 들어왔던 걸 말이야. 방해받았다는 것에 짜증 난 내가 쳐다봤을 때, 너는 문가에 망설이며 서 있었단다. 나는 네게 "그래, 원하는 게 뭐냐?" 하고 날카롭게 쏘아붙였는데, 너는 아무 말도 하지 않고 있다가 갑자기 달려와서는 내 목을 감싸고 내게 뽀뽀를 했지. 네 작은 팔은 하느님이 네 마음속에 피어오르게 만드신 사랑, 아무리 돌보지 않아도 절대 시들지 않는 사랑으로 가득 차 나를 감싸고 있더구나. 그러고서 너는 콩콩 발소리를 내며 네 방으로 돌아갔지.

그래, 아들아. 네가 그렇게 나가자마자 아빠는 너무나 무시무시하고 고통스러운 두려움이 몰려와 손에 쥐고 있던 서류도 떨어뜨릴 뻔했단다. 나는 지금껏 네게 어떤 짓을 해 왔던 걸까? 습관적으로 잘못이나 지적하고 꾸짖고……. 우리 아들이 되어 준 고마운 네게 아빠가 주는 보상이 이런 것들이었다니. 하지만 아빠가 너를 사랑하지 않아서 그랬던 것은 아니란다. 단지 아직은 어린 네게 너무나도 많은 것을 바랐기 때문이야. 나는 어른의 기준으로 너를 재고 있었던 거란다.

아들아. 너는 정말 무척이나 착하고, 훌륭하며, 진실한 아이란다. 네 조그만 몸 안에는 언덕 너머로 밝아 오는 새벽처럼 넓은 마음이 있단다. 아까 아빠에게 달려와 뽀뽀를 해 주던 그때 아빠는 그걸 분명하게 느꼈어. 아들아, 오늘 밤 내게 이것보다 더 중요한 일은 없단다. 아빠는 불도 켜지 않고 네 머리맡에 무릎을 꿇고 앉아 있어. 너무나 부끄러운 마음으로 말이다.

이건 아주 작은 속죄에 불과할 거야. 네가 깨어 있을 때 네게 이런 말을 해도 너는 잘 이해하지 못할 것 같구나. 하지만 내일 이 아빠는 진짜로, 아빠다운 아빠가 될 거란다. 네 친구가 되어 너와 함께 웃고, 네가 아플 때는 같이 아파해 줄게. 짜증 섞인 잔소리를 하고 싶어진다면 차라리 혀를 깨물면서 주문처럼 이 말을 되새길게. '아직은 아이일 뿐이야. 아주 어린아이일 뿐이지.'

아빠는 너를 다 큰 남자로 생각했던 것 같아 정말 속상하단다. 지금 이렇게 작은 침대에 피곤한 듯 웅크리고 잠든 너를 보니 너는 아직도 어린아이인데 말이야. 네가 엄마 어깨에 머리를 얹고 엄마 품에 안겨 있었던 것이 엊그제 일 같은데, 아빠가 네게 너무 많은 것을 바랐구나. 너무 많은 것을.

그러므로 행복한 가정을 만들고 싶다면,

원칙 3

비난하지 말라.

4
순식간에 모든 사람을
행복하게 만드는 방법

로스앤젤레스의 가정관계연구소 소장 폴 포피노Paul Popenoe는 이렇게 말한다.

"대부분의 남자들은 아내를 찾을 때 기업 임원이 아닌, 자신이 최고라고 느끼게 해 줄 의사가 있고, 자신의 허영심을 채워 줄 만한 매력을 갖춘 여자를 찾는다. 그래서 여성 임원이라면 한 번쯤은 점심식사 초대를 받을 수도 있겠지만, 대충 이런 상황이 예상된다. 그녀는 자신의 대학 시절에 들었던 '현대 철학의 주요 흐름' 같은 진부한 내용을 음식을 나눠 주듯 말하고, 자기 밥값은 자기가 내겠다고 고집 피울 가능성이 꽤 높다. 결과적으로 그녀는 그날 이후 점심을 혼자 먹게 된다.

반대로 대학을 나오지 않은 타이피스트가 점심에 초대받으면, 그녀는 자신을 에스코트하는 사람을 열렬히 바라보며 무척이나 듣고 싶은 듯이 '그럼 당신 이야기 좀 해 주세요.'라고 말할 것이다. 결과적으로 그는 다른 사람들에게 '비록 대단한 미인은 아니지만 그녀처럼 즐거운 대화 상대는 처음 만나 봤어.'라고 말하게 된다."

남자들은 옷을 잘 차려 입고 예쁘게 보이려는 여자들의 노력을 반드시 칭찬해야 한다. 사실 남자들은 여자들이 옷에 대해 얼마나 큰 관심을 갖고 있는지를 잘 모르거니와, 설사 안다 해도 금방 잊어버리고 만다. 가령 남자와 여자가 길에서 어떤 다른 남자와 여자를 만나면, 여자는 상대편 남자의 외모는 거의 보지 않는 대신 상대편 여자가 얼마나 잘 입었는지를 본다.

몇 년 전, 내 할머님께서 98세의 나이로 돌아가셨다. 돌아가시기 직전에 우리는 할머니께 30년 전쯤 찍었던 할머니 사진을 보여드렸다. 할머니는 시력이 너무 안 좋으셔서 사진을 제대로 보실 수가 없었지만, 이 한 가지는 물으셨다. "사진에서 내가 무슨 옷을 입고 있니?" 생각해 보라. 거의 한 세기의 흔적을 고스란히 몸에 담은 채 침대에 누워 지낸 시간만으로도 몹시 지친, 이제는 기억이 흐려져 더 이상 딸들도 알아보기 힘들며 곧 생을 마감하게 되실 할머니가 30여 년 전에 자신이 입고 있었던 옷에 대해 관심을 보이시다니! 할머니가 그 질문을 하실 때 나는 그 옆에 있었다. 그때 내가 받은 인상은 앞으로도 절대 지워지지 않을 것이다.

이 책을 읽고 있는 남자들은 자신이 5년 전에 입은 양복이나 셔츠를 기억할 수 없을 것이고, 또 굳이 그런 것을 기억하고 싶은 마음도 없을 것이다. 하지만 여자들은 다르고, 남자들은 그 사실을 깨달아야만 한다. 프랑스의 상류층 소년들은 여성들의 옷과 모자를 칭찬하도록, 그것도 한 번이 아니라 여러 차례에 걸쳐 칭찬하도록 배운다. 5,000만 명에 이르는 프랑스 남자들이 그렇게 한다면 옳은 일이라고 해도 되는 것 아닌가!

내가 모아 두었던 이야기들 중에는 실제로 일어나지는 않았지만 진리를 담고 있는 우스갯소리가 있어 여기에 소개해 보려 한다.

한 농부의 아내가 고된 하루 일과를 마치고 돌아온 남편 앞에 저녁식사로 건초더미 하나를 올려놓았다. 화가 치밀어 오른 남편이 아내에게 "미친 것 아니야?"라고 소리치자 그녀는 이렇게 말했다. "어머, 알아차리셨어요? 지난 20년 동안 꼬박꼬박 요리를 해 왔지만, 당신이 먹는 것이 건초인지 맛있는 요리인지를 제게 알려 준 적이 전혀 없어서요."

모스크바와 상트페테르부르크에서 온갖 것을 누리고 살던 러시아 귀족들은 이런 점에서 괜찮은 관습을 가지고 있다. 제정 러시아 시대의 상류층 사이에서는 맛있는 만찬을 즐긴 뒤에는 꼭 요리사를 불러서 무척 훌륭한 요리였다는 칭찬을 전하는 것이 관례였다.

당신의 아내에게도 이런 배려를 하는 것은 어떨까? 맛있는 닭고기 요리가 식탁에 오르면 아내에게 맛있다고 칭찬함으로써, 당신이 건초 더미를 먹고 있지 않다는 사실에 감사하고 있음을 아내가 알게 하라. 아니면 배우 등으로 활약하며 나이트클럽의 여왕으로 통하던 '텍사스 기넌'이 클럽에서 늘 했던 것처럼 아내에게 '열렬한 박수'를 보내는 것도 좋다. 더불어 당신이 칭찬할 때는 당신에게 있어 아내가 얼마나 소중한 존재인지 표현하는 것에 주저하지 말아야 한다. 앞서 보았듯 영국이 낳은 가장 위대한 정치가인 디즈레일리도 "아내는 정말 내게 고마운 사람"이라며 세상에 알리지 않았는가.

며칠 전 잡지에서 우연히 가수이자 코미디언인 에디 캔터Eddie Cantor와의 인터뷰를 읽은 적이 있는데, 이런 내용이 있었다.

> "저는 세상 누구보다 제 아내에게 정말 감사하고 있습니다. 아내는 제 어린 시절 가장 소중한 친구였고, 제가 바르게 자랄 수 있도록 도와줬습니다. 결혼한 뒤에는 동전 하나까지 아껴 모은 돈을 굴리고 굴려 큰 재산으로 만들었고, 예쁘고 사랑스러운 아이도 다섯 명이나 키워 줬지요. 아내는 항상 가정을 행복한 곳으로 꾸려 줬습니다. 제가 뭔가 조금이라도 이룩한 것이 있다면, 그것은 모두 아내 덕분입니다."

할리우드는 유명한 로이드 보험사마저도 내기를 걸지 않을 만큼 결혼생활을 잘 유지하기 힘든 곳이다. 그런 할리우드에서도 눈에 띄게 행복한 부부들이 몇몇 있는데, 워너 백스터Warner Baxter 부부가 그중 하나다. 백스터 부인은 예전에 위니프레드 브라이슨이라는 이름의 배우로 활동했지만 결혼과 동시에 화려했던 배우 생활을 그만뒀다. 그러나 그녀의 희생이 결코 그들의 행복을 망가뜨리지는 못했다. 워너 백스터는 이렇게 말했다. "아내는 무대 위에서 받는 박수갈채를 그리워했습니다. 하지만 저는 제가 그녀에게 갈채를 보내고 있다는 것을 아내가 알게 하려고 부단히 노력했지요. 남편이 자신에게 헌신하고 있고, 자신을 칭찬하고 있다고 느낄 때 아내는 남편을 통해 행복감을 느끼지 않을까요? 그런 헌신과 칭찬이 진심이라면 남편이 행복해질 수 있는 길도 그 안에 있는 것이죠."

바로 이것이다.

그러므로 행복한 가정을 만들고 싶다면,

원칙 4

진심으로 칭찬하라.

5
작은 관심을 표현하라

아득히 먼 옛날부터 꽃은 사랑의 언어라고 여겨져 왔다. 특히 제철에 나는 꽃은 비싸지 않고, 종종 길거리에서 싼값에 팔기도 한다.

그런데도 보통의 남편들은 수선화 한 다발을 사 들고 집에 가는 일이 없다. 그런 꽃이 난초만큼 굉장히 비싸다거나, 구름이 뒤덮고 있는 알프스 산 절벽에 피어난 에델바이스처럼 구하기 힘든 것도 아닌데 말이다. 왜 당신의 아내가 병원에 입원이라도 해야만 꽃다발을 선물하려 하는가? 왜 오늘밤에라도 아내에게 장미꽃 몇 송이를 선물하려 하지 않는가? 여러분에게는 실험 정신이 있으니 한번 해 보자. 그리고 무슨 일이 생기는지 지켜보자.

배우이자 작곡가, 제작자였던 조지 M. 코핸George M. Cohan은 '브로드웨이를 가진 사나이'라 불릴 정도로 바빴지만 어머니가 돌아가실 때까지 하루에 두 번씩 전화를 드렸다. 그렇다고 매번 어머니께 깜짝 놀랄 만한 소식들을 전해 드린 것도 아니다. '작은 관심'의 의미는 사실 이런 것이다. 사랑하는 사람에게 당신이 그 사람을 생각하고 있다는 것, 그 사람을 기쁘게 하고 싶다는 것, 또 그 사람의 행복과 안녕이 당신에게 정말 소중하며 항상 마음속 깊이 간직하고 있다는 것을 보여 주는 것 말이다.

여자들은 생일이나 기념일을 중요하게 생각한다. 왜 그런가는 여성들만의 비밀로 영원히 남을 것이다. 보통의 남자들은 그런 날들을 기억하지 않고도 별 문제없이 살아갈 수 있다. 그러나 몇몇 기념일은 반드시 기억해야 한다. 콜럼버스가 미 대륙을 발견한 1492년이나 미국이 독립선언을 한 1776년, 그리고 아내의 생일과 결혼기념일이 그것이다. 필요하다면 앞의 두 가지는 잊어버려도 되지만, 뒤의 두 가지를 잊고서는 절대로 잘 살 수 없다.

시카고에서 4만 건의 이혼 소송과 2,000쌍의 조정에 성공한 조셉 새버스 판사는 이렇게 말한다. "가정불화의 가장 큰 원인은 대부분 사소한 일에 있다. 아침 출근길의 남편에게 아내가 잘 다녀오라며 손을 흔들고 인사해 주는 간단한 일만으로도 이혼을 피할 수 있는 경우는 얼마든지 있다."

로버트 브라우닝은 아내 엘리자베스 배럿 브라우닝과 가장 목가적인 가정생활을 한 사람으로 여겨진다. 그는 아무리 바빠도 아주 작은 칭찬과 관심으로 끊임없이 애정을 북돋우며 부부 사이의 사랑을 유지했다. 병든 아내에 대한 그의 배려가 얼마나 극진했는지, 한번은 아내가 언니에게 보내는 편지에 이렇게 쓸 정도였다. "요즘 나는 남편 말대로 내가 진짜 천사가 아닌가 싶은 생각이 들기 시작했어."

이렇게 수시로 표현하는 작은 관심의 가치를 모르는 남자들은 너무나도 많다. 게이너 매독스Gaynor Maddox는 〈픽토리얼 리뷰〉지에 기고한 글에서 다음과 같이 썼다.

"별로 좋지 않아 보일 수도 있겠지만, 미국 가정은 정말이지 몇 가지 새로운 습관을 들여야 할 필요가 있다. 가령 침대에서 아침식사를 하는 것은 수많은 아내들이 마음껏 누려야 하는 즐거운 기분 전환 방법 중 하나다. 여자들에게 있어 침대에서의 아침식사는 남자들이 멋진 술집에 가는 것과 비슷한 역할을 한다."

결혼이라는 것은 결국 사소한 사건의 연속이다. 이 사실을 간과하는 부부는 행복해지기 어렵다. 시인이자 극작가인 에드나 세인트 빈센트 밀레이Edna St. Vincent Millay는 이와 같은 사실을 자신의 함축적이고 짤막한 시에서 요약하여 표현한 바 있다.

내 하루하루가 아픈 것은
사랑이 가고 있기 때문이 아니라
사랑이 사소한 일로 가 버렸기 때문
Tis not love's going hurts my days
But that it went in little ways.

이 시구는 기억해 두는 것이 좋다. 이혼 재판소로 유명한 네바다 주 리노 시의 법정에서는 월요일부터 토요일까지 이혼 소송을 진행하는데, 미국 전체로 보면 열 쌍 중 한 쌍 정도가 이혼한다. 당신은 그중에서 얼마나 많은 부부가 실제로 엄청난 비극이라는 암초에 부딪혀 이혼한다고 생각하는가? 장담컨대 그런 경우는 매우 적을 것이다. 만일 당신이 몇날 며칠 그 법정에 앉아 그 불행한 부부들의 증언을 듣는다면, 그들의 사랑이 '사소한 일로 가 버렸다.'는 것을 깨닫게 될 것이다.

지금 바로 칼을 가져와 아래의 구절을 오려 내라. 그리고 그것을 당신의 모자 안 또는 매일 아침 당신이 면도할 때 들여다보는 거울에 붙여 놓아라.

> "나는 이 길을 딱 한 번만 지나갈 수 있다. 그러므로 내가 다른 사람에게 선행을 베풀거나 친절을 보여 줄 수 있는 기회가 생긴다면 지금 해야 한다. 미루거나 게을리해서는 안 된다. 나는 이 길을 다시는 지나갈 수 없기 때문이다."

그러므로 행복한 가정을 만들고 싶다면,

원칙 5

작은 관심을 표현하라.

6
행복해지기 위해
잊지 말아야 할 것

월터 담로쉬Walter Damrosch는 미국에서 제일가는 웅변가 중의 한 사람이자 한때 대통령 후보이기도 했던 제임스 G. 블레인 James G. Blaine의 딸과 결혼했다. 오래전 스코틀랜드에 있는 앤드류 카네기의 집에서 만나 부부가 된 지금까지, 그들은 진정으로 행복한 삶을 누려 왔다.

그 비밀은 무엇이었을까? 담로쉬 부인은 이렇게 말한다.

"배우자를 신중하게 고르는 것도 중요하지만, 결혼 후 서로 예의를 지키는 것 또한 그에 못지않게 중요합니다. 만약 젊은 아내들이 다른 이들에게 하는 것처럼 남편에게 예의를 차린다면 얼마나 좋을까요? 어떤 남편이든 잔소리 심하고 바가지 긁는 아내로부터는 도망치기 마련입니다."

무례함은 사랑을 집어삼키는 암이다. 모든 사람이 이 사실을 안다. 그러나 그럼에도 대다수 사람들이 가까운 사람들보다는 낯선 이들에게 더 예의를 차린다는 것은 정말이지 안타까운 일이다.

우리는 결코 모르는 이의 말을 가로막고 "맙소사, 그 구닥다리 얘기를 또 하시게요?"라며 끼어들려 하지 않는다. 또한 허락 없이 친구의 편지를 뜯어서 본다거나 사적인 비밀을 훔쳐보려는 일 또한 하지 않는다. 우리가 이런 사소한 잘못을 저질러 기분을 상하게 하는 대상은 언제나 우리와 가장 가깝고 소중한 가족들이다.

다시 한 번 도로시 딕스의 말을 여기에 인용해 보겠다. "실제로 우리에게 비열하고 모욕적이며 상처가 되는 말을 하는 사람들이 가족밖에 없다는 것은 놀랍지만 분명한 사실이다."

헨리 클레이 리스너는 "예의는 부서진 문을 눈감아 주고 그 문 너머 마당에 있는 꽃을 보려 하는 마음가짐이다."라고 말한 바 있다. 결혼생활에 있어서의 예의란 자동차의 엔진 오일만큼이나 중요하다.

'아침 밥상의 독재자Autocrat of the Breakfast Table'라는 글로 사랑받은 올리버 웬델 홈스도 자신의 가정에서는 결코 독재자가 아니었다. 사실 그는 가족에 대한 배려가 깊어서, 우울하거나 괴로울 때도 다른 식구들에게는 그런 감정을 감추기 위해 노력했다. 그는 다른 가족들에게까지 자신의 우울함을 전염시키지 않고 혼자 감당하는 일이 정말로 괴로웠다고 말했다.

올리버 웬델 홈스는 그런 일을 해낸 반면, 대다수의 사람들은 어떤가? 가령 회사에서 안 좋은 일이 벌어졌거나, 판매가 부진하거나 상사에게 호출당해 야단맞은 일이 생겼다. 머리가 깨질

듯 아프고 5시 15분에 출발하는 통근버스마저 놓쳤다. 그러면 그는 집에 도착하자마자 식구들에게 분풀이를 하기 시작한다.

네덜란드에서는 집에 들어가기 전에 신발을 현관 밖에 벗어 놓는다. 정말이지 우리는 네덜란드 사람들로부터 이 교훈을 배워야 한다. 밖에서 생긴 골치 아픈 일들은 집에 들어가기 전에 벗어 놓아야 한다는 교훈 말이다.

예전에 윌리엄 제임스는 '인간의 무지에 대해서On a Certain Blindness in Human Beings'라는 에세이를 쓴 적이 있다. 좋은 글이니 가까운 도서관에 가서 찾아 읽어 보는 것도 괜찮을 것 같다. 에세이에서 그는 이렇게 썼다. "이 글에서 다룰 인간의 무지는 우리와 다른 존재나 사람들의 감정과 관련되어 '우리 모두를 고통스럽게 하는, 우리 모두가 갖고 있는 무지'다."

고객이나 사업상의 파트너에게 신랄하게 말하는 것은 꿈도 못 꾸는 많은 남자가 아내에게 윽박지르는 것은 대수롭지 않게 여긴다. 하지만 개인의 행복을 위해서는 사업보다 결혼이 훨씬 더 중요하고, 훨씬 더 필수적이다.

행복한 결혼생활을 하는 평범한 남자가 혼자 외롭게 사는 천재보다 훨씬 더 행복하다. 러시아의 위대한 소설가 이반 투르게네프Ivan Turgenev는 문명사회라면 어디에서나 환호를 받았다. 그럼에도 그는 "저녁식사를 준비하고 나를 기다려 주는 여자가 어디엔가 있다면, 나는 내 모든 재능과 작품을 포기해도 아깝지 않을 것이다."라고 말했다.

어쨌거나, 오늘날 행복하게 결혼생활을 할 가능성은 얼마나 되는 것일까? 이미 언급했듯이 도로시 딕스는 결혼의 반 이상이 실패라고 말했지만, 폴 포피노 박사는 그 반대라고 주장한다. 그는 "결혼생활에서 성공할 가능성은 다른 어떤 사업에서 성공할 확률보다 높다. 야채 가게를 여는 사람들의 70퍼센트는 실패하지만, 결혼하는 부부 중 70퍼센트는 성공한다."

이상과 관련된 도로시 딕스의 결론을 들어 보자.

결혼과 비교해 본다면, 태어나는 것은 한낱 에피소드이고 죽음은 사소한 일에 불과하다. 남자들이 왜 사업이나 자신의 직업에서 성공하기 위해 기울이는 노력을 좋은 가정을 만드는 데는 기울이지 않는지 여자들은 이해하지 못한다.

100만 달러를 버는 것보다 아내를 만족시켜 주고 평화롭고 행복한 가정을 꾸리는 것이 남자들에게 더 큰 의미를 차지함에도 불구하고, 자신의 결혼생활을 성공적으로 이끌어 나가는 것에 대해 진지하게 고민하거나 진심 어린 노력을 기울이는 남자들은 백 명중 한 명도 되지 않는다. 그는 자신의 인생에서 가장 중요한 것을 그저 운에 맡기고서, 행운이 자신에게 올지 안 올지에 따라 승리하거나 패배한다. 고압적인 수단 대신 부드러운 방법을 쓰면 모든 일이 잘 풀릴 텐데, 여자들은 왜 남편들이 친절하게 자신을 대하지 않는지 이해할 수 없다.

남자들은 누구나 아내의 기분을 조금만 맞춰 주면 아내가 뭐든할 것임을 잘 알고 있다. 살림에 뛰어나다거나, 내조를 잘한다는 등의 사소한 칭찬 몇 마디만 해도 아내는 동전까지 싹 모아서 내

주리라는 것을 안다. 만일 아내에게 작년에 산 옷을 입으면 얼마나 예쁘고 근사한지 모른다는 말을 하기만 하면 아내는 파리에서 수입된 신상품은 거들떠보지도 않을 것임을 안다. 아내의 눈에 입을 맞추기만 하면 아내는 모든 일을 눈감아 주고, 입술에 입을 맞추기만 하면 입을 꼭 다물고 아무 잔소리도 하지 않을 것임을 안다.

모든 아내들은 자신의 남편이 이런 점들을 알고 있음을 안다. 왜냐하면 자신한테 어떻게 하면 되는지에 대한 완벽한 도면을 남편에게 제공했기 때문이다. 그렇기 때문에 남편이 자신의 기분을 맞춰 주거나 자신이 바라는 바를 해 주기보다는 자신과 다툰 다음 그 대가로 불쾌한 식사를 하고, 자신에게 옷이며 자동차며 진주 등을 사 주느라 돈을 낭비하는 것을 보면 아내는 화를 내야 할지 정나미 떨어진다고 해야 할지 도무지 알 수가 없는 것이다.

그러므로 행복한 가정을 만들고 싶다면,

원칙 6
예의를 갖춰라.

7
결혼의 성적 측면을 이해하라

사회위생관리소의 총책임자 캐서린 비먼트 데이비스Katharine Bement Davis 박사는 언젠가 1,000명의 기혼 여성들을 대상으로 지극히 개인적인 영역에 대해 솔직한 설문조사를 진행한 적이 있다. 평균적인 미국 성인의 성적 불만족에 대한 조사 결과는 믿을 수 없을 정도로 놀랍고 충격적이었다. 1,000명의 기혼 여성들로부터 받은 답변을 모두 살펴본 뒤, 데이비스 박사는 미국에서 일어나는 이혼의 중요 원인 중 하나는 성생활에서의 부조화라는 데 의심의 여지가 없다고 단언했다.

G. V. 해밀턴G. V. Hamilton 박사의 조사는 그녀의 연구 결과가 사실임을 입증하고 있다. 해밀턴 박사는 100명의 남성과 100명의 여성의 결혼생활을 연구하는 데 4년을 보냈다. 그는 조사 대상인 남녀 각각에게 결혼생활에 관한 400여 개의 질문을 하고, 문제를 자세히 규명했다. 무려 4년에 걸친 이 연구는 사회학상으로도 매우 중요한 것으로 간주되어 주요 자선가들의 후원을

받았다. 해밀턴 박사와 케네스 맥고완Kenneth MacGowan이 쓴《결혼생활의 문제What's Wrong with Marriage?》는 그 연구의 결과물이다. 과연 결혼생활의 문제는 무엇인가? 해밀턴 박사는 "성적 부조화가 마찰의 가장 큰 원인이 아니라고 말하는 사람은 대단히 편견에 사로잡힌, 신중하지 못한 정신과 의사라 할 수 있다. 어찌 되었든 성생활 자체가 만족스럽다면 다른 이유로 발생하는 부부 사이의 마찰은 많은 경우 큰 문제가 되지 않는다."라고 말한다.

로스앤젤레스 가정관계연구소 소장인 폴 포피노 박사는 수천 건의 결혼을 검토했고, 가정생활 분야에서는 미국 최고의 권위자로 인정받는 사람 중 하나다. 그의 말에 따르면 결혼생활의 실패는 대부분 네 가지 원인 때문에 일어나는데, 그가 제시한 순서는 아래와 같다.

1. 성적 부조화
2. 여가 활용법에 대한 의견 불일치
3. 경제적 어려움
4. 정신적, 육체적, 혹은 감정적 이상

우리가 주목해야 할 것은 성 문제가 제일 먼저 나온다는 것, 그리고 이상하게도 경제적 어려움은 겨우 세 번째로 등장했다는 것이다.

이혼 문제에 관한 권위자라면 누구나 조화로운 성생활이 절대적으로 필요하다는 데 동의한다. 일례로 몇 년 전 수천 건의 이혼 소송을 처리했던 신시내티 가정법원의 호프먼 박사는 "이혼 소송 열 건 중 아홉 건은 성적 불만에서 비롯된다."라고 말한 바 있다. 또한 유명한 심리학자인 존 B. 왓슨 역시 "성이 인생에서 가장 중요한 주제라는 것은 모두가 인정한다. 성은 분명히 남성과 여성의 행복에 큰 파멸을 야기하는 주요 요인이다."라고 말한다.

그리고 나는 내 강좌에서 연설한 수없이 많은 개업의가 실제로 이와 똑같은 이야기를 하는 것을 들었다. 많은 책과 교육이 넘쳐 나는 20세기에도 가장 원초적이면서도 자연스러운 본능에 대한 무지 때문에 결혼생활이 파괴되고 삶이 산산조각 난다는 것은 참으로 불쌍한 일이 아니겠는가?

감리교 목사로 18년을 보낸 올리버 M. 버터필드Oliver M. But-terfield 박사는 뉴욕의 가정상담 서비스 사무소에서 일하기 위해 교단을 떠났다. 아마 그는 생존하고 있는 사람 중에서 가장 많이 결혼식 주례를 선 사람일 것이다. 그는 아래와 같이 말한다.

"목사로 재직하고 얼마 지나지 않았을 때, 나는 결혼을 하러 오는 많은 커플들이 사랑과 선의를 가졌음에도 결혼생활에 필요한 성적 지식에 대해서는 너무나 무지하다는 것을 발견했습니다. 서로에게 적응하고 맞춰 가며 살아야 한다는 점에서 정말 어려운 것이 결혼임을 고려해 보면, 그토록 중요한 문제를 그저 운에 맡겨 놓는데도 이혼율이 16퍼센트밖에 안 된다는 것은 놀랍습니다. 진짜 결혼한 상태가 아닌, 그저 이혼만 하지 않은 채 살고 있는 부부의 수는 엄청날 정도로 많습니다. 그들은 일종의 연옥에 살고 있다고 할 수 있겠죠."

버터필드 박사는 "행복한 결혼은 운으로 만들어지는 것이 아닙니다. 정교하게, 또 신중하게 계획된다는 측면에서 그것은 건축물과도 같습니다."라고 말했다.

이 계획을 돕기 위해 오랫동안 그는, 결혼하는 부부라면 누구나 그들의 장래 계획에 대해 자신에게 솔직하게 터놓고 의견을 나누어야 한다고 주장해 왔다. 그리고 그렇게 의견을 나눈 결과, 그는 많은 결혼 당사자들이 '결혼맹(盲)'이라는 결론에 도달했다.

버터필드 박사는 "성은 결혼생활에서 만족시켜야 하는 여러 요소들 중 하나에 불과하지만, 이 관계가 제대로 이루어지지 않으면 다른 어떤 것도 제대로 될 수 없습니다."

그렇다면 어떻게 이것을 제대로 이루어지게 할 수 있을까? 계속해서 버터필드 박사의 말을 들어 보자.

"감정적으로 입을 다물어 버리지 말고, 결혼생활의 자세와 행동에 대해 객관적이고도 초연한 태도로 토론하는 능력을 키워야 합니다. 이런 능력을 키우는 데는 양식과 가치관이 담긴 책을 읽는 것 이상의 좋은 방법이 없습니다. 그래서 저는 제가 썼던 《결혼과 성적 조화Marriage and Sexual Harmony》와 함께 몇 권의 책을 늘 나눠 줬습니다. 이사벨 E. 허튼Isabel E. Hutton의 《결혼생활을 위한 성적 테크닉The Sex Technique in Marriage》과 맥스 익스너Max Exner의 《성적인 측면에서의 결혼생활The Sexual Side of Marriage》, 헬레나 라이트Helena Wright의 《결혼에 있어서의 성의 요소The Sex Factor in Marriage》등 세 권은 좋은 길잡이가 될 수 있는 책입니다."

책을 통해서 성을 배운다는 것이 좀 이상한가? 몇 년 전 콜롬

비아 대학은 미국 사회위생협회와 공동으로 교육계의 저명한 인사들을 초청해 대학생의 성과 결혼 문제에 대한 토론을 벌였다. 그 토론에서 폴 포피노 박사는 다음과 같이 말했다. "이혼은 감소하는 추세에 있습니다. 그 이유 중 한 가지는 사람들이 성과 결혼에 관한 양서들을 더 많이 읽고 있기 때문입니다."

그러므로 행복한 가정을 만들고 싶다면,

원칙 7

결혼생활의 성적인 측면에 관한 좋은 책들을 읽으라.

||||||||||||||||||||||| Section 6 요약정리 |||||||||||||||||||||||

행복한 가정을 만드는 일곱 가지 방법

1. 잔소리하지 말라.

2. 상대를 바꾸려 하지 말라.

3. 비난하지 말라.

4. 진심으로 칭찬하라.

5. 작은 관심을 표현하라.

6. 예의를 갖춰라.

7. 결혼생활의 성적인 측면에 관한 좋은 책들을 읽으라.

결혼생활 평가 설문

〈아메리칸 매거진American Magazine〉 1933년 6월호에는 에멧 크로지어Emmet Crozier의 '결혼생활의 문제는 왜 생기는가Why Marriages Go Wrong'라는 글이 실렸다. 다음의 설문은 그 글에 들어 있는 것이다. 아래 문항에 답해 보는 것도 도움이 될 것이다. 각각의 질문에 대해 '그렇다'라는 대답을 할 경우에는 10점씩 매긴다.

남편용

1. 아내의 생일, 결혼기념일 혹은 예기치 않은 날에도 아내에게 가끔 꽃을 선물한다.
2. 다른 사람들 앞에서 아내를 비난하지 않는다.
3. 아내에게 생활비 외에도 재량껏 쓸 수 있는 돈을 준다.
4. 여성 특유의 잦은 감정 변화를 이해하고, 아내가 피곤하거나 예민하거나 짜증을 낼 때 옆에서 잘 도와준다.
5. 여가 시간의 반 정도는 아내와 함께한다.
6. 칭찬할 때는 제외하고, 아내를 다른 사람과 비교하지 않는다.

7. 아내의 사고방식, 친구 관계, 독서, 정치관 등에 대해 잘 알고 있다.

8. 아내가 사교모임에서 다른 남자와 춤을 추거나 건전한 친교를 맺더라도 질투하는 말을 하지 않는다.

9. 기회가 있을 때마다 아내를 칭찬하거나 존경을 표현할 준비가 되어 있다.

10. 단추를 달거나 양말을 꿰매거나 세탁소에 옷을 맡기는 등 아내가 당신을 위해 하는 작은 일들에도 고맙다는 말을 한다.

아내용

1. 동료나 비서, 근무시간 등 업무에 관한 남편의 일에는 일체 간섭하지 않는다.

2. 즐겁고 따뜻한 가정을 만들기 위해 최선을 다한다.

3. 다양한 요리를 함으로써 남편이 '오늘은 무슨 요리가 나올까?' 하고 궁금해지게 만든다.

4. 남편의 사업에 대해 잘 이해하고 있다가 필요할 때 조언을 한다.

5. 경제적으로 어렵더라도 남편을 비난하거나 다른 사람과 비교하지 않으며, 용감하고 즐거운 마음으로 대처해 나간다.

6. 시부모님 등 시댁 식구들과 친하게 지내기 위해 열심히 노력한다.

7. 옷을 고를 때는 남편이 좋아하는 색상과 스타일 등을 고려

한다.

8. 조화로운 관계를 위해 사소한 일은 남편에게 양보한다.

9. 남편이 좋아하는 취미를 배워 함께 여가를 즐기기 위해 노력한다.

10. 최근 뉴스, 신간, 새로운 아이디어 등에 대해 잘 알고 있어 남편과 함께 지적인 대화를 나눈다.

옮긴이 **베스트트랜스**

세계 여러 곳에 숨겨진 작품을 발굴, 기획하고 번역하는 사람들의 모임이다. 기자, 작가, 편집자들이 최대한 원작의 느낌을 살려 번역하자는 한뜻으로 활동한다. 번역뿐 아니라 창작 집필을 하며 우리 콘텐츠를 국외에 알리는 일에 열정을 쏟고 있다.

초판본 인간관계론 : 1937년 오리지널 초판본 표지디자인

초판 1쇄 펴낸 날 2020년 4월 20일

지은이 데일 카네기
옮긴이 베스트트랜스
펴낸이 장영재
펴낸곳 (주)미르북컴퍼니
자회사 더스토리
전 화 02)3141-4421
팩 스 02)3141-4428
등 록 2012년 3월 16일(제313-2012-81호)
주 소 서울시 마포구 성미산로32길 12, 2층 (우03983)
E-mail sanhonjinju@naver.com
카 페 cafe.naver.com/mirbookcompany